懷念
趙復三
教授

花落春猶在

呂慧——著

作者，1997年春，於美國

《聖經》：你若不像這孩子，就斷不能進天國。

右起：趙師、作者、楊夫人、楊正昭醫師，1998.11.27。

鹿湖畔的沉思。

A

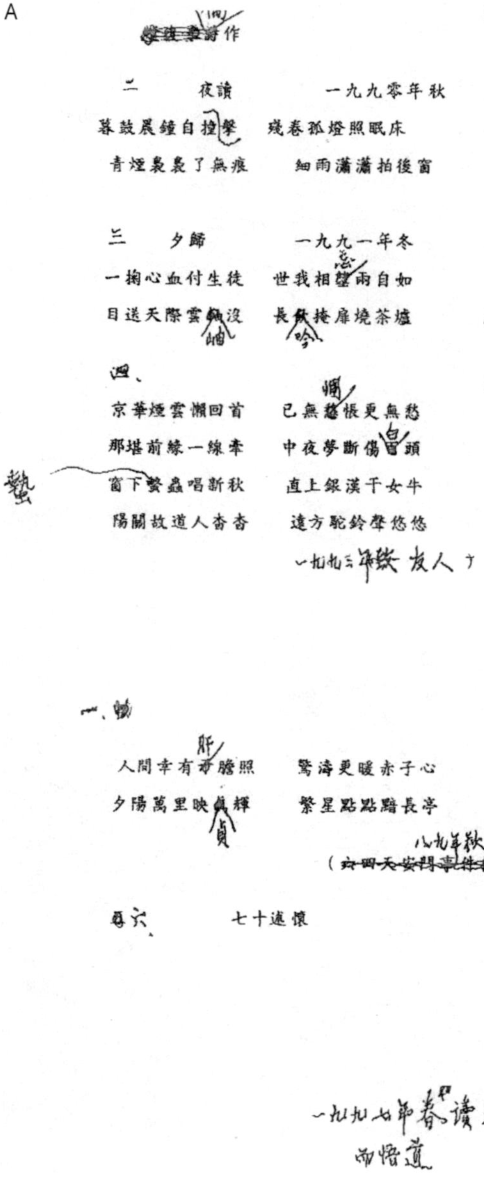

趙復三詩作

二　夜讀　一九九零年秋

暮鼓晨鐘自撞擊　殘春孤燈照眠床

青煙裊裊了無痕　細雨瀟瀟拍後窗

三　夕歸　一九九一年冬

一掬心血付生徒　世我相忘兩自如

目送天際雲岫沒　長吟掩扉燒茶爐

四、

京華煙雲懶回首　已無惆悵更無愁

那堪前緣一線牽　中夜夢斷傷白頭

窗下蟄蟲唱新秋　直上銀漢于女牛

陽關故道人杳杳　遠方駝鈴聲悠悠

一九九三年秋　友人

一、

人間幸有肝膽照　驚濤更暖赤子心

夕陽萬里映貞輝　繁星點點黯長亭

八九年秋　友人

（~~六四天安門事件後致~~）

五六、　七十述懷

一九九七年春讀釋迦夜觀明星而悟道

B

A：我把所能收集到的趙師詩作打印後寄給他看，他自己又作了些修改。

B：2007年12月4日信封，此時他腦中已長瘤，無法書寫，但仍然堅持以左手扶著右手留下如此字跡。能收到此信，我以為是一大奇蹟，去面謝郵差先生，得到的回答又給了我一個額外的感動。

目次

趙復三教授，當代中國知識分子的典範——呂慧《花落春猶在》序

蕭欣義

1

一九八九年六月四日天安門事件引起世界注目，趙復三教授當時是聯合國教科文組織（UNESCO）執行局委員。UNESCO六月九日開會，趙委員雖然接到北京指令要向國際宣稱「天安門事件，一個人沒死」，他卻不願替黨國撒謊。他為六四血腥屠殺事件感到震驚，為死難者表示哀悼、致敬。自此，他流亡歐美，生活艱苦。趙教授不盲從黨國的骨氣，引起世界高度敬仰。

二〇一五年，趙教授病逝。《維基百科》引用丁力的文章說：趙的「朋友，學者丁偉志、何方等人發布訃告稱：『在長達二十六年流寓的晚年生活中，趙復三先生不計世事浮沉與榮辱得失，……始終放心不下的是中國文化的前途和中華民族的命運。』『這樣一位終生熱愛祖國的人，卻最終未能落葉歸根，埋骨異邦，這不僅是他個人的不幸，也是他所在時代的不幸。』」。[1]

[1] 丁力，〈六四流亡高官趙復三病逝〉，《美國之音》二〇一五年七月十七日。

這個申論固然不錯，但也有所偏。趙教授固然關切中國文化，但他也關切基督教文化的變遷，他更關切中西文化的交流所引伸的民主人權文化。說他熱愛祖國，固然沒錯。但「愛國」一詞，數十年來在中國多少變成擴張主義的同義詞，洗腦新疆、西藏，併吞台灣、釣魚台、南海等地，成為愛國的使命。趙教授並沒有擁抱這種擴張主義的愛國觀。讀一讀呂編著《花落春猶在》便一目瞭然。

新唐人電視台二〇一二年六月二十九日有一篇報導說，趙教授曾對他的朋友姚琮說，他（趙）一生可以分成兩段：「前一段六十年，是為構築『理想』而生活六十年。」而後一段二十多年，他說：「現實教育了我，是我自己拆毀我原來理想的二十多年。勤勤懇懇一輩子，到頭來向誰交代這筆糊塗帳？」姚琮進一步解釋說：「前面這段時間也都是要支持共產黨呀，做共產黨的馴服工具呀。後來也是被事實教育了，逐漸地清醒過來了。」[2]

一個月半後，王樺加重罪名，他在〈趙復三叛逃聯合國，姚琮遭第三波衝打〉一文中說：「趙復三在他的一生處事生涯中，曾經一直做黨的馴服工具，為中共塗脂抹粉，說過許多昧良心的假話，還曾以身說法，迷惑欺騙外國的宗教人士，製造中國有宗教信仰自由的假象。」[3]這樣的描述顯然偏離事實。不過，有不少評論家未深入探討趙教授思想言行，卻盲目承接王樺這種觀點。面對這類曲解，《花落春猶在》所收集的豐富資料，深入呈現趙教授的思想言行，可幫助讀者避開上述錯誤詮釋。

2 〈[禁聞]中共駐聯合國高官趙復三逃亡祕史〉，《新唐人電視台》二〇一二年六月二十九日。

3 王樺，〈趙復三叛逃聯合國，姚琮遭第三波衝打〉，《新紀元週刊‧焦點新聞》第二八七期（二〇一二年八月九日）。

2

趙教授自己說出的兩階段生涯，用詞寬鬆，容許多種不同詮釋。兩階段的分界線應是一九八六年。我在兩階段都與他有多次往來溝通，深入談論文化、宗教、政治等等方面的問題。第一次溝通是在一九八一年去北京時，我們單獨長時間談論。第二次是一九八三年《台灣之將來》學術研討會在北京的首次會議。第三次是一九八五年同類研討會在廈門的會議。這兩次研討會，每次各有十多位海外台灣人教授參加，中國教授、專家、主管，每次各有一、二十位。中、台雙方的學術主張和政治立場差距很大，會場上爭議劇烈，幾乎差點不歡而散。但次日一大早會議開始，中方好幾位學者紛紛一個個出面道歉。台方推測，可能趙復三領隊（當時是社會科學院副院長）在夜間開檢討會時，以理說服中方學者自己的馬列毛主義的缺陷。雙方正式討論會上，趙副院長說了一段令人敬仰的論述，他說：「從前我們唯毛主席是從，不敢有不同的主張；現在人人自己思考，並容忍別人不同的看法。」在馬列毛主義籠罩的社會，這種尊重個人的想法並同時容忍異見，這便是文化民主化和人權化的起點。

趙教授的後階段生涯中，一九九〇年代，他曾來溫哥華講學訪問，我們也有多次學術溝通。他兼通中西文化、宗教、政治。他主張東、西文化互相激勵，互相促進，以形塑含有人權、自由、平等、民主等成分的普世價值觀。普世價值觀的學術根基是個人主義，是一種參與群體活動的個人主義，而非孤立的個人主義。這種看法正是民主化理論中，「文化前提論」的看法。

民主化理論中有些小派系，如：a.工業化民主前提論、b.政治轉型過程論（羅斯陶學派）、c.政治體制建構論。大派系則有：d.經濟發展前提論、e.文化前提論。過去一段長時間，經濟發展前提論曾經風行一時。很多人覺得全力幫助中國發展經濟，中國就自然會民主化。結果，中國威權化卻越來越嚴重。只要黨國嚴格控制媒體，全面洗腦，民主化就觸礁了。

近來，最受重視的是「文化前提論」（Cultural Precondition Thesis），這一派認為尊重個人與寬容是民主化的前提條件，而這種價值觀是源自基督新教開明派的文化。施伯樂（Robert Scalapino）教授認為亞洲各國文化中由於集體主義太強，而個人主義太弱，所以民主化脆弱。其次，各國專制政權對於反對運動人士缺乏容忍，動輒打擊、羞辱、逮捕。[4]

文化或宗教中包含尊重個人這個價值觀，如果沒有涉入社會和政治領域，則未必能催生民主化。佛教《涅槃經》（*The Nirvana Sutra*）主張人人皆有佛性，甚至壹闡提（Icchantika）也具有佛性。Icchantika在印度社會是被看不起的賤民，連這種下級人都被認定具有神聖的佛性，那麼這一宗佛教是擁有普遍個人尊嚴觀的。可是這個觀念主要適用於宗教修養的領域，而沒有推闊到政治社會領域來，所以就和民主化不相干了。

---

[4] Robert Scalapino, *The Politics of Development: Perspectives on Twentieth Century Asia* (Cambridge, Mass.: Harvard University Press, 1989).

3

趙先生年輕時推動基督教三自革新愛國運動，關心的重點是教會經濟自主，而不要再靠外國的母國教會的財務供應。所謂愛國，並非擴張主義愛國觀。他當中華聖公會牧師、燕京協和神學院教務長，所關心的重點是基督教的文化發展史，掌握每個個人的尊嚴。他擔任中國社會科學院副院長，「主張以蔡元培思想、學術自由、兼容並蓄為中國社會科學院辦院方針」。[5]

總覽上述案例，可以總結一句：民主化理論的文化前提論，大大有助我們瞭解並欣賞趙復三教授。

呂慧女士編著《花落春猶在》，她所收集的資料，以及她觀察到的趙教授生活片段，都栩栩如生地呈現了趙教授的真實人格。和丁偉志、何方、姚琮、王樺等位人士的詮釋來相比對，慧姐這本書越顯珍貴。

*蕭欣義，退休歷史學者，歷任長榮大學台灣研究所兼任客座教授（二〇〇五—二〇〇六）；高雄醫學大學通識教育中心客座教授（二〇〇三—二〇〇六）；維多利亞大學亞太學系教授（一九七〇—二〇〇二）；台灣人公共事務會中央委員（一九八〇年代）。

[5] http://www.amason.co.uk/歐洲思想史-TraditionalChinese-希爾・弗里德里希。

前言

余英時先生在二〇一五年九月十二日《大紀元日報》寫到〈懷念趙復三〉一文，摘錄其中一小段：

我認識趙復三先生是在一九七九年。那一年我們知道中共第一次派社會科學院的重要的學術領袖到美國來訪問，其中有社會學家費孝通、文學批評家錢鍾書，還有歷史學家研究民國史的李欣，還有其他幾位。這是一個重要的代表團，第一次訪問美國，在美國各大學重要的地方都停留了十天八天，引起了很大的重視，領導這個代表團的就是趙復三先生。

這個代表團是由我負責招待的，我在招待中才知道趙復三先生。我是第一次認識他，原來是黨的領導，我何以知道呢？因為在耶魯大學校長召集的一次大會上要開始致詞，這個致詞人就是共產黨的領導。可是這個時候趙復三先生說希望錢鍾書先生出來說話，錢鍾書一再謙讓，說：「應該是你說話不該我說。」由此可見，代表黨的領導人在這個集團中間趙復三先生在暗中是領袖。但是，他很尊重錢鍾書的學問，尤其是他的英文特別好，在這個場合之下，他就推讓給錢鍾書先生了。從這件事情和他們兩人的談話之間和後來跟他們的交往跟對話我知道他是整個代表團實際的領袖，雖然表面上他沒有什麼特別的名義，換句話說不管到什麼地方該做什麼事都是由他決定的，所以他的重要性可以不言而喻。

一九八九年春夏之際，震驚全世界的一則大新聞；各國媒體都以頭條，報導北京天安門前正在發生學生抗議、絕食事件。他們要求與政府對話，經過一個多月，中共視若罔聞，一貫作風封鎖新聞，口徑一致：「天安門前的學生運動，沒有任何傷亡。」

在這風聲鶴唳之際，趙復三先生、中國社會科學院副院長，代表中國赴聯合國開會。赴會的前一天，他還特地打電話回北京確認天安門前的動靜，家人告知真相。

他身居高位，衣紫冠金，站在聯合國殿堂上，面對全世界的媒體，大義凜然地揭開了中共六四謊言的面紗。他說：「……國家軍人的槍口應該是對外，向著敵人，而不是對內，向著自己手無寸鐵的學生……。」這石破天驚的一席話，若不是具備了像耶穌基督的精神，如何扛得起這麼沉重的十字架？獨自走向茫茫未知路？聯合國大會為此取消當日議程，全體人員對北京天安門前死難的學生和家屬舉行默哀。趙副院長非常清楚，當再邁出聯合國大廈的第一步，命運從此天翻地覆！

歷史學家余英時先生的懷念文章中寫道：「他跨足政治、宗教、學術三個領域，而且都是一時的翹楚。趙復三當時與世界上三大宗教界代表人物齊名。」

到底是什麼樣的人格？是如何養成的？竟敢讓自己的命運做這樣的翻轉？這是很多人都想知道的問號。

我們讀古人歷史：看屈原，自沉汨羅江；看王國維，自沉昆明湖。時間拉長了人們歷史心、眼的焦距，所以我們可以清楚地認識到這兩位偉人。但是在近距離裡的趙復三先生常被很多人看模糊了。

趙復三先生獨自走向茫茫的前方「自沉天涯」。天涯路上沒有汨羅江清澈的江水，也沒有昆明湖畔旖旎的風光，只有「風蕭蕭兮，壯士一去不復還」的天苦地寒。更讓他時時刻刻膽戰心驚的是，中共鋪天蓋地的追捕，被活押回去，被自殺……，然後再給他冠上一個最惡、最臭的罪名，讓他百口莫辯，萬劫不復。這些醜事他們並沒有少做。「死」只是剎那間的超然、壯烈，而「生」，才是漫漫長夜的煎熬。

他身上只有一百美元，一個無國無家六十三歲的耆老，到底要怎麼活下去？他深知前面的路每跨一步，如探黑洞。他在二〇〇七年初冬的〈辭歲感懷〉詩寫道：「……綢繆縱讀盡劍峰，瞬間便釀淚婆娑；詎料橫看皆詩篇，落地鏗鏘鬼神嘯。……」尼采說過：「一切文學，余愛以血書者。」趙復三先生「自沉天涯」後的每一天生活，不都是血淚書成的嗎？

親近的友人都知道，他生性從不自售，更不喜他售。「啟予足，啟予手」，戰戰兢兢地過著每一天。他無愧無怍，可以請先人、後世，檢查自己的一生。他的這一生，只有向天、向地、向母親交代，至於其他人就任其評說。

任何人為了追求真理、維護正義敢站出來講真話，一生要走的路註定是最艱辛、最孤獨的那一種。

那一天，那一年，他揭開中共的大謊言後，踏出聯合國的門坎，飄然轉身。「在歐洲一年『搬』了十次家，……六月到Ann Arbo後又搬了十次家。」（一九九七年六月十九日文章）在所有流傳下來的文字裡他自己皆用「搬家」二字記述。任誰都清楚明白，那是迫於外界的各種危險、無奈，不得不由一處搬也好，躲也好，逃也好，換另一個處所。如上面他自述搬了二十次家的紀錄後，一九九七年到美國南部教書，之後，轉道加拿大溫哥華，再返回歐洲，最後定居美國直到去世，約又再搬了十次家。「搬家」已成了他晚年生活的「主旋律」。後來有人問他：「有沒有後悔過？」他回答：「沒有，如果不站出來說真話，我如何面對子子孫孫？」晚年，曾元超先生（重慶治印名家）為趙復三副院長治石並附詩：

重吟古道照顏色，壯士田橫魂未泯。
抵死鬚眉輕聖旨，先生膽氣貫長津。
攀龍終被千夫恥，易象偏扶五柳春。
窗外夕陽紅欲墜，悲歌一曲湧蒼垠。

不管他所處的環境多麼險惡，總是孜孜不倦地把學貫古今中外、寶貴的知識回饋給社會。他留給後世的著作有：翻譯馮友蘭先生的《中國哲學簡史》、《史頁閑注》、《反思集》、《歐洲思想史》、《西方文化史》等鉅作。

他到美國南部大學教書直到退休，而後又被加拿大UBC Regent College（編按：卑詩大學攝政學院）請來教基督教哲學半年。這期間筆者有幸認識了趙復三教授，才有機會親聆、親睹一代大師的風範，此後十年與他保持書信往返。

多年前就想把這些書信整理成冊，但是一直躊躇不定，自知學力太淺，此事做來猶如蚍蜉撼大樹，亦知他生前就有學者、教授，要為他寫傳記。他的好友錢鍾書先生也為此提議過，希望他自己寫些回憶錄之類。他的回答是：「釋迦、蘇格拉底、孔子、老子，哪一個是我能望其項背的？他們自己都沒寫書，這不是很值得人玩味嗎？所以我『譯而不作』（其實，譯對我來說，就是作）。」

趙教授的文章裡曾寫道：「《通鑑》並不是最打動人心的史書，讀《左傳》、《國策》、屈原，讀司馬遷筆下的人物，及以後的史書，打動人、長留記憶中的，是那些帶有設身處地的感情寫出的人物、事件、段落。感情使歷史人物活起來，也使歷史活起來……。」這一段文字我反覆咀嚼，它支持我編寫此書的勇氣和動力。豈敢有絲毫之心自比前人，以為可使人物活起來？使一段歷史活起來？只因趙教授的人格深深銘刻於心，他所經歷過的樁樁件件讓我為他流淚。

我始終誠惶誠恐，曾多次寄書稿片段，請教於蕭欣義教授意見。他看過拙作後一再鼓勵，一定要將它出版成冊。

十年動盪的文化大革命，有兩年他是被禁閉單間，天天無止境地被逼書寫，交代某事又某事（全是無中生有）……，他好不容易挨過來了。之後，為了揭露中共歷史上的彌天大謊，他的代價是：從衣紫冠金身居高位，為了不得不說的一段話，寧願成了天涯淪落的難民。

在編寫此書期間，屢次重複翻閱、輸入他的手稿，那表面看似「平淡」的描述，其

「慟」豈是一般筆墨可以形容？我常常必須站起來離開電腦桌，走出書房，平息內心的波瀾。

比如：「……回想文化革命，才過了一個禮拜，我就成了牛鬼蛇神；一個月就妻離子散，到被關進牛棚之前，天天晚上獨自一人守著孤燈，在斗室裡等著造反派來抄家，來打砸搶，來欺凌踐踏我的人格。……在沒頂的災難中，喘著氣安慰自己，吃力地呼吸著、活著……。」

再如：三十六歲時因壓力太大，心肌梗死。醫生宣判，讓他有心理準備，在床上度餘生。他是如何靠著自己堅強的毅力和信仰，從僵死的軀體，一寸一寸爬回人間，創造了奇蹟？又如：文化大革命天翻地覆的災難中，致使全國人心心帶傷。被關在「單間」牛棚裡的那兩年，因被誣告為潛藏在中國的美蔣特務，上面天天逼著他寫報告交代。像這種精神凌虐，中國有多少英才最後走上自殺之路？胡適被列為美帝的走狗，他的兒子三十六歲上吊自殺，作家矛盾投湖自盡……，而他選擇比死還難的方式——「活著」。他母親棄世前，一段母子對話中，母親問他以後有什麼打算，他說：「……那時候，一般人除了有去死的自由外，對於『生』，能有什麼自由，去做自己的打算呢？只能如實告訴母親：『我這一世，做人已經做完了。』……我才四十三歲啊！……」

上述這幾個例子，那是國家大環境所釀造的歷史悲劇，趙復三先生難有倖免的機會。而在聯合國裡向全世界演說的那一席話，是內心的「良知」使然，不是一時的衝動，也絕非常人能為。我常思索：任何人若碰到上述中的一個例子，不知要死上幾回？而他沒有像別人那樣去死，那麼剩下來的便是「聖徒」要走的路。

現實總是很快便會進入歷史。當一個人面對公理正義，可以把生死置之度外，這樣的心靈，對生活中一切美好東西的執著追求，在生存環境裡，任何真善美細微的波動，反應一定也是比常人更為敏銳的。

他，在黑暗的角落裡，獨自默默地鑄造屬於他自己獨特的華彩斑斕。他，偶爾也到陽光底下，像稚齡孩童般地玩笑。今生我若不識趙教授，便不知何謂「大人者不失赤子之心」。

我長年在社區活動中心跳舞。因緣際會，一天，姑且邀趙師同去。舞課最後一段，我們例行練一個高難度的瑜伽拉筋，不想，讓他四腳朝天，而他像個孩子般呵呵地自己笑開來。又：一日當同遊春色春光滿鹿湖，我心血來潮，問：「我們來爬樹好嗎？」於是，我們爬到樹上去聽鳥鳴、風聲……。

他，筆者眼中的「夕陽芳草」，如何在漫漫長夜裡自綠天涯路？這是小書〈如是我聞〉、〈魯文紀實〉、〈書信往返〉真實的記述。

每一次執筆書寫、修改，回憶有關趙師的點點滴滴，都是撫摸我靈魂最底層的良知，喚醒純真的自己，所留下的文字，不是任何他人可以辯駁的真情。

說明

（一）趙教授（復三）生於一九二六年三月，一九五六年成為聖公會牧師，二〇一五年七月十五病逝美國。他在一九九九年十月九日對Bie Geivers女士博士論文審查報告文後註明的身分是「榮譽教授、神學博士、世界人文與科學院院士」。

（二）在書信集裡考慮到「隱私」問題，收件人及信中所提及的人名，極大多數以英文字母代替，同理，多處「[……]」（編者略）亦是。

二〇二二年中秋於加拿大溫哥華

一、兩堂課

1 第一課

世間所有物質都是越用越少，唯有愛是越給越多……

一九九七年三月三日下午六點四十分，在談姐極力推薦下我走進UBC Regent College的教室，由於路遠又不熟，遲到了十分鐘。坐定，看到黑板前站著一位身穿深藍色西裝、白襯衫打領帶、中等身材、皮膚略顯黝黑、頭髮稀疏的中國老教授。我不知他來自何方，是何背景。他不像一般教授第一堂課會在黑板上寫著自己的名字和幾個頭銜等等。此人給我的第一個印象一定是來自陽光強烈、中國某大城的教授。他說的北京話、英語，發音清晰悅耳，用字遣詞精準優美。我看到黑板上寫著：

「Sin--Desire--Pride--Evil.」那是當天講課的提綱。

他由「罪」講到人的整個生活態度，「罪」是人背離了基督教義，背離了神的生活態度。這個「罪」和中國世人對罪的觀念不同，前者是人與神之間的觀點，後者是人與人之間的觀點。世人都犯了罪，虧欠神的榮耀。

保羅說：「我不論斷別人，我沒有資格審判別人，我只能為世人禱告；愛是永不止息：love never ends……，世人都活在罪裡。人的肉體裡有一個我想做而不願做的『惡』，又有另一個我想為的『善』，兩個『我』一直不斷地相互交戰……。」保羅的神學思想也是基督信仰的內容：二元論。講到「愛」這個字，他用拉丁文解說「愛」、「聖愛」、「情欲」之愛的不同。所謂聖愛是不求回報，不圖私利……。

他詳細分析解說「罪與欲」，「罪」的一個原因是驕傲，以為自己所能做的都明白，但是只有上帝是全在、全智、全能、全善。

他提起佛教裡的「欲」，佛教是遁世，故所有的「欲」皆不好，而基督教裡的「欲」不是都不好的。

他說：「Humility謙卑，Humanity人類，Humus大地。」他詳細解釋這三個詞的原始由來，並引用拉丁文、英文的原義加以解說：「……人都是由土地上來的，人應該謙卑。〈尊主頌〉說：驅散那些心高氣傲的人……。」

我一坐定，上面這些話立刻吸引了我，全神貫注地聆聽他略帶感性的、出自肺腑的每一句話。當他說到耶穌被釘上十字架這一段時，我的眼眶溼了，趕快低下頭來，不敢目視講者。我非基督教徒，當時亦非佛教徒。曾在不同年紀陪過不同朋友，在不同城市上過教會，但是從沒有在短短的時間，內心受到這樣的震撼過。

他說：「希臘的哲學思想是通過神話來表達的，當時那些人種，有各種各樣的欲望。所以雅典的太陽神廟刻字是：『never go into excess.』（永遠不要過度。）」

蘇格拉底說：「我唯一知道的是我無知。」……

古希臘人對現代西方人的影響：矛盾……⑴推銷自己，驕傲不實。⑵欲望……。

哲學與藝術都是引導人對自己精神的再思考……。下課走出教室後，我才知道他的名字。在回程的路上，腦海裡一直跳躍著趙復三教授的那些話，尤其「世間所有物質都是越用越少，唯有『愛』是越給越多………」這麼簡單直白的一句話，由他口中說出，毫不疑惑地深烙我心。他說的每一句話像天空裡閃爍的繁星，一路照亮了我回家的路。

2 第二課

提綱：神—人—罪—苦難—死亡—救贖—生命—教會

「人」開始有了自我意識後，就要問問題……。

佛教的基本觀念是「空」——因為世界上所有的一切都在變，所以不實。人不可能在一條河上踩兩次。空與變動背後有個不變的；如人坐在洞前，光由背後投射進來，可以看到影子隨著光線之變而變。而真正不變的東西是看不見的，那「不變」才是真實的。

——由殷商信鬼神……甲骨文……孔子（天是有意識的）……《道德經》（「天法道，道法自然。」天有道，天有運行的法則）……春秋戰國（一陰一陽之謂道），天的道是一陰一陽的變化……。

——西方古代思想以「神」為中心。人要問：「天」到底是什麼？

——中國古代思想以「人」為中心。人與動物之不同點，動物只憑本能，而人會反思，reflection。天有天道，人有人道，地有地道。中國思想的特點是天人合一，是聯貫的，一以貫之。中國是一元論。柏拉圖是二元論，是一段一段的。人因有罪，故與神隔絕……

——康德：人都處在一個有顏色的玻璃房裡，看外面的世界。人無法看到一個真正的世界，只有當一道光穿透屋裡屋外時，才能看清真正的世界。那一道光線就是——道德。

——基督教是靠「神」的力量去愛人。中國人的思想是靠「人」、靠修養可以愛人，超脫自己去幫助他人，為理想而活，所超脫的那一部分，才是作為「人」真正的價值。

——養生與哲學的關係；佛經說的三毒——貪、嗔、癡，再加慢、疑，共為五毒，五毒即為無明，是人的煩惱之本……

（編者註：以上是我節錄趙教授前兩堂課筆記綱領片段，若有任何錯誤，全是筆者學力淺薄之誤，無涉講師。）

聽過趙教授幾堂課後，除了他的學識浩瀚淵博外，我在他的身上感受到一種不尋常的「氣」，或曰「神」，或曰「韻」。這是我在其他教授身上從來沒有過的體驗。我因要工作，大學距我家路途頗遠，無法持續上完全部課程；好在談姐每堂都做錄音，我向她借錄音帶聽，所以能完整聽完。

趙教授在UBC Regent College（編按：維真神學院）授課，旁聽這門課有楊醫師和夫人、談姐，我們彼此相識。後來，我才聽到有關到趙教授是因為一九八九年，在聯合國揭露六四天安門事件真相之後才成了沒有國、沒有家的「漂泊者」。我們這幾個趙教授的旁聽生，私下商談再恭請他為我們繼續講課。那麼最重要的是「場地」的問題。這時候我得知趙教授住的地方是溫哥華東區（Windsor street），離我家最近。我願意提供我家作為開課的場所，趙教授來看過後覺得滿意。由於這個機緣，我和趙教授便有了更多的接觸和認識。

一九九七年五月七日下午開始在我家開講：道家思想四講（四星期）。

我僅錄印象特別深刻的幾句：

——把一件非常複雜的事變成很簡單，反之，把簡單的事變成非常複雜，皆為「學問」。

——哲學是一種概念的遊戲。

——任何一種思想，只要成為主義後，就不能再用了；因為過時了，一定會有新的思想產生。

——F. H. Bradly（編按：布拉德雷）：real，really，reality，哲學是要問最後的真實。

——春秋時期共有三十六個皇帝被殺，強權就是公理……

UBC Regent College請趙教授由美國到此地講學，居留證是半年。適逢在我家授課期間，居留期限到期了。有一天，他告訴我，必須出境前往美國，到他的好友高先生那裡住幾天，再以旅客身分申請入境。他告訴我會在上課前趕回來。我們的課是下午一點開始，三點結束，三點後才是同學們熱烈的發問時間。那一天我把家裡的鑰匙交給楊醫師夫人，請她先到我家等同學們陸續到來。我開車到火車站去接趙教授。他搭的那一班火車準時進站，月台上立刻掀起了一波波親人相聚的歡笑聲，見他們高高興興地相擁離開月台。隨著人潮慢慢離去，月台回歸平靜，就是沒看到趙教授。心想，是否他沒有趕上這班車？我開始感到不安。我的憂心在等待中不斷地上漲，終於在絕望前，一個孤獨的身影不急不徐、一步一步踩過寂靜走了出來。他是最後出關的一位。

早在一九七〇年代期，我持中華民國（台灣）護照出入歐、亞各國海關，那時台灣在世界上沒有多少邦交國。我旅遊世界各國，先從申請入境證開始，每一次進出海關總是一波多折，接受刁難盤問。有的海關好像要把我當罪犯似的盤查，才算盡到他們的職責，那種經驗我太清楚了。想到趙教授的高齡，九年的流浪生涯，以他的難民身分，過海關會遭到怎樣的難堪？他的內心必須要多麼強大，才能抵擋那無理又無禮的盤查？我站在出口處看他平靜地走出來，步履神情一如往常，我的惻隱之心油然而生。

在我家開課期間都是他坐公車來，下課後由我送他回去。有一天，他因有事要我幫個小忙，走進他居住的地方。溫哥華一九七〇年代流行一種建構的房子叫Vancouver Special（編按：溫哥華特色住宅），設計為兩層或三層，底層（或稱地下室）大約只深入地表兩尺左右（依地勢和面積而定）。它的特點是實用、採光好，是這種風格的最大優勢。獨立屋的建築法規是為單一家庭設計，故只能有一個正式廚房。趙教授暫居的那屋子，上層是屋主自住，底層租給一對母女。獨立屋法定不能出租，但溫市人口增加快，密度大，這也是市府出租法規的灰色地帶，少有強制執行。趙教授經朋友介紹，再從這對母女分租前面的一個房間，要與這對母女二人共用一個極為簡單的做飯地方（我不能稱之為廚房）和浴室。等我看到他這樣的居住環境後，立刻邀請他來住我家地下室。他一人可獨用，正式的廚房、衛浴、臥室、客廳，獨立出入口等。他接受了我的邀請，居留時間很短。

我們知道趙教授的特殊身分與背景，所以在我家開課是不對外公開的，只從我們自己身邊朋友相傳語告。楊醫師和夫人二位在溫哥華是德高望重、受人敬重的長者。談姐的交友圈也不小，所以一呼四應（都經過篩選）。我們出席人數在十四（最少）、二十三（最多）之間。有一天，有一位中年男士，在我們上課開始了一段時間後匆匆趕到。後來才知道他是由溫哥華島要搭一個小時又四十五分鐘渡船，再加上由渡口到我家的若干時間，趕來上趙教授課真是太不容易了。他是任教維多利亞大學的蕭欣義教授（著名歷史學家），因為當天他自己也要在維大講課，故無法準時到。

趙教授學貫古今中外，又具牧師身分（很多人並不知道），所以我們聽他每一堂講課，有如接受一場豐盛的饗宴——靈魂的滌淨，不覺匆匆四個星期就結束了。原先楊醫師夫人、談姐和我說好，希望能籌到一千元加幣作為趙教授的車馬費。當時我們三人都不敢期望能達到這個目標，所以腹案是：不足的數目由我們三人負責分攤。課程結束，我們以自由投款方式，結果出乎我們的意料，超出我們原先的預期，約是一千二百多加元。

那時期溫哥華兒童醫院，首次要購買四台葉克膜（ECMO）機器，需要經費二十五萬加元，楊醫師是募款的總負責人。趙教授聽到這消息後，便說把這一筆車馬費，全數捐給兒童醫院。

走筆至此，有關趙教授對待金錢事，據我所知兩件，順筆提及：(1)趙教授在美國南部教書的那一段期間，每個禮拜天到教堂布道，教會給牧師的獻禮（薪水），他全部奉獻給教會。(2)趙教授從來是把「時間」看成「生命」。我到歐洲拜訪他的期間，有一天閒談時聽他說道：「有一位女士，不知怎麼打聽到我這裡來，有人找她，希望她能交一份父親的傳記，參與其他人一起出書，為他們那一代人的歷史做個紀念。此人以前曾在中國社科院工作過，我也算認識，傳記要用英文寫。她說自己不會寫，也沒有四千美元請人代筆。我就說：『我可以幫你，你不用給我錢，也不要掛我的名。』」

趙教授擔任中國社會科學院副院長職，有感於國家經過了大饑荒、十年文化大革命的浩劫，民生凋敝，思想封閉落後。如何讓國家早日結束貧弱走向富強，這是他在位時處心積慮的大事。其中有一項：策畫召開國際學術研討會，邀請歐美的台裔學者到北京，藉由他們的成就與經驗對中國的發展提出建言、商討。受邀的台籍學者，在自己專業領域裡都是國際佼佼者，約請十人到北京。中國方面出席此會者的身分是：大學部門的系主任、院長、校長等（蕭欣義教授告我，這是溫哥華林宗義教授建議的，他也是與會的學者之一）。

中國與會者此前長年習慣於頭上戴著毛澤東思想大帽子，嘴上不離馬克思主義教條，與台灣學者會聚一堂開會。未料一開始竟然熱鬧哄哄，幾近「水火不容，互不相讓」，致使會議無法進行。第一天就這樣草草結束。但是第二天，出乎這批台籍專家們的意外，前一天出來大肆炮轟台灣學者的那幾個人，個個站在大會堂上，非常誠懇地對昨日言行，由衷地表達道歉之語。

蕭欣義教授獲悉我在編寫《花落春猶在》這書，提供以上這一段。他說：「這事真出乎我們大家的意料之外，我們相信這是趙副院長前一晚，向他們分別各個去勸說的結果。」蕭教授是當時與會的學者之一（溫哥華被邀的台灣學者，郭煥圭教授也在列）。

二、緣起

美慧：

昨天把宗白華論文集《美從何處尋》和《印度教、佛教、禪》兩書寄給你，心裡很高興，因想你也許會高興。你不妨先看宗白華的書。我第一次讀宗白華先生的《歌德之認識》還是高中時代，十七歲不到，距今已六十年，當時給我的震撼，始終印在心中。我覺得有的書作者幫助讀者認識外部世界，其中有淺嚐即止和深入內部世界之不同，也有解剖一角和綜覽全局之不同，這就是作家的水平了。還有一些書嘗試去描述人的內心世界，在這方面有成就的往往是文學家，或我們喜愛的古典音樂，或雕塑、繪畫、好電影；當然也有深淺之不同。文學藝術、哲學與宗教，其實都是人對自己內心世界精神生活的反思，它們之間本來是相通的，只不過使用的語言各有不同：哲學最抽象，文學藝術則運用形象，因而容易引起讀者、觀眾、聽眾的共鳴；哲學訴諸理性，藝術、宗教卻不僅要有理性，還要有感性和悟性（這些雖可以培養，但每人性格接近或不接近於此，還是很不同的）。但人往往「觸景生情」，痛苦而後思索，哲學似乎總是最後的。

真正好的書，是把外部世界和人的內心世界聯在一起的。由於這種融合，人對外部世界的理解得以更深入了，外部世界反照在人心中，人的內心世界也更豐富了。這個過程要求人排除自我中心（佛家稱的「我執」，Ego-centricity），因此也就成為淨化靈魂的過程了。這個靈魂淨化的過程，我認為就是美的最本質、最內在的東西。西方哲學著重於講認識外部世界，中國哲學則著重於人的精神境界。宗白華先生這本書正是把文學、藝術和哲學、宗教融合一體，講人的精神境界，幫助我在讀的過程中，自己覺得像在洗滌內心。一切書中，最上品的是幫助人淨化靈魂的書；這是六十年來讀宗白華先生書與其他書比較的一點體會。

為什麼把這書寄你，又寫這信？因我覺得你的《歡遊五十國》、《隨我到天涯》，若能多一點「學」（藝術、哲學和宗教的結合）和自己內心的感受，就會寫得更好。你寫的《要擦亮星星的小孩》比先前的書是深入自己內心了，但這要持久下去，恐須把自己的內心與更廣大的外部世界融會貫通。現在是你寫作生涯裡醞釀新突破的時候。出於這種理解，寫下一點想法，不知對不對？

復三　一九九七年七月一日晨

二〇一七年底，第一次看到自己的新書《菲沙河之歌》，心中最大的遺憾是趙教授沒能看到它。

我認識趙教授不久，一天他做客我家。在我的family room（非正式客廳）架上的古典音樂磁碟片看了一遍，顯然這引起他對我的好奇。之後，靜靜地坐下來問起我的家庭背景。我說：「世界大戰炮火的尾聲中，台灣面臨民生凋敝，百廢待興，我趕在這時，出生於台北外圍中和鄉下農家。雙親都沒有機會受教育。在那物質極度匱乏的時代，重男輕女是尋常現象，鄉下尤然，農家更甚。我們村子裡本省籍的女孩子，學歷像是統一編制：『小學畢業』。我母親勉為其難地答應讓我讀完初中，後來『更勉為其難』地讓我完成高中。之後，我是半工半讀完成學業。我們家經濟大權不在母親手上，重男輕女在父親心裡是那個時代的法條。半工半讀的大學生涯，幾度面臨輟學的壓力。自我上了大學後，我們小家的經濟，隨著社會大環境，從貧弱中逐漸復甦。我曾經看到父親，把不小的一塊黃金交給嫂嫂保管。為什麼特別記得這一幕？因為我當時正在考慮要不要去辦休學。終於我是小村裡第一個踏出大學校園的本省籍女孩。」

當趙教授聽我說到這裡時，脫口而出：「你就是那一隻打不死的小強。」我自知資質平庸，讀書也不用功，無福進名校也無緣遇名師。處在那樣的家庭和社會大環境裡，支撐我完成學業的僅僅是內心一點對文學的愛好，才能跨過一關又一關，踏出大學校門。

趙教授來Regent College任教時，我已出版了三本書。由於某種需求，我煩請他翻譯《要擦亮星星的小孩》其中兩篇，所以他看過這一本小書（參閱他一九九七年十二月三日給我的英文信）。他曾問我要看另外兩本書，我覺得我寫的東西不能入他的法眼，不想浪費他的寶貴時間，所以婉拒了。收到這封信時，我才知道不知何時，他已看過我另外的兩本書，而且看得如此深入，並囑咐我「學」的重要和如何寫出好的作品。

一九九五年，我的小書《歡遊五十國》（九歌）出版，我藉返台之便，欣喜地將新書呈現在一位親人面前（此時父母已過世），他說：「我們這裡的人，不愛看這種書，大家顧肚子要緊啦！」因為豐厚的遺產，充足了底氣說出來的話，明明白白昭示著：窮家子弟，只能長養窮家人的心眼。世界上除了有形的物質外，難道再也看不到形而上的閃光點嗎？

我為我們那一代出生在鄉下農村裡的孩子感到無比的悲哀，經歷過長期物質窮困的子弟，到底要等到哪年？哪代？在房地產以倍數的增長，也能在文化素養上改頭換面？

那個時代，我覺得自己就像自家農舍曬穀場邊緣冒出來的一株小草，沒有人為它預留生長空間，彷彿是命定的，一生一世要被放逐在那裡，它自己也不知道為什麼會長在那裡；但是任何一個生命的到來，所承接的天地之氣、四面八方能量，皆是平等的，不會永遠一成不變地只仰賴某個角落的某一束光。

自從趙教授看過我的三本小書後，又知道我正遭遇一生中最艱難的事，他便十分關心，希望受挫的生命能平安順遂，重回軌道，茁壯再出發。當時我只是一句平常的話：「以後，如您方便的話，請將正在讀的書，錄音幾段寄給我聽……。」我以為這樣做並不太難，未料到了趙教授那裡就不一樣了。他短暫客居美國老友家時沒有電腦，自己著書，（幾乎）無典可查，也無書可讀，便將自己當時從圖書館借來的《迦陵論詩叢稿》的心得，手寫兩篇寄給我，還說：「這樣藉此好練字。」後來才得知他沒有錄音設備。等他輾轉回到比利時魯文大學，講授博士班哲學課，仍不忘去買一台小錄音機，並把所教的每堂課錄音下來，和小錄音機一起郵寄給我，讓我可以反覆聽他的每一堂授課。

他回魯文定居後，多年來把手寫的文章、手札等分寄身邊的至親、摯友，皆是中外有識之士，其中也不忘寄我一份。我想他之所以這樣做，不外是要讓我從中多「學」並藉此勉勵、提醒「君子自強不息」之意。

二十二年前趙教授給我的這一封信，收到時拜讀再三。在他的高齡，看他一字一字以手書寫，對我寄予如此深重厚望，無不動容。

今年裝修房屋，重理書房，趙教授寄給我的所有書信，再度展讀時，淚流滿面，終至泣不成聲。趙教授棄世已四年，我第一次如此哭他。此生除了哭父、哭母外，沒有這樣哭過他人。

感覺他真的走了，又彷彿覺得他原本就活在自己的鴻文鉅作裡。在他沉重的文字下面，偶爾輕描淡寫海外漂泊的困境，這時候我幾乎聽到了他發自內心的嘆息，那是且歌且行的「沉沉求」。當我收到如下幾行字簡短的字，我看到的是一位真正的偉人所流露的孤獨和辛酸。

美慧：這是我掛在床頭的一張畫片，寄你。不知為什麼被這張畫抓住了，孩子是個小畫家，想畫一個鮮豔的世界，但只剩下了黯淡的顏色。他在難過，但頑強，不哭。看他，也彷彿看到了自己。

復三　二〇〇〇年十一月十日

他不哭，我哭。因為從來沒有一個人，像趙教授以那樣的愛心、細心，發掘、點燃我心裡一丁點的文化星火。

他不哭，我哭，更哭他的不哭。

寫於溫哥華　二〇一九年二月十一日

三、如是我聞

1 這一天的晚餐

午後，我在趙教授小屋裡看書，他面對窗前的電腦，屋裡只有鍵盤發出規律的「噠噠」聲。我遠離溫哥華，能在他身邊，靜靜地看一點書，感覺真好。看著，看著，忘了時間。到晚飯時候了，他的背影一動也沒動。他沒動，我更不敢有所動，心想此刻一定有千江水、千江月，在他胸臆奔騰翻湧，我豈敢攪亂那江水江月？

又過了一會兒，我想「師有事，弟子服其勞」理所當然，便輕輕挪步到那可以做飯的地方。小小電鍋就在流理台上，我找到了白米。我想做一點簡單的東西，本非巧婦，若然，在這裡也無技可施，看來看去發現了救星——一瓶豆腐乳。

我回座繼續看我的書，過了一會兒，趙教授那儼然巨人般的背影，終於有了動靜。

我盛了兩碗白飯，一小碟豆腐乳，與師對坐共食，席間從頭到尾靜無一語。我想那萬里雲天，萬里外的事還在他腦海裡糾結縈繞。誰是經綸手？怎爬梳？《論語》記載：「發憤忘食，樂以忘憂。」大概就是這個樣子吧？我靜靜地「品嚐」碗裡、碗外，返樸歸真生活的最極致。我相信他長期孤獨地生活，這種吃法絕非偶一為之。

「吃」這一件事，不是看飯桌上擺了什麼食物，而是食者的心情。面對一位宗教家、思想家，我眼觀鼻，鼻觀心，細細咀嚼手中這碗白飯的滋味。「一簞食，一瓢飲，人不堪其憂，回不改其樂。」從前讀它，只覺得所描述的人物既遙遠且模糊。而此刻趙教授把當代「士」的鏡頭拉近眼前，放大再放大，大到我看不清全貌。

2 受勳爵

在我拜訪趙教授期間，有一天他說要請一個朋友來家吃飯。我心想這是多大的事啊？在那麼侷促的地方能整治自己每日三餐已屬不易，何況要請客？那時候我也不知哪來的膽子，居然自告奮勇承擔起這一件事。

徵求趙教授同意，我估計還能做一隻整雞，姑且叫它「醬油雞」吧。我用極有限的調味料放在一隻湯鍋裡，烹飪的時候我一再提醒自己要把雞「弄熟」，只要熟了就算成功。平常在自己家裡不管用什麼方法要煮熟一隻全雞，於我都是一種挑戰。那一天在小小的飯桌上我終於準時地為客人擺上主食：一隻整雞、白飯、青菜沙拉。宴請的賓客是魯文大學圖書館東方部的館長（主任？），華貝尼夫人。她很優雅、禮貌地先稱讚桌上的好食物。

飯後，她問我是否知道趙教授接受瑞典國王授予勳爵一事，我答「不知」。她面帶興奮地告訴我始末。趙教授本人在我們談起這話題時未出一言，臉上亦無特殊表情；這才讓我想起他給我的信中，曾提起過要到瑞士開會一事（也許是在那一段時間發生的事吧？）。先賢有云：「費詞真多事，羞與同流。」一個人內心的修養要達到什麼樣的境界，才能在他人談論自己如此殊榮顯耀時不形於色？

3 贈琴

有一種給，叫帝王式的餽贈：就是把自己最好的，給最需要的人。

首次聽趙教授講課，第一個印象是他說話聲音舒服悅耳，咬字發音字句清晰，不急不徐，婉約中有質有力，每一個字從靈魂（丹田）深處發出來，然後落入人心。等我與他較熟後，有一天問他：「您說話的聲音很好聽，是否練過聲樂？」他說：「有一次在歐洲參加學術研討會，會後有個日本學者，原不認識，特地走過來也是問我同樣的問題。」

他接著說：「我學過小提琴但沒學過聲樂。」我腦子裡立刻出現一把精美的小提琴樣子，便隨口接著問：「現在那一把小提琴在哪裡？」

他說：「當時我們班上有一個同學，他拉得比我好。我知道他家窮，買不起琴，就把我的小提琴讓給了他。」我無意間聽到這一句話時，感覺全身神經被揪了一下。

一九七五中期，我住加拿大安大略省溫莎城。記得當代有一位享譽印度最出名的sitar（編按：西塔琴）演奏家、作曲家Mr. Ravi Shankar，到美國底特律大城演出。當一位穿著白衣白褲、印度傳統服裝的中年男士由帷幕後走出來，站到舞台中間，首先吸引全場觀眾的是掛在他胸前像雞蛋那麼大、鑲滿了各色寶石的一枚墜子。音會樂開始前主持人介紹說：他胸前這枚璀璨晶瑩的墜子，本來是ＸＸ音樂大師（我忘了名字）為他自己特別精心設計，這是他自己最珍愛的一個飾物。ＸＸ是當代被音樂界公認彈sitar的第一把高手，但是他第一次聽了Mr. Ravi Shankar的演奏後，便把這個墜子從自己胸前取下為他掛上說：「您才是我們印度彈奏sitar的第一位高手。」從此Mr. Ravi Shankar每次演出都要把它掛在胸前，它代表榮譽、幸運、知遇……。後來我每一次只要聆聽到Mr. Ravi Shankar的sitar 聲，他胸前那顆彩色繽紛的寶石墜子，便在悠揚的樂聲中閃爍、裊繞。

我一直以為只有財富滿鍋滿盆的人才會留下如神仙般的美談。但是趙教授並不富裕，從我對他的年紀和所經歷的亂世年代推算，只有在最早的童年，生活大概是無甚匱乏。記得他說過：「我父親每一天早晨，都要聽收音機的新聞廣播。有一天，聽到父親很驚慌地說：『壞了！壞了！』我從沒有看過父親的神情如此慌張過。後了知道那一天是蘆溝橋事件爆發的新聞。」因為他父親把全家的積蓄都投在股票上。以時間推算，趙教授當時應該是十一、二歲。那麼蘆溝橋事件後的生活，從他留下的文章裡看得出，此後他們全家的生活每下愈況。雖然出生於名門書香之家，但是兵荒馬亂的時代，他也無法倖免於各式各樣的災難。至於他幾歲開始學小提琴當時我沒問，在他留下的所有文章裡亦無片語隻字談及學琴之事，故不知贈琴年歲。

他說過曾經當過送報伕（大約是從高中到大學的某些年），這是每天早晨到學校上課前要完成的工作。他曾說過：「有一天，我像往常那樣走進一所大房子的院裡，要把報紙放在大門口前。這時候一個女生從裡面出來指著我說：『你不能走前門！把報紙送到後門口去。』這個女生是我們大學班上的一個同學。」趙教授用非常平靜的聲音，說起這一件往事。在那原本應該歡樂奔放、求知欲滿漲的青春年華，戰爭奪走了這一切，替代的是人生酸苦、辛辣。難能可貴的是在狼煙四起的戰鼓聲中，趙教授童稚純潔的愛心，依然如此閃亮。

不知後來中國有沒有產生一位著名的小提琴家，或者他仍在某個角落繼續拉著小提琴？當他拉響琴弦時，是否偶爾也會感念，偶爾也會想起，自己的第一把琴，也是一位音樂愛好者割愛相贈？若然，那麼當他想起童年往事，琴聲自然要變得如歌如泣、盪氣迴腸了……。至少，這是我內心希望聽到的尾聲，像大海微風拂過，波光閃閃，跳動在我心裡的聲音。

4 副院長讓車

趙教授在魯文的生活交通工具，是一輛二手腳踏車。我想以他的年紀在寒冷的冬日或雨天應是很辛苦的，但他本人似乎並不以為意。說著說著他提到：「……國家配給我專車和司機（在中國擔任社科院副院長期間），但我每天上下班照常騎我的腳踏車，只有去開會時才會用到它，平常讓我部門的同事們，誰去開會，車子就讓他用……。」

顯然地，想當然地，中國政府所有的高官們，都是一人專車獨來獨往……，唯他不是。他還說起，在任社科院期間是中國政治最自由、最開放的一段時間。

5 過目成誦

一日，我坐在趙師的小屋裡，拜讀他的好友李慎之的文章〈風雨蒼黃五十年〉，文中有毛澤東的指示：「要打到北平去，打掃龍庭坐天下。」「又再過若干年，……我就是馬克思加秦始皇。」其中阿克頓勳爵說：「權力使人腐敗，而絕對的權力，絕對地使人腐敗。」……

毛澤東是被研究近代史的學者，公認為殺人最多的第二號魔王，僅次於史達林。對於殺人魔王我從來不感興趣，也從未讀過任何魔王們寫的東西，但當我看到「我就是馬克思加秦始皇」時立刻毛骨悚然。

我放下書本後請教趙教授一些問題。他說最後那一句，真正英文的原文是：Power tends to corrupt, absolute power corrupts absolutely. Great men are almost always bad. Lord Acton (1834-1902).

他補充說道：「一般人只敢引用前面一句，不敢引用後面那一句。」他毫不思索地回答我的問題，年代都記得這麼清楚。我常覺得他的腦袋裡好像裝著一本百科全書，以前不管我碰到什麼問題，文學、藝術、音樂、宗教等等，只要有提問，每一次他都能如數家珍地回答我。

我讀過的古書中有過多次記憶，某某什麼大家，讀書一目十行，過目不忘……，我曾想：這是否誇大其詞？到底是什麼樣的奇人能過目不忘？我又不自覺地追加一句：「您是否也是讀書過目不忘？」

趙教授聽了我的問話後頓了一下，很謙虛地回答：「年輕的時候大概是吧。」我知道「謙虛」是極大多數人要靠後天努力學習而得，而我認識的趙教授，好像天生就具有的這基因。他的回答令我難忘。

六四天安門事件發生時他六十四歲，在歐洲一年「搬」了十次家。我估算此後他總共搬了近三十次，平均每半年搬一次家，這幾乎成了後半生的主旋律。

長年的流浪生涯，最難割捨的就是「書」，但不捨也必得捨。所以他身邊根本沒有多少書籍能跟著他一起流浪。他晚年源源不斷的學術著作，是否只靠著腦子裡的知識儲存庫？非常可惜，當時我沒有向他請教這個謎。他過世後我重讀他的手札：

翻譯馮友蘭先生《中國哲學史新編》全書緒論，其中幾處引了中國古詩來說明形象思維，實難翻譯，卻也是樂趣。《離騷》：「長太息以掩涕兮，哀民生之多艱。」怎麼翻？以前見牛津學者David Hawks譯《楚辭》為《Songs of the South》，尚可。但Hawks書中把〈天問〉譯為〈Heavenly Questions〉，太豈有此理！明明是屈原在「問天」，其中大部分是問人間的問題，順理成章應是〈Questioning Heaven〉。嚴復講：「譯事三難，信達雅。」朱光潛先生認為，這三條標準，歸根到底，「信」字最難。原文達而雅，譯文不達不雅，那還是不信。手頭沒書，連本好字典都沒有，只能搜索枯腸。《離騷》先譯為《Parting Sorrows》，覺得意思不夠清楚，改譯《Sorrows on Parting》。「長太息以掩涕兮，哀民生之多艱」，試譯作：

「So often, I sigh to keep to tears from welling up;
So sad to find my people toiling and moiling, yet can hardly survive.」

……姚琮對趙復三佩服得五體投地，他的學識讓來訪的資深神職人員也都吃驚。

趙復三絕頂聰明，過目成誦。他在天津耀華中學就讀，從初一到高三，每年都考全班第一名。姚琮與趙復三一同接待一批神職人員的外賓，在用英語談論時，趙復三會適時地引用兩句拉丁文，讓來訪的神職人員大為吃驚……。（參閱姚琮先生在《大紀元》二〇一二年八月十六日發表的全文）（註：姚琮先生曾任聯合國翻譯等職）

我由單純地只是趙教授課堂裡的一個旁聽生，因緣際會慢慢地認識了趙教授。當得知他過世的消息時，自己彷彿回到六、七歲的孩童年代，在茫茫無際的沙灘上漫遊。在雜沓的世人腳下，發現了一枚奇特的大海螺。拾起抱在懷裡，細看，不解這隻海螺，為什麼會被捲到滔天巨浪裡？為什麼又會在汙濁爛泥地裡翻滾，一層又一層地被壓，一回又一回地被刮，難道造物主只是為了刻鏤這一道一道的文彩斑斕？小女孩伸出稚嫩的小指頭，順著貝殼尖銳凹凸的紋路撫去，難道世間所有的「美」的內質，都是錐心刺骨血淚斑斑的鋪陳？

這枚大海螺，終於永遠地安靜了。每當獨自漫步水邊，天風水聲由四面八方吹來，我總不忘高舉心中的這枚大海螺於腮邊，海風依舊在天地間呼嘯。彷彿那是趙教授伴隨屈原的腳步，徘徊在天地間發出的聲音：「長太息以掩涕兮，哀民生之多艱……。」

趙教授譯完《中國哲學簡史》這本鉅作，全書最後的一句話是：「人往往需要說很多話，然後才能歸入潛默。」我相信在天國裡趙教授一定見到了上帝，上帝伸手接引他的剎那，他的心永遠寧靜了。

6 萬緣放下且低眉

六四天安門事件正在風起雲湧時，趙教授赴聯合國開會前，住在中國大使館官邸。這時候大門外，有各家媒體人，日夜守候著等待進出的中國人，希望能從他們口中探得一絲半毫的訊息。趙教授曾對我說：那一段期間大使館最高層級的主管，一再嚴厲地告誡住在裡面的中國官員們，不能對外說出任何的一個字。一天，趙教授對大使館裡的最高階官員說：「今後我的任何行為，我說什麼，你都不用為我負責。」

他能像其他的大官們一樣保持沉默嗎？若干年後，物換星移，北京的政治舞台，時時更迭劇本。台上不同的演員，台下千千萬萬的觀眾，是否還有人記取：趙教授曾經站在世界最高的殿堂，告訴全世界人的那番話，以此所付出的代價？

他發過話後，國際各家媒體更是想方設法地到處搶新聞；但是，趙教授說過那一番話後，從此不再發言，不管多大的誘惑，拒絕任何媒體的採訪。他說：「應該說的話已經說了，不願淪為各國媒體炒作的對象。」他身為中國社科院的副院長，學識淵博自不必說。「德不孤必有鄰」，他往後的處境何去何從？國外的朋友首先要幫他在現實生活中安定下來。我曾聽趙教授這樣說：「我首先要避開那些知名度很高的大學……。」在他的身上我親睹了作為一名「士」的風骨，「揀盡寒枝不肯棲」。

中國古代朝廷裡的官員，若不幸得罪了什麼人被流放煙瘴苦寒之地，這種坎坷遭遇，歷朝歷代屢見不鮮。他們一旦遠離權力中心後，幾乎沒有人不悲嘆辛酸寂寞，總在等待朝廷政治生態的改變，期盼再被召回。蘇軾因烏台事件被貶，長年過著流放的生活，深知個中滋味；後來再被朝廷調回京城，當看到摯友王鞏也因烏台事件的牽連長期被貶，再被召回，但見他的樣貌卻沒有因此顯現任何風霜苦澀，頗感驚訝。王鞏身邊的小妾回答蘇軾的訝奇說：「……吾心安處是家邦。」蘇軾聽後大為感動，立刻寫下一首詩送她：「……萬里歸來年越少，微笑，笑時猶帶嶺梅香。試問嶺南應不好，卻道此心安處是吾鄉。」

所以，如果被流放到窮鄉瘠地的官員，能把他鄉當吾鄉看，還是能有一片好風好水好風月。

但是，以趙教授的情況來說，這種心情於他是何等奢侈？「把他鄉當故鄉？」現今，全世界沒有一個國家，對待一個像他那樣的難民，容易讓他「異鄉且作故鄉看」。各國對待難民嚴苛的條條框框，趙教授必須一一謹慎遵守。

他在北美前後九年的流浪生涯，最後要回歐洲，這時候他已經是七十有餘的耆老了。我曾經很關心地問他：「在美國再等一年，您就可以拿到身分，便能安心住下，不用再流浪了。」他的回答只有三個字，簡單有力，那語調我永遠記得：「我累了。」

歐洲在他的心裡一直是生命最後的終點站。他有兩個女兒，分別定居比利時和法國。他希望到比利時魯文和大女兒同住。早在大女兒買樓的時候，趙教授把自己省吃儉用好不容易積攢下來的五萬美元，要大女兒也在同一棟樓裡為自己買一個單位。

但是不久，聽到我無法相信的、難以言說的理由，來信說，要搬出自己最後的那個小窩！……又要搬家了……。

7 書案原是天地寬

一九九九年底，我飛往歐洲探訪趙教授，走進魯文郊外的一個小院，它給我的第一個印象是建築物的老舊和空氣中沉沉的「重」和「靜」。踏上二樓後，趙教授右手邊那一戶鄰居，在入口處放了一塊非常醒目踏腳布，上面印著當時聖若望保祿二世教宗的上半身像。莊嚴的白帽、白袍，睜著慈祥的眼睛，日日讓門內的住戶踩進踩出。在其他地方這一塊布會被高掛起來供奉著。走進趙教授的房間，先是一小段甬道，左邊是一個很小的古董冰箱，要動手除霜的那種。冰箱旁是個小爐灶，只有兩個爐頭，旁邊是小水槽，接連著一段小小的流理台。再過來是立地長方形的小櫥櫃，存放乾糧和雜物。對面牆邊放置一張約三尺見方的飯桌和二把折疊椅。

略微長方形的房間內有三件家具：右手邊一個古老的木製立地衣櫥，這是所有物的收納櫃。臨窗是一張書桌，桌上整整齊齊、乾乾淨淨地擺放著電腦，幾本書和一個約手掌大、年代已久的木質十字架。前面立著一個小相框，裡面是一張中年女性黑白照片，慈眉善目、樸實無華，這是趙教授慈母的相片。我曾經造訪過他加拿大溫哥華Windsor街的住所，書桌上同樣也是擺著這個十字架和這張照片。顯然這是他一直帶在身邊，支撐著他長期漂泊的重要之物。還有一盞檯燈。書桌左側，挨著東牆有一張小小的單人床。一層單薄的床墊，放在四根木柱接連組合的床板，其大小尺寸與我所熟悉的加拿大單人床相較，它是太單薄又太瘦小。這樣的小床不知是否專為住在這裡的老人提供的？還是趙教授個人的獨創？牆邊還有一個約兩尺見方的小書桌，上面放了幾本書和一個舊燈架。最後就是一個小小的四方形花灑沖涼間，這是主人洗身兼洗衫之處，大件衣服拿到樓下公共投幣洗衣機去洗。房間面積大約四百平方尺。

這小屋裡唯一重要的就是臨窗的那一張書桌了。可以想像每當趙教授一坐下來，整個世界都會安靜下來。天花板中央垂吊著一個沒有燈罩的燈泡，這盞充滿了古意的吊燈，好像等了幾年幾世，專為趙教授的到來，深情地輝映著他一篇又一篇的傳世鉅作。

當代哲學大家馮友蘭先生一九四七年在美國賓州大學，以英文講述中國哲學史，後由他的一個學生將其授課文稿譯成中文，一九八五年出版；後來再由趙教授和另一位中國學者及二位美國學者通力合作多年，趙教授任總編，書名《中國哲學簡史》並配上中國思想先師插圖七十餘幅。這本鉅著終於在二〇〇四年一月問世，這是馮先生哲學思想，融會了古今中外知識的偉大貢獻。在這盞幽幽的燈光下，趙教授遍讀歐洲各哲學名家著作，之後，選定弗里德里希・希爾寫的《歐洲思想史》將它譯成中文。又《歐洲文化史》、《反思集》、《歐洲中世紀思想的發展》、《史頁閑注——西方文化史隨筆》等等，為華夏後世子孫留下一筆豐富的文化資產。

8　復活的天使

世界上所有的民族，所信奉的宗教都會有守護神這一說。西方的天主教、基督教有天使之說，東方佛教各派別也有各種守護神的名稱。這些守護神所扮演的角色，當然是守護生命健康成長。早期台灣民俗裡，一個嬰兒誕生後家人要拜「床母」的習俗，祈求床母保佑新生命健康長大。佛教徒相信每一個生命出生時，就會有一位守護神跟在身邊護佑，東方人大都信奉佛教，祂的化身就是觀音菩薩。一個生命有一個守護神，往後如果善行越多，他的身邊便會有更多的守護神；反之，惡行彰顯惡念滋生，守護神便會離他而去。

我一生中遭遇到最大挫敗、最困難的事，那期間意外地遇到了趙教授。屢屢在他的鼓勵和安慰下，才跨過一個又一個的難關。多少年後回想這一切，他就是出現在我生命裡的守護神，只不知我何德何能有幸致此？

而趙教授自己的守護神呢？他曾經對我說：「我三十六歲時，得了『心肌梗死』病，躺在床上全身無法動彈，但是聽覺還是好的，聽到醫生對我的家人說：『最好讓他有心理準備，今後他得躺在病床上，度餘生。』……當時我知道，全身各機能已失去知覺無法動彈，唯腦子還能思考……。我就開始嘗試動動自己一根小指頭，一段時間後我知道這根指尖末梢有了感覺……之後，它能輕輕彈動了。等我肯定一根手指頭可以動之後，接著試第二根手指，第三根……。後來，用同樣方法訓練我的腳趾頭，之後，十個腳趾頭的感覺也回來了！我便一點一點放大動作……，我嘗試著下床，扶著床沿一小步一小步挪動身體。我才三十六歲啊！後來反省為什麼會得這個病？因為工作量太多！外面壓力太大！……我自知是死過一次的人了，後來的日子就更懂得如何照顧自己身心。」（參本書〈反思與探索〉，一九九八年九月十三日）我們在女王公園散步，他邊走邊說，忽然一陣冷風吹來，嗖嗖作響。我知道他是在用自己活生生的例子來提醒、告誡我，一定要當心自己的健康。

我在整理趙教授的文稿期間，將此事告訴本地趙教授的兩位朋友：蕭欣義教授和楊正昭醫師。前者表示無比驚訝，後者以他的醫學背景說：根據他的臨床經驗和醫學知識，從沒有聽過有這樣的案例。我為了證明此話沒有絲毫杜撰，就將趙教授的親筆手稿寄一份給他看，他一再地說：他那麼年輕怎麼會得這種病？怎麼還能活過來？他的結論是：也許當時中國醫學知識不夠完備，對他病情的誤判……。是否誤判姑且不論，事實證明趙教授曾經是從僵死的軀體，以其非比尋常的毅力和堅定的信仰，一寸一寸由僵死的軀體爬回人間，重獲新生，這是一個鐵的事實。

以目前各國先進的醫學知識，也不能證明死而復生的一些奇蹟案例，那麼它又如何能否定天使、護法神之說呢？每一個故事，各有各的解讀。筆者個人的解讀是：當時趙教授已具牧師身分，且是他們家族第三代牧師。外祖父及外曾祖父皆為牧師，頗負盛名。正當趙教授這樣有為的青壯年歲，讓他去面對死神，我想，死神也要向他低頭的吧？

9 夕陽芳草自綠天涯路

我坐在趙教授的小屋裡，從寥寥幾本書中，拿起《弘一大師傳》來讀。此書以前讀過，重新再看。弘一大師風華正茂，文學、藝術、音樂等各方面的才能成就正是登峰造極、備受社會矚目時，做了震驚社會的決定——遁入空門。

我覺得趙教授和弘一大師二者有其相似之處。前者在六四天安門事件發生時，站在世人面前大義凜然、長虹貫日般地公開一個大真相。他這一番發言的代價是自身所有的名利地位、榮華富貴、家庭，一夕間全部歸零外，附加生命安危。關於最後的問題，我曾天真地問過他：「那時您已在自由國土上（歐洲），難道他們敢來抓您嗎？」他回答：「怎麼不敢？」筆者對中共政權、政事知之甚少，聽到這樣的回答十分意外。

弘一大師在求道之路上大徹大悟，從凡情俗塵裡澈底地解脫出來，真正做到了斷、捨、離。而趙教授對人間永遠心存大愛，晚年顛沛流離的生活中孜孜念念，都在想如何為人類、為華夏文明盡一點心力，透過不停地筆耕，傳達對世人無限的愛。這是佛教和基督教精神之不同吧？而二人在物質層面上的修行極其相似。

一九九七年六月十九日我送趙教授離開溫哥華到西雅圖，在長途灰狗巴士上，請求他說：「可否請您把所寫過的詩，現在回憶一下讓我把它們記下？」他第一首便是給好友李慎之先生的詩。「……陽關故道人杳杳，遠方駝鈴聲悠悠。……」寫此詩時，李先生當時應該還在國內（參本書〈千古有餘情〉）。在車上，他口述，我筆記。記完，趙教授以緩慢清晰的聲音，特別解釋最後這一句：「在那一望無際的沙漠上，偶然，在遠遠的地方出現一匹駱駝，慢慢地走過來，身上掛的鈴鐺走一步，響一聲，然後，悠悠的鈴聲，慢慢消失在沒有人煙的荒漠裡。……」窗外，滿天輕雲燦若銀，草木深淺相伴隨，窗內，離情更幾重。

我以為這一首詩，因為沒引用典故，一看就懂；但是聽到作者本人的解釋，才明白詩中每一個字，承載著如此沉重的深情和寂寞。在他生命的晚期，獨行於一望無際的荒漠裡，唯一期待的，就是希望還能聽到遠方好友傳來的一點點訊息？那悠遠的鈴聲，便是他荒煙大漠獨行的慰藉。李慎之先生是趙教授志同道合的知己，生前曾幾次聽他提起：「我們辦公室距離不遠，每天下班後我都會到他辦公室去說一下話才回家。」（參閱〈送慎之遷新居〉、〈永葆青春〉，讀《李慎之文選（續一、續二）·反思集》，唐山出版社）據我看到的文獻裡他著墨最多的朋友中便是這位李慎之先生。

後來，我曾經問過他：「有沒有想過回去？」

他說：「江澤民曾經讓人帶一句話給我：『老趙怎麼還不回來？』」

他說：「我若回去，要在這些條件下才會成行：一、我對六四天安門事件的發言沒有錯。二、我若回去，不做任何演講……。回國的可能性，我樂觀地估計大約有五成吧？」

（參本書〈反思與探索〉）

他說他的愛國是愛國內的孩子，愛國內的人民，而非共產黨。他魂牽夢縈，日夜所牽掛的，無不是中國的廣大同胞。後來我再收到他由歐洲寄來的信：

去冬少雪，今晨補足，踏雪行古寺外，如在梵谷畫中，歸聽貝九，得句。迷濛春雪遲，陌野迎一癡；乃知夕陽好，正是發奮時。這裡所說「發奮」，是因返京事，十有九不成而指自己要精神發奮。寫這幾句，藉此問好。二〇〇〇年三月初。

自六四天安門事件，趙教授再也沒有踏上他的祖國一步。夕陽芳草，緣何被斷了歸路？他日夜牽掛的故國、故人，憑誰再問：「君自故鄉來，應知故鄉事，來日綺窗前，寒梅著花未？」奈何？奈何？

10 說文革

我剛結束大學生涯就踏進加拿大這塊土地，讀的第一本得獎英文小說，雖然要不停地翻字典，但給我的震撼至今猶記。作者是猶太人，以希特勒消滅猶太族裔為題材。

在台求學期間讀書的條件（時間）極為有限，也不可能有機會接觸到這一類的書，到了國外我才盡量滿足自己，接著又讀了幾本類似題材的小說。這些書對我揭開了人世間的另一扇窗，那是當年的我，無法想像人間會有這樣的悲劇。不用任何理由就可以把人置於不死不活的境地！隨著年歲增長，我知道了，這個地表上不同人種、不同時代，永遠有不同的方式上演著各式的歷史悲劇。如果不幸，出生在那個年代、那個地方，任何人都躲不掉的命運。

所謂「文化革命」就是中國人革自己的「命」的瘋狂時代，結果導致家家見血、心心帶傷的國境。在這個瘋狂的時代所有人都被劃分成二類，一類是革命群眾（鬥人），另一類是牛鬼蛇神（被鬥）。趙教授被劃入後者、黑五類，可以讓人肆意凌辱的那一群。那期間有多少學術界菁英被押到台上，接受群眾批鬥辱罵，在「革命」的口號下，各種荒謬的理由早已被鑄好了。如鼎鼎大名的陳寅恪，病床上被紅衛兵貼滿大字報，胡適、馮友蘭……，無一能倖免的。

我相信趙教授所經受過的屈辱，一定是無法言說的，但是他給人感覺永遠是眉清目朗、慈光滿面，與之交談，如沐春風。親和如他，永遠像懸在廟堂裡的一口大鐘，有扣才鳴。以下是我在不同時間、不同地點，聽他說到文革時的種種。

(1) 莫須有

「……那時候被關在牛棚裡……」

我問：「真的牛棚裡嗎？」

答：「就是鄉下農家，白天要下地工作，晚上要開會檢討寫報告……。我上頭的黨書記是天津人，北京的造反派，為了整我，特地派人到天津去收集有關我的資料。雖然我的黑資料檔案夾已經厚厚的一大本了，但這個支書還是想方設法要再找新資料對付我……。」

「有一次，這個支書問：『你跟王三奶奶的事到底怎麼啦？交代！交代！說你花在王三奶奶身上的錢多了，怎麼回事？你交代！交代！……』」我一聽幾乎要笑出來，怎麼會冒出一個王三奶奶？

趙教授說：「我什麼也不能說。所謂的王三奶奶，就是天津人的送子觀音，我曾被派去那裡負責做修繕工程。」這事乍聽，簡直令人啼笑皆非。再又一想，中國的文化革命不就是歷史上「啼笑皆非」的血淚擴大版嗎？

「支書既然要我交代，當然得交代，他要我在週末寫五千字。五千字交上了，被退回來，理由是我根本沒交代清楚，再寫一萬字。……」

「……回想文化革命，才過了一個禮拜，我就成了牛鬼蛇神；一個月，就妻離子散，到被關進牛棚之前，天天晚上獨自一人守著孤燈，在斗室裡等著造反派來抄家，來打砸搶，來欺凌踐踏我的人格……。就這樣，在沒頂的災難中，喘著氣安慰自己，吃力地呼吸著、活著……。《通鑑》並不是最打動人心的史書，讀《左傳》、《國策》、屈原，讀司馬遷筆下的人物，及以後的史書，打動人、長留記憶中的，是那些帶有設身處地的感情寫出的人物、事件、段落。感情使歷史人物活起來，也使歷史活起來……。

後來他「進階」被關入單獨牢房達兩年之久，我想若不是宗教信仰賦予的力量，以及個人非凡的毅力，這個生命如何活下來？文化革命期間有多少知識菁英，最後以上吊、投海等……慘絕人寰的方式結束自己生命？文化革命對整個中國造成的傷害之深、之遠、之重，有待他日史家評說。

(2) 以德報怨

文化革命在中國留下一段瘋狂的歷史，毛澤東為達成自己的目的，放任紅衛兵扛著「造反有理」的口號到處為非作歹、搶劫。大字報可以滿天飛，以致人人自危，不知道什麼時候，它就會莫名其妙地飛到自己的頭上來。趙教授說：「經過十年或二十年後，『文化革命』的荒謬就會有它自己的生命力……。三十年後，每一件事，經過三十年後就會被淡忘……。」但是，他跟我說過的那些事，不要說二十年、三十年……，樁樁件件言猶在耳。若不是趙教授特殊的人格，故事的生命力就不會如此強大，如此震撼人心。

被關牛棚時，紅衛兵中有一個青年人，對趙教授這個黑五類的批鬥最用力、最不留情。趙教授看到他身上穿的衣服破洞太大，晚上就偷偷地拿來替他補好，再悄悄地放回去。聽到趙教授很溫和地說：「他並不知道自己也是這個時代的受害者，畢竟還是個孩子。」文革結束了，這個年輕人「竟然」找上趙教授給他安排工作?!而趙教授也為他安排了一份工作。後來還要求寄一本《聖經》給他，趙教授也照寄了。趙教授的人格、心量絕非我輩能揣摩一二。我借用「以德報怨」這通俗之詞來形容趙教授此舉，雖然這俗語意義不夠清楚，格局也不夠大！

(3) 秉燭夜讀知何處

加拿大溫哥華超市裡賣的南瓜有數種：一種是體積大如籃球，黃皮，鬼王節孩子們用來刻鬼臉做燈籠玩，也可食用的本地品種。另一種日本人研發的體積小、深綠皮上浮著淡淡的灰藍花紋，我們稱它日本南瓜，專當食用；它不僅營養價值高而且味美，最受人喜愛，我也不例外。有一天我請趙教授吃飯，特地為他做了一道南瓜，我看他對此物不曾動箸。他說：「被關在牛棚裡的那一段時間，沒有其他東西，天天只吃南瓜，把胃吃壞了。後來我只要看到它就反胃，不敢再碰它了。」我不知道，人的胃囊裡裝進一樣特定東西，要裝多少、多久，才會導致人一看到就反胃？我剛認識他的時候就聽說過他有胃疾。

有一天下課後，我送他回到暫居溫哥華Windsor街。他請我幫忙說：「文革時天天下田工作，長時間一個姿勢，現在膝蓋不好彎下來，請你替我把那些電線理一理。」他書桌下面有電腦、電話、電燈等電線交纏在一起，這也是塵蟎聚集處，最黑暗的一角。

對知識分子最痛苦的應該是對知識的渴求，除了沒有精神糧食，也沒有讀書的時間。在那瘋狂的時代，書和讀書人二者都是人人可誅的。秦始皇之罪，歷史上焚書坑儒之惡，沒想到文化革命竟又被瘋狂地、光明正大地澈底複製。

對知識分子趙教授，在牛棚裡他怎麼熬過？我曾經問過他這個問題，他說：「晚上我等大家都睡著了，就偷偷地溜進豬舍，那是最安全的地方，沒有人會跑到那裡去查夜。我讓豬靠近我的身旁，手電筒的亮光不能被人發現，牠們比人類可靠，那些豬讓我安靜地看點書……。」我立刻想到「嗡嗡」叫螫人的蚊子、糞尿、豬隻的身上的臭味……，但不敢問，因為不忍再聽下去……

我站起來面對窗外良久，黑暗吞噬了整個大地，那一個晚上是我從來沒有感受過的：天，怎麼這麼暗？地，怎麼這麼沉？吸一口氣都令人感到乏力。

11 大人赤子心

(1) 跳舞

人，到了年老體衰時肉身就變成了麻煩的包袱。我年齡越大越知道感恩父母給了我一個健康的身心，越加珍惜每一次能跳舞健身的機會。每一次踏入體育廳，感覺那空間瀰漫著一種特殊的魔力。只要音樂響起，體內的細胞便活躍奔騰起來，以至渾然忘我。老師帶領我們一群人起舞時，各個心情歡快如蝶，是的！如蝶，乘著音樂的翅膀，約風共舞的蝴蝶。這時候體內散發出來的快樂元素，多巴胺，滋潤著全身細胞。我們班上極大多數是女性，各種年齡、人種，環肥燕瘦齊聚。環肥嘛，像那載不動許多愁的蚱蜢舟。燕瘦呢？猶如西風殘照，立在風裡抖擻老樹。至於「身輕如燕」呢？不是問題，各個都能自掬歡樂滿杯。

有一種拉丁舞步tango，這是課程後段，旋律活潑輕快。班上環肥燕瘦各按節拍，左腳跨過右腳領前踏出數步。之後，再換右腳領先重複方才的動作。如此左右腳交替交叉橫行。當音樂節奏變快時有如雙腳離地，似作麻花狀環繞全場。這時候總有人雙腳像被打了結，伸腿是錯，縮腿也是錯。每當這時候老師一定會停下腳步，瞪著他一雙特大的眼睛，看他帶領的這一群蚱蜢舟，哪一隻擱淺了？而那翩若驚鴻、婉若游龍的又在哪裡？當大家撐起音樂的風帆齊舞時，李清照的詞也飛入我的腦海。我們不正如她那些快樂年輕的朋友們，各自駕著蚱蜢舟，在蓮花池裡穿行嗎？我似乎還聽到大詞人在為我們加油，最後，她禁不住拿起筆寫下千古名句：「……爭渡！爭渡！驚起一灘鷗鷺。」

舞蹈文化、風格也是與時俱變。約一九八〇到二〇〇〇年間，由於美國的某位女明星，大力推廣一種韻律舞，當時中文譯為「有氧舞蹈」，她製作CD在世界各地流行了很長的一段時間。初期這種有氧舞蹈的「舞」沒太著重，多表現在刻板「操」的動作。後來逐漸被一些舞師們修改，著力於腹部這一塊肌肉的動作，跳起來輕鬆活潑廣受歡迎。故此，前者早已式微，再後，被一種更為自由開放的Zumba（編按：尊巴）舞取而代之。

趙教授訪問溫哥華的那一段時間，我在活動中心，跳的就是前面說的有氧舞蹈。我長年跳舞，每有友人自外國來訪，若時間許可我都會邀請她們來體驗、見識我們的健身文化。本地的友人更不在話下。我也曾古道熱腸，鼓動三寸不爛之舌，希望能說動身邊的女性朋友們說：「跳舞是對自己最好的一項投資，長期投入能達到塑身又美容。」對已退休的女士們說：「你的『腰圍』尺寸才是顯示你的財富、身分、智慧、階級。每一個聰明又自信的女人，都知道要如何經營它……。」不論我如何舌燦蓮花，又苦口婆心，都不曾說服哪一個人對這一種投資來下注，即使願意來體驗一下，已屬鳳毛麟角了。我邀請過的那些朋友們，都比我年輕一大截。趙教授更不是我的同齡層，所謂「健康舞」在他的生活裡更是毫不相干。有一天，我姑且一試，邀他來參加。他聽了之後，沒有像我前面說的那些年輕朋友們，先打聽各種問題，然後一個也不露面。而趙教授什麼也沒問，卻準時地跟我走進跳舞教室。

我們的位置是先來先占，我習慣站的位置是第一排的中央，最靠近舞師，他任何細微的動作可以一目了然外，最重要的是更利於我全神貫注。我請趙教授站在我的旁邊，讓他可以看得清楚外，如有需要，我可就近照料。他從來沒見識過什麼是「有氧舞蹈」，肯定也沒聽過這一類的音樂。我知道能入他「耳」的一向只有古典音樂，所以我必須事先說明一下，好讓他心裡有所準備。我說：「這一個小時跳舞的音樂是會讓人『起乩』的那種（這一個詞只能用台語說才傳神），等一下您就知道了！」

我看趙教授進入教室，神情流露出孩童般的好奇與興奮，好像一個小孩要來參加大人們的遊戲。當日，他是唯一的男士。當然，一個古稀之齡能站在最前面，眾目睽睽下，跟著一群年輕女士們揮拳、舞臂、踢腿、扭腰……，不怯場，不中途而退，已經是非常了不起了。趙教授「敢」站在這裡，可見他的生命能量遠遠超出我的想像。長期觀看同學們的舞蹈姿勢，我從中體會「舞蹈」本身就是一個人的靈魂，透過肢體動作所流瀉出來的能量語言。這樣一想，趙教授能站在這大廳裡跟年輕人起舞，似乎理所當然了！

慣例，課程後段時間，練瑜伽拉筋動作。首先在瑜伽墊上把身子側翻過來，雙腿並疊讓身體成一直線伸直。然後用左手放在左側的頭，右手臂向右膝伸去，必須全身使力，才能撐起上半身。這個動作難度極高，能達標的人寥寥無幾，有些人連頭都撐不起來。

前段時間，音樂一開始，趙教授還能跟著大家有樣學樣地比劃。現在，看他很努力地、慢慢地把自己厚重的身體成功地側翻過來，當再要用左手把頭撐起來時，發現原來它重如千鈞。他並沒有放棄，一試再試，要用自己的方法把頭支起來。原本那好不容易側翻過來，剛躺穩的身體，不知哪一根筋不對，一晃，前功盡棄，便成了平躺。這時候兩腿兩臂乾脆放鬆開來，如「大」字般地攤在地上，讓結結實實的肚子來個正面朝天。這時候他像個玩累了的小孩，紅紅的臉「呵！呵！呵！」地自個兒笑出聲來。

先前同學們看到他的動作本來就覺得有趣，現在這一幕，他自己都笑了，大家也都忍不住輕輕地笑了。在這輕輕的淺笑聲中，絕對沒有人會猜到，她們眼裡撐不起頭來的這個耆老，曾經是高坐廟堂，指點江山的人。

一九九七年七月二十四日

(2) 爬樹

那一天，我把公司裡的事情盡早結束回到家，午後兩點多，陽光不冷不熱，照得人心裡暖酥酥的。我走到樓下問趙教授：「您有沒有去過Deer Lake（鹿湖）？」他回說沒有。我問他想不想去，他願意。我匆匆把昨日烤好的雞排放入微波爐加熱一下，幾片麵包，快洗兩個蘋果，就開車上路了。鹿湖離我家不很遠，對它的地理環境也算熟悉。

我把車子停好，一起進入樹林，放眼靜觀，正是春色、春光滿鹿湖。步入林木蓊鬱湖畔，惠風拂面，正好看到一棵大樹歪躺在眼前。樹幹粗又直，它和成群的綠色同伴原本是要直探雲霄，不知怎麼這一株被折了凌雲志！看看樹幹頭部連根拔起後，露出地面的根鬚，還緊抓著土石作扇狀般張開，其他根鬚仍扎在土中。筆直橫躺的樹幹，有頭部的根鬚和尾部枝幹撐著，與地表成平行，高度差不多到我胸部。我摸摸樹幹，忽然興起，問趙教授：「我們來爬樹好嗎？」他毫不猶豫回答說：「好啊！」當時他年高七十有三，身形厚重。我還算得上身形適中，四肢敏捷。先扶他攀上較有彈性、杈枝多的樹身尾端。我自己走到樹頭這一端，翻身而上，立刻滿心滿眼的「騎馬倚斜橋，滿樓紅袖招」的輕鬆歡快，便不自覺地擺動起兩條懸空的腿來。樹林裡小鳥快樂的「啾啾」聲此起彼落。不知牠們看到跨坐樹幹上的這兩個人類——嘴角猶帶雞排香，心中陶然已忘機，在說什麼呢？我肯定是聽懂了一句：「……莫道桑榆晚，微霞尚滿天。」

我的心情隨著輕晃的腿，晃進童年騎竹馬繞床前的歲月，晃進偎在母親庇護下的調皮……。我問趙教授：「您記得上一次爬樹是什麼時候？」

他說：「不記得了，總是很小的時候吧。」

很想再問但不忍開口的一句：「何時再來？」

生活等於藝術，藝術是生活的創作力。藝術必源於靈感，它是由心靈深處流瀉出了一道「生」的迸發力。這或許會被看成「出格」或「瘋狂」。正因如此才見獨創，才見真。騎在一株橫躺的病樹上，看滿山萬木綠意蔥蔥。我望望樹幹那一頭的趙教授始終安詳怡然。

多年後，每再經過鹿湖，總會想起曾經與一代大師在春草碧色、春水綠波間騎樹，晃腿，聽風聲、鳥聲的那個午後。

日期佚失

四、魯文紀實

一九九九年十二月八日

千年難遇千禧年，一九九九年的尾聲，全世界各種預言家、通靈者，忽然都在媒體活躍起來。大致上說世界會爆發意想不到的恐怖事件，繪聲繪影，眾說紛云，好像世界末日即將到來。其中一個似乎比較具科學性說服力的是：我們的電腦一直在用一九XX年，當要變成二〇〇〇年，與電腦原有的設計程式，無法相容等等問題。因此所有使用電腦系統，航空飛行、地上通訊、銀行、水電、電梯、……，凡依賴電腦系統操作的都有可能發生當機、錯亂，導致全世界在一段時間內黑暗一片。社會秩序會大亂……，公眾傳播勸人這段時間守在家裡……，這就是當時所謂的Y2K千年蟲的問題。當然人類首次面臨如此大事，只要有一種聲音出來，便會有不同的聲音跟著響起。相信前者之言的人，認為留在家裡是萬全之策。

我的態度是：既然是全世界人的大事，我個人擔心也無用。我決定用最近生意的幾筆進帳，遠赴歐洲一遊犒賞自己，探望趙教授也是目的之一。

一九九九年十二月十二日

我時差還沒恢復，跟著趙教授到魯文城中各處走走。古城市區街道不寬，每一根電線桿都披掛著繽紛彩帶、各式燈飾，迎接耶誕節的到來。商店櫥窗在主人精心布置下家家各展創意。處處響起耶誕節歡樂的音樂，這種景象幾乎全世界大城市商街皆然。

最大教堂的廣場前布置著耶穌誕生在馬槽裡的故事，它是這節慶裡必不可少的擺設，再怎麼發揮創意實難跳脫窠臼，好像只有我這個異鄉人，才會停下腳步觀賞。魯文人口只有八萬，年輕學生占了三萬，所以感覺這個城市有一種特殊朝氣和悠閒。

一九九九年十二月二十日

今天是澳門歸還中共政權的日子。在電視上看中共制式的交接儀式，但完全看不到澳門市民的身影或聽到他們的心聲。不知道他們的內心是喜是憂，我臆測，後者的成分應該居多吧？我對澳門並不瞭解，唯一知道它是某一類人，尤其中國大官、富二代……的人洗錢（讓錢漂白）之地。藏著巨額鈔票必須經過「漂白」才能見光，說明它的來源本是黑錢。到底什麼樣的人，以何種手段，弄到見不得光的巨款，必須拿到這裡來漂白？這麼大的學問絕非我這簡單腦子能理解的。

因為不瞭解，對這個城市的任何評說不公平又無意義，如果澳門只是一個「大賭場」

被中共收回去，那些循規蹈矩的普通百姓內心的想法又是什麼？

一九九九年十二月二十二日

今天到盧森堡，午飯時候我們踏進一家名為Vasco de Gama的葡萄牙飯館，分別點了一份豬排、一份炸章魚。我從來沒吃過章魚可以炸出這麼香嫩的美味來。我環視這不大不小的餐廳，布置和裝飾也不離店名的主題，都與航海歷史有關。趙教授說：「Vasco de Gama（達伽馬）是世界上偉大的航海探險家；葡萄牙人為了醃製肉類，長期保存不致腐敗，需要大量的香料。一四九七年七月八日他接受國王派遣，由首都里斯本出發，尋找前往印度的海上通道。他橫跨大西洋，到了好望角，終於在一四九八年五月二十日抵達印度加爾各達，一四九九年九月九日順利回到祖國葡萄牙首都。他一生共有二次遠航到印度，後來被任命為印度總督。他是世界上第一個人打通了歐亞的海上通路，對後來海上貿易的貢獻不言而喻。」

我們踏出飯館後，趙教授仍繼續把有關達伽馬的歷史貢獻娓娓道來。從一盤尋常食物，趙教授用簡短的話，讓我重溫歐洲這一段重要歷史。我享受了一餐美食，與其他相關聯的文化歷史。之後，走到一條主要的商街，櫥窗裡的衣服，與溫哥華的流行還是不同的。我也發揮了遊客的興致，買了幾件衣服。這裡物價與歐洲其他城市相較稍微便宜，和溫哥華相比亦是。

一九九九年十二月二十三日

這裡太陽的光度和溫度很像加拿大溫哥華。火車窗外細細的雪花飄滿天，萬物浸潤在銀裝玉裹中，整個世界如此潔淨祥和。來到德國邊界Aachen（編按：亞琛），先參觀了一座古教堂後再到Koln（編按：科隆）。最聞名的古教堂就在火車站旁，一踏入就被眼前所見震懾。這是一座哥特式的建築，大廳十字形甬道，豎立著瑰麗的大理石柱，直聳天花板，宏偉壯觀，同時代的建築能如此表現的極為少見。祭壇後上方，彩色玫瑰玻璃花窗也是所有人目光的焦點，它與上述宏偉的石柱被稱為「二絕」。

我多次在不同年歲，遊歷過德國不同城市。每一次都感受到德國在歐洲之所以一直是最富有、最有秩序、商業最蓬勃的國家，這與「人」的素養有極大的關係。大火車站裡商店林立，午飯時候我們選了一家土耳其飯店，點了一份很像我在溫哥華熟悉的Greek Spinach Pie（希臘菠菜派，暫且名之，美金三元），份量之大足夠讓我和趙教授二人飽餐一頓。我們心滿意足，趙教授輕鬆地說：「Eat well, feel well。」溫哥華的Greek Spinach pie我是熟悉的，但眼前的這「派」摻和了土耳其獨特的風味。我想食物的文化，受地域影響是必然的。

晚上看電視，又是一幕幕炮聲隆隆的轟炸。俄國派出十萬大軍，轟炸只有八千軍隊的車臣。普丁又再次面對全世界發出宣言：「多少天內我們一定會殲滅車臣！」我們可以看到俄國空軍從上空，密如雨淋般地投下炸彈，之後，再派陸軍進入民宅、社區，以機關槍對著早已千瘡百孔，顯而易見，絕無生命跡象的民宅區，一戶一戶，一遍一遍，再次開足火力掃射。我甚至只能想，這只是一種藉口為消耗過剩、過期的子彈吧？古今中外各種戰役，開戰前，主將率兵出發前，為了激發士氣要對天發毒誓：「誓把敵國夷為焦土！寸草不留！」之後，才叫做「勝利」。多少個世紀後居然會看到「普丁」還在照著這樣的劇本操演。現代的戰爭使用的武器，已不可同日而語。地球上的人類，不斷地爆發區域性的戰爭，使用真槍實彈，一幕一幕操演著令人驚心動魄的血腥殘殺。「人類」真的愚蠢到只會使用槍炮、子彈解決國際爭紛，而又明知那終是沒有結果的？

人類文明到底是進步了？還是在退步？電視螢幕上天天放映著「普丁式」的屠殺。聯合國、美國、歐洲其他任何一個國家，什麼事也不能做，也沒有說！……委那瑞拉發生了土石流的大悲劇，奪走了一萬條生命……，電視機的螢幕一再報導戰爭的新聞和天災的悲劇。

窗外滿天飛雪，像是天地的大主宰：無言地，伸出一隻純淨的巨手，在為人類抹拭罪惡和血淚。窗外聖樂陣陣響起，仔細聽，它在昭告救世主耶穌誕生了。

一九九九年十二月二十五日

魯文市最大的Sint-Pieterskerk（聖伯多祿教堂）位置大廣場上，市政府對面。今逢耶誕節，計畫和趙教授參加它的彌撒大典。

今天這樣特殊的日子，裡面的人數只有四五十人，年齡大都是中老年人，出乎我的意料之外。我最期待的唱詩班竟然是用錄音帶代替。那一排高高豎立在祭壇後面的古風琴管，好像天使們無奈的白眼發愣地問：「這個人間怎麼了？最美的語言，怎麼會被忘了？」老神父講的話，我雖不懂，但從語氣和神情，顯見制式僵化。整個教堂的氣氛，看得出天主教在這裡已經式微了。

記得以前數次在歐洲各國遊歷，每逢禮拜天，常會有機會遇到大教堂做彌撒，聽到他們的拉丁文吟唱聖詩。那時候聽道席上不僅滿座，兩旁的走道上也是水洩不通，全是來自四方的遊客。站在小小角落的我，雖然不懂拉丁文，也看不到祭壇上儀式的進行，但每聽到聖詩吟唱我便沉緬其中，那麼自然地把心攤開，接受聖靈洗滌撫慰。看來那種盛況已經不復再現了。

晚上讀《死的冥想》筆記最有感觸的幾句：

——荷馬史詩認為，在「死」面前勝敗等同，一切皆空。這和佛教思想一樣，和其他文化哲思也相符。

——達芬奇說：死亡這件事，正如一天過得好，晚上便睡得好一樣，一生過得有意義，臨終就死得平靜。認為「死亡」是痛苦的人，實在由於生活悲慘的緣故。

中世紀時期，「Memento Mori」是某些修道士見面的招呼用語，其意是「勿忘我」，猶如「別來無恙乎」，這與現在英語與人見面打招呼「How are you?」意思一樣。西方的文化，把人的骷髏作為室內裝飾也叫Memento Mori，如「死之舞」、「死之島」之類的藝術作品。我在某些賣紀念品店裡，看過擺放著各式骷髏。西方的文化，對「死」這個主題似乎並不諱言。在博物館、教堂裡，常看到繪畫或雕刻，會用天主教的聖人，Jerry手裡拿著一個骷髏頭，作「沉思」狀。「死」是生命終極的主題。

雖然孔子早就告訴我們：「不知生，焉知死？」不知華人文化為何如此忌諱這話題，這必然會發生的事？如果按照達芬奇的說法，是否因為華人的一生，都活在悲慘的歲月裡？或者一輩子碌碌無為，忽然要面對生命終點，無法接受，所以忌諱？避談？好像看待「死」多數人是絕頂痛苦的。

不知從什麼時候起，台灣忽然流行起「帥哥」和「美女」這兩個名詞。現代的網路文化流行到極致，只要越「新」，越「奇」，越「怪」，就越流行。大家一窩蜂地流行起來，街頭巷尾「帥哥」、「美女」聲聲叫，幾乎作為男性或女性的代稱。即使對象是七老八十的老翁、老嫗也不例外。不知叫者或被叫者是否體認到自己頭上懸著的那一把「死亡」大刀，隨時隨地要掉下來，激發出一絲青春的夢幻？稱呼自己同齡層的老人為「帥哥美女」是否反射自己也是同一行類？當然，網路這種沒根的流行，會像一坨羽毛，終會隨時間消失得無影無蹤。

走筆至此，特別記下，提供後來者莞爾。就像我們往前看歐洲中世紀時期「Memento Mori」見面的招呼用語，或再更往前看：草萊未盡開闢的遠古時代，被蛇咬是件很平常的事，故人們早上見面打招呼時會問對方：「有沒有被蛇咬到？」（《中國古代社會・疾病與醫藥》，許進雄著）

一九九九年十二月二十六日

我想多看看歐洲人如何慶祝這個盛大節日。上午和趙教授，走往他每天散步經過的那座建於十三世紀的古教堂。祭堂上站著三位老神父，神情肅穆；祭壇右邊站著唱詩班七人，都是白髮斑斑的耆老。聽道席上，加上趙教授和我，竟然只有寥寥七人，所以整座教堂裡還不足二十個人。一切似乎都在依循古老的儀式進行，最難得的是在這裡還能聽到拉丁文的唱詩班。我想也許這裡算是郊外，而且歐洲教堂之多，年輕人絕大多數，外出他鄉異國工作的原因吧？

晚上電視，播放其他國家大教堂做彌撒的實況轉播，只有荷蘭的阿姆斯特丹大教堂，還呈現宗教的活氣。看來基督教、天主教都已式微了，問趙教授，他也同意我的看法。

一九九九年十二月三十日

趙教授平日都是騎單車去附近的超市購買食物，今天有我相陪，故步行前往。他也想到萬一電腦系統真的如傳言那樣發生Y2K故障，所以要多儲備些糧食。魯文這個城市與溫哥華相比，因為人口少，車輛少，騎單車的多，在這裡行走讓人感到放鬆。腳踏車是家家必備的交通工具。年輕人大都到鄰近的國家去了，這裡少了一份應有的朝氣，到處都是古老的建築，走著走著就會聽到附近古教堂傳來的鐘聲。每聽到鐘聲我會放慢腳步凝聽，每一次鐘響總給我一種鄉村寧靜祥和的感覺，它也似在向城市的塵囂告別。

CNN電視台天天以頭條新聞報導：俄國如何轟炸Chechyna（編按：車臣）的新聞，「嗒嗒嗒」的槍彈掃射聲，坦克車，老弱婦孺在槍林彈雨中求生……。歐洲本土：法國、德國、比利時最近也因為大風雪，人畜傷亡損失慘重。今天夜裡電視機裡又出現俄軍拿著機關槍掃射的一幕幕。

這段時間，趙教授收到來自世界各地無數賀卡外，今天從美國寄來的兩件特別的禮物。趙教授讓我幫著打開Frank和他太太二人的來信，趙教授看過後也讓我看，他滿臉溫柔地說：「他是我的老夥伴。」Frank太太的信寫得很感人：「……我們兩人想了很久，不知怎樣讓您在那裡的生活，能減少一點孤單……。」Frank Cooley文革前曾任北大教授兼任牧師。他們寄來的是各自珍藏半世紀以上的藝術品，一是Frank在北大任職時的好友韋牧師，在他離開中國時送他的一幅張大千先生《飛天》的畫軸，另一件是太太收藏的紅木雕刻。

讀完兩封深情感人的信，看著兩件來自遠方、非比尋常的聖誕禮物，我想起第一次聽趙教授的課——他說：「所有物質的東西，用了，必然少了，沒有了，只有『愛』是越給越多的。」

一九九九年十二月三十一日

下午四點十五分，陪同趙教授做他例行的郊外古寺散步。一路上我聆聽他談弘一大師，談宋朝理學大師周敦頤的學生——陳灝和陳頤，兄弟兩人問孔子和顏回「所樂何事」。由這一點來看，人所追求的理想是什麼？人所追求的是名利，則是名利之徒。孔子和顏回他們覺得和好朋友，在春天裡談天說地是件快樂的事。這裡所謂的談話，是追求真、善、美。「真」是看清外界的真相，要求內在的真我。「善」是不計個人的私利，為達公眾的利益。真與善的結合便是「美」。首次聽到如此精闢解說「真善美」，特此記下趙教授說：「曹操與孫權作戰，曹操在吃飯的時候，有一個小兵來問當天的口令，當時正在吃雞，便以雞肋作為當天的暗號。後來他的謀臣楊修知道後就跟朋友說：『我看這場仗不會維持太久，很快要休兵了。』後來曹操準備要退兵時，身邊的人告訴他說：這件事早就被楊修料到了。曹操問：『為何？』身邊人答：『雞肋，食之無味，棄之可惜，但拖下去不是辦法。』」趙教授繼續說：「曹操最後藉故把楊修殺了。很多人都只知道雞肋這個故事，但有多少人能體會這個故事背後在告誡人『知機不祥』？後來我讀《史記・孔子世家》，原來它的出處是：『聰明深察而近於死，好議人者也。』」

接著又聽他說起，袁世凱當臨時大總統時候的一個故事：「有一個很親近的朋友推薦某人給他當祕書。袁世凱就約了此人面談，過後，朋友問：『如何？』袁世凱回答：『這個人聰明，但是太深沉，你敢用，我不敢。』」

趙教授說：「所有的人都不喜歡比自己聰明的人，或知道自己肚子裡的話的人。」

記下今日散步時趙師說的故事，深入淺出，充滿智慧哲思。

二〇〇〇年一月四日

今天聽到CNN電台報告的頭條新聞：俄國總理Yeltsin（編按：葉爾欽）宣布下台的消息。這是任何國家與俄國本國人都沒有料到的特大新聞。我從頭聽完他宣布下台的一席演講，他面無表情，極度凝肅，完全看不出他的內心有一絲波瀾，在螢光幕前能如此克制真是少見。相當長的一場演講，完全不看講稿，眼睛有神專注，四平八穩地把準備要說的話說完。我不諳他們政壇上的是非，僅憑這一段演講，我對趙教授說：「能急流勇退，聽他的演講，腦筋應該是極好的。」趙教授很同意我的看法，回答說：「他就比江澤民自信多了！」

我不知道政壇上那些位高權重的人對權力的思維，但是一旦要從世界權力的金字塔尖端，如何安全地走下來，至少是一個明智者的行為。他讓蘇聯，原來的聯邦政府推向民主化，功不可沒。但也導致了國內經濟一團糟和Chechyna的內戰不斷。每當一個國家的政局要經過翻天覆地的變革，短期內一定會出現大混亂的局面，如何把政局從「亂」帶入「治」的過程和時間，這就考驗那些大人們的智慧和德行了。我由衷地期盼俄國現階段的亂局只是短暫，不會持續太久，無辜的百姓早日能回歸正常生活。

我這個全然的局外人，對普丁的唯一認識只有一件事，他一再斬釘截鐵一句話：「要在多少天內殲滅車臣！」以十萬大軍對付僅僅八千的車臣士兵，即使勝了，也勝之不武。何況普丁，向全世界宣稱「幾天」的時間表，一延再延，把自己弄得灰頭土臉，依舊還大言不慚地說著同樣的誓言。電視機一再播放車臣被轟炸的實況轉播。所謂「戰鬥民族」這個稱呼，原先是形容車臣的民族性。我看車臣已被轟炸成一片廢墟了，還不斷地被射擊，而聯合國、美國和德國、法國等歐洲強國沒有一個出來聲援。我更不清楚葉爾欽，他為什麼會把這天大的權柄交給普丁這樣的一個人？

二〇〇〇年一月八日

在歐洲旅遊最大的好處是到哪裡都很近。今天到Brugge城觀光，看了兩家博物館和兩間古教堂。有一小博物館原來是教堂，很特別。從前在歐洲看過很多教堂，但從沒機會見識過只有皇家專屬坐區。那是教堂後面的樓上，伸出來高懸的一個小空間，類似閣樓，特設兩排相連的幾張座椅，其雕刻精美無比。從這裡可俯視教堂全貌，而下面完全看不到這裡。我不知道其他教堂是否也都設有這樣專屬特區？這是我唯一所見。

這個小小的城市，有很多販賣傳統手工刺繡的商店，女士們穿戴白色衣帽，坐在路邊低頭作業，這是沿途美麗的一景。買下一小塊倩女纖纖玉指織就的小花籃，這裡裝著她們優美的文化傳統。最難忘的是流過小城裡那一條小河，水清見底，大小魚兒悠游其間，一對白天鵝宛如從畫中向我悠游過來。俗語說：「富潤屋，德潤身。」一個城市能維護一條如此乾淨的運河，可見這是全城市民「富與德」的完整體現。我旅遊歐洲各地，每看到城市裡有一條清淨的小河流過，內心便充滿了對這條河流和當地人民最高的禮敬。潺潺水流總吸引我靜靜地沿河多走一程，望著緩緩流向遠方的小河默默地祝禱，天地神靈千萬保佑，保佑這清流別受汙染。

＊　＊　＊

馮友蘭先生是中國近代哲學大師，他的女兒馮宗璞女士，小趙教授兩歲，是一位著名作家，她是父親晚年的得力助手。趙教授與他們一家相交甚深。晚間我從他的書桌上取出馮女士文集來讀，其中有一篇〈哭小弟〉（她的胞弟年僅五十，死於腫瘤）。這時候馮友蘭先生也因病住在同一家醫院裡，當時馮女士陷於極端兩難的選擇，是否要把這個噩耗告訴重病的父親？最後這位一代哲學家，終於在病床上提筆為兒子寫下了輓聯：「是好黨員，是好幹部，壯志未酬，灑淚豈只為家痛；能嫻科技，能嫻藝文，全才罕遇，招魂也難再歸來。」這一則輓聯讀後心中戚然良久。

中國五十、六十年代有多少菁英，像馮家公子「全才罕遇」的人，都被要求在「又專又紅」下長大。作者自己在書中提到，曾認真地思索過「自殺」。他們這一代人成長過程多麼崎嶇，處處荊棘的歲月要面對物質生活的艱辛，忍受肉體的煎熬，還擔心受怕……

二〇〇〇年一月九日

趙教授日常作息，除風雪外，每天早晚兩次散步，同一路線，地點是附近古教堂的墓園。他聲稱：「This is touching base.」這是一七二二年重修過的古教堂。墓園裡豎立著各式各樣墓碑，似乎那就是他們一生的縮影！這裡也有稱得上藝術品的，最亮眼的是進入墓園一小段路後的左側，一整塊黑色大理石雕刻，它是整座墓園體積最大、最莊嚴的一景。每次經過我都會停下腳步欣賞一番。

側躺的一尊唯美女性軀體，她回眸凝望夕陽落下遠方，好像在傾聽什麼，好像有無盡的話要訴說……；顯然是顯赫的貴族身分，這是模仿名家的貴族墓碑雕作。我臆想她的生前享有何等的榮華富貴，家僕侍從前呼後擁的生活。放眼其他高高低低、大小無數的墓碑，他們曾經是叱吒風雲的人物？還是碌碌無為小民？他們是怎麼活過一生的？如果他們都能站出來說一件生前最得意或最遺憾的事，那悲慘一定大過歡樂的。「死」是如此地絕對，它一定會到來，在死神眼裡只有平等，而生人能為他們做的也只是墓碑的大與小而已。

想起奧瑪・珈音的詩句：「我望英魂，魂望我；千秋過客，坐墳頭。」我低頭尋思：地球表面上無數的「墳頭」，千方百計地被後人堆疊起來。其實也不用等到三百年，五十年後還有誰人能被誰人緬懷思念？我們穿過這座墓園時，遇到幾個耆老，趙教授和他們彼此點頭微笑輕道「早安」，可見他們都是常來這裡追念已逝的親人。我無法知道趙教授每日踏走這座墓園的心情，是否也像天主教聖徒Jerry天天冥想死亡的問題，作為他每日修行功課？

今天我建議趙教授換一條不同的路線走，所見風景自然不一樣。先入眼裡的是一群紅頭鴨，體態健壯，生氣勃勃，不甘寂寞，深怕被人忽略似的，邊走邊叫：「我來了，我來了。」另一群白鵝曲著細長的脖子，高高地導引著肥胖的身軀，一搖一擺四處遊走。忽然看到幾隻孔雀優雅地來開屏，只要牠們一出現，總登上主角的台面。但是無論在哪裡，人才是最美的風景。一個年輕的父親，帶著一個三、四歲的小女孩，在湖邊餵鴨子。大人一次一次揮開長臂，向湖面遠處扔出大塊麵包招引鴨群，小女孩則撕下小小的一塊丟到自己腳下，水鴨圍繞著爭食。她每丟一塊，也不忘往自己嘴裡塞一塊，我們停下腳步欣賞，這真是天人合一的佳景。

之後，我們折往東北的田埂小路走，今天難得冬陽明媚。一望無垠的農田，白雪點綴在一壟一壟、高高低低的黑土上，微風清脆的涼意敷貼著我的雙頰。這裡沒有市井的塵囂，只有安詳淳淨。這一條路的盡頭地勢較高，有一條長長的吊橋橫搭在市區的另一邊，橋下深凹的溝地是火車行駛的鐵道。這一條低凹地帶，彷彿隔開兩個世界。這座吊橋我曾經陪同趙教授走到對面的市集，站在橋上放眼遠望。今天的天空真藍，藍得像要出水，那是九天上才有的透亮的、澄澈的藍。上面還悠悠地飄著的幾朵白雲，站在這裡人也微醺了。曾經多次與趙教授來此散步，卻從不見車輛駛過吊橋，大概不是為它設計。橋面是一段段平整實木鋪成，橋的兩側是四、五尺高，透明的壓克力板。長長的吊橋略呈弧形高高地吊在空中。走在上面可以感到輕輕的顫動，它盪人心弦，人好像可以飛入雲朵裡飄游。

我第一次踏上這座吊橋記憶良深，今日建議趙教授走不同路線就是想再體驗一次這心顫的感覺。今天更是幸運，難得看到一長列的火車由遠方「嗚嗚」駛來。它猶如一條黑色蛟龍，正一壟一壟地犁開人間心田，奔向希望，奔向快樂之鄉。我每隨趙教授走在這片廣袤的農地時，都感到無比寧靜安詳，體會到真正的幸福其實就在生活裡的平凡。今天，我滿心歡喜再踏上那一座吊橋。看到對面正走過來了一個年輕高大的男子，肩上高高地坐著一個兩、三歲的小女孩。這個男子雙手拉著女孩的小手像「大」字張開，宛如一隻大鵬展開雙翼正向我們這邊飛翔過來。父親踏著誇大的步伐左右輕擺，顯然這對父女也享受吊橋的震盪。父親口裡還哼著歌，小女孩稚嫩的笑聲飄在空中。這一幅天倫圖在我眼前放大。我們的距離正在一步一步地拉近，在錯身而過時，我低下頭來不敢目視他們。之後我轉過身來跟在那一對父女後面走，一直走到橋頭，我才停下腳步，轉過身來凝望那一對往回走的父女，漸行漸遠，我的心情瞬間變得無比沉重。

趙教授一直默默地陪在我身邊，向著田埂路走了一段後，他才輕輕地說：「把經過的苦難踩腳下，不要回頭看。只把記憶中的歡樂，像珍珠串成環，掛在胸前。這樣你會快樂些。別人看你，會懷著尊敬來欣賞。」

趙教授曾經替我翻譯過兩篇文章，其中〈要擦亮星星的小孩〉一文，譯後他給我的信上寫道：「翻譯你的文章很不輕鬆，我自己未料到從一開始到結束，禁不住淚流滿面……。」他非常清楚，我目睹橋上這一對父女的天倫樂時，心中的波瀾會怎樣地泉噴潮湧？

他對我說過上面那一段話後，我們一路沉默地走回他的小院。回憶這一路的「無言」就是我們彼此真正的「忘言」之言。此生能得忘言、忘年交如趙師，一生無憾！

五、飛躍魯文—溫哥華的信

美慧：

你今年的生日和去年、前年、大前年的生日相比，有什麼不同呢？我想最大的不同是你已從過去的陰影中走出來了。不僅是走出痛苦，而且是走上獨立自主的道路；不僅是你經受住了一場嚴峻的考驗，女兒也經受住了這場嚴峻的考驗，你們母女的關係也經受住了這場考驗。這是過去三年裡，你的第一個大成就。第二個重要的成就是你培養起自立的本領，並在實際生活中證明了，你有志氣和能力自立更生。這也是很重要的一大成就。人到中年的後半——尤其是在男性中心社會中的一個婦女，在事業上、經濟上、生活上，一切都在從零開始，這條路上的艱辛，恐怕是任何第二個人都難以完全體會的。回顧自己一生的重大轉折點，你心中的感受使你對社會、對人生有許多新的體驗和認識，這樣從痛苦中提煉出的智慧使你在精神上成熟，成為你自己——這是真正的美慧。

死蔭的幽谷是走過來了，但要完全擺脫過去對自己的糾纏，恐怕總得要十年。建立起一個比較穩固的經濟基礎也還需要五到七年吧？這樣看來，你前面還有一段辛苦的路程。可以慶幸的是，最困難的一段路你已經走過來了，現在你已比過去堅強了，而前面的路則比過去容易了。還有一點不同的是，在你趕路時，傍邊還有一個人。就像我們在中央公園的森林中，忽然天陰下起大雨，兩人在一起的感覺多麼不同啊！現在可以一面趕路，一面欣賞自然和周圍的風光景色了。在生日時回顧一下走過的路，再次明確生活的意義和前進的道路，這是過生日的意義，對嗎？

復三　一九九七年五月十一日晨

美慧：

昨晚打電話告訴你，已經平安到舊金山，暫住老友高望之處（老高昨晚執意把他的床讓給我睡，自己到外間打地鋪，我很過意不去，他也是七十多歲的人了）。今天還要聯繫住處，都離舊金山較遠，離市區要開車走半小時。在Berkeley有一個天主教神父辦的寄宿舍，還有一處基督教新教傳教士宿舍，都是廚房、浴室公用，月租約三百餘元，但都要等到此月初，還有一處是人家的地下室（不知有無家具用具），我覺得只要能找到大體安全、不太貴就可以了。對比之下，在溫哥華的住處就像豪華級了。但人到哪山就唱哪山的歌。六四以後，在歐洲一年搬了十次家，九〇年六月到Ann Arbor迄今也搬了十次家，只要體力還行，其他不在話下。

飛機上默想，你從九三年到現在，生活道路很崎嶇，但都勝利走過來了，向前看不會再如過去那樣崎嶇，但仍是很吃力的。你的性格很堅強，使你能克服各種困難，但身體的力量也透支了。身體是人做一切事情的基礎，希望你會全面保護好它（跳舞、跑步要堅持，我掛心的是你的吃飯、睡覺、作息時間，常常自己難以控制）。更重要的是保持樂觀精神，你自己做到這一點還將會感染所有和你接觸的人（包括你的地產clients）這是你可以大大發展的一項資本，你想是不是這樣？

在老高這邊發現一本好書，宗白華的《美從何處尋》，是台灣元山書局出的，宗白華先生美學論文集。宗先生曾寫道：「中國人不是像浮士德，追求著無限，乃是在一丘一壑、一花一鳥中發現了無限，所以他的態度是悠悠意遠，而又怡然自足的，他是超脫的但又不是出世的。」我想中國人繼承中國文化的精神，一是《易經・大傳》講的「天行健，君子以自強不息」這種頑強的生命活力；二是莊子哲學中「超脫而又不是出世的」對待人生的審美態度，超脫自我的感情捲入，而能進到宇宙人生的哲學情思；三是禪宗（中國佛教的特色）那種鋭敏參透人生的「悟」。它們合在一起，既是中國文化的精神，又是中國文學藝術的理論內容和鑑賞中國文學藝術的「美的標準」。

有一本好書讀，找房子的焦急心情就減輕了一大半。這是來舊金山後覓到的一點生活樂趣，趕快告訴你，叫你也高興。

復三　一九九七年六月十九日晨

美慧：

昨天半夜醒來，想起你和T姐的談話，以及和Y的對話。我很感激你對我的sympathetic understanding，從中體會到你的感情。Y若不是神經失常，就是特意想從你處刺探有關我的消息行蹤（若有一個人這樣做，就可能還有第二個、第三個）。Y稱讚你的字寫得好，藉此討你高興，又不像是個神經失常的人。別的人可能不像Y這樣笨拙。

來此五天，看到老友老高實際是過著貧民窟的生活[……]（編者略），雖然他精神很超脫，一心鑽研學術，以助人為樂，我從中體會，若我在美國生活，處境也和他差不多；到歐洲會在精神上比較安定，生活也不致這樣misserable。ＥＬ已fax回信，告我只要到比利時，她就能幫我安頓下來，我已函ＬＡ比利時領事館要申請簽發的表格（辦簽證通常要三週左右）。同時準備六月二十五至二十八日去Oklahoma City一趟，接受榮譽學位了卻一樁事情。在忙亂中偷閒讀宗白華先生美學論文，邊讀邊想，如果你讀，會有比我更多的體會，既有文學寫作的體會，也會有觀照人生的體會。宗先生論中國書法藝術的部分，凌教授一定會感興趣的。我希望七月份把中國美學和《印度教、佛教、禪》兩書讀完寄給你，一年能讀幾本好書是非常愉快的事，覺得自己還在生長。這個感覺大概和你寫出幾篇文章的心情差不多。

你的許多計畫，最重要是當心好身體，如覺得累，不要硬撐，要調整工作計畫和生活秩序。

復三　一九九七年六月二十三日

美慧：

昨夜從Oklahoma City回舊金山，OKC已很熱，到舊金山卻涼風蕭颯。在機場搭公共汽車進市區，到市區後再等不上公共汽車，就提著行李袋在黑暗的街道上，自己慢步走回去。沿街不斷看到一些在街上蜷縮過夜的流浪漢、放蕩的黑人青年、剛從舞會出來的年輕情人，真是「幾家歡樂幾家愁」！有多少人都在那裡咬緊牙關活著，我也一樣，而且已經幾十年了，因此在溫哥華的日子，所感到的幸福，竟然顯得那麼陌生。難道我還能有這樣幸福的日子？幾十年的生活經歷，使我像陷入悲觀的泥沼中一樣，已經習慣得認定，這就是自己的命運。而且覺得誰沾上了我，也就沾上了痛苦，你送我的野鵝別針，似乎就是我的象徵。昨夜回來讀你的信，你不要把自己比作「村婦」，世界上哪有週遊五十國的「村婦」？我常想，你從九三年到現在，堅強地挺住了，而且成為一個職業婦女，不僅幫助了E，還幫助了C，什麼叫「美」？什麼叫「慧」？這就是了。你比我有智慧，比我堅強，這是真的。

復三　一九九七年六月三十日

美慧：

三十一日到魯文，四日晚間到巴黎。這一週多忙於辦各種政府方面的手續。先取得退休身分，因八九至九〇年在巴黎教書、納稅，所以有資格享受退休待遇。退休金是微不足道的，每月只有二百一十法郎（折回三十五美元），但醫療保險可包括住院費的百分之六十。將來還可申請生活補助。我打算仍住在比利時，因大女兒已為我準備了房子、家具、用品等；我和她家前後比鄰，照顧方便，省我許多事。比利時就是西歐的農村吧？生活安靜，於我合適。巴黎是通都大邑，從生活水準說，比魯文高，但我要多操許多心。兩相比較，還是比利時於我合適。而且在比利時對我大女兒也多少有點精神支持作用。

抽空去訪問大仲馬的故居，是一座小山和別墅，其中陳列了大仲馬、小仲馬父子的事蹟實物，他們的妻子、情人胸像等。電視裡還看了《茶花女》故事改編的舞劇，編舞和舞蹈家的演出都極好；音樂全部取自蕭邦的樂曲，更是醉人。西歐的文學藝術真是滲透了Humanism的精神，刻畫人在生命中的追求，與外部世界（社會）的衝突，藝術感染力很強。但我終覺法國文化的主要精神在於世俗主義，連他的理想也是世俗主義的，這和十八世紀以來西歐崇尚的理性主義有不可分的關係。三百年來世界的經驗卻對人和人類社會是否聽從理性指導提出疑問。人大概有一半時候是「非理性」的，人的「性情」就是例證。為此，才有通常所說「理智與感情」的矛盾。這種在人內心的自我矛盾、自我分析、自我批判，在基督教就稱作「靈性的覺醒」，中國儒家講「君子」和「小人」，其區別大概也在此？說的這些都是空論，是天天晚飯後去散步時的遐想。散步中發現，塞納河也流經Chatou鎮。沿河漫步自然就想到Fraser河，和我們在河邊散步的時刻。記起宋詞中「楚城滿目春華，可堪遊子思家，唯有夜來歸夢，不知身在天涯」。給楊醫生夫婦、談姐夫婦各寫幾句致謝問候，請便中轉交。

復三　一九九七年八月十二日

美慧：

昨夜忽然想到，不知你有沒有堅持去跳舞？體重怎麼樣？你有一樣很大的長處，就是self-disciplined，這就反映一個人的精神狀態，和根本的人生態度。對自己的嚴格要求。記不清是馮友蘭或梁漱溟，把有沒有自我修養的要求作為「君子」、「小人」的分界線。基督教《聖經》裡，我所體會的，在這一點上簡直把它看成「人」和「畜類」的分界線（《新約・約翰福音》十四章裡，耶穌說，聖靈要將一切的事指教你們這是真理。尤其是人的內心，基督徒稱之為「靈性的真理」。《彼得後書》二章十二節對沒有靈性的人說「這些人好像沒有靈性，生來就是畜類」）。這當是在十分憤慨的情況下說的。但仔細想想，其中不是沒有道理。《孟子》講：「人之異於禽獸者幾希！」只不過說得文雅一點而已。

我曾對自己說，不要亂發議論，《道德經》上說：「知者不言，言者不知。」每逢想發議論時，應當用老子的話提醒自己，哪知和你在一起，就會忘乎所以。你要告訴我，常提醒我，不要好為人師。

今天收到你八月十八日寄的信，你怎麼從梯上滑下來？X-Ray照了沒有？有沒有Fracture？你說，手不能彎太多，會痛。

你如肩痛，或有時腸胃不太好，就不要硬撐著校訂書稿。校訂書稿要一個字一個字仔細讀，是很精細、很累的腦力勞動。我近來生活秩序正規地建立起來，早晨走半小時，晚飯後走半小時；這樣，食欲也正常了，須提醒自己的是不要多吃，因我現在七十四公斤，應當節食減重，也是因這緣故。在巴黎頭一天，女兒買了個圓的水果蛋糕，以後就不敢吃蛋糕了。那水果蛋糕並不很大，是七十五法郎，看到巧克力蛋糕，九十五法郎。現在一個

Crossant是四點五法郎，在巴黎不是最繁華的Champs Elysees大街，而是在Sevastopol鳳凰書店（賣中文學書）附近一小杯咖啡要十二法郎，普通吃一頓飯九十五至一百五十法郎，你可以大致推算出巴黎的物價漲了多少。今天寫到這裡，希望趕上郵班。

復三　一九九七年八月二十五日

美慧：

盼望好久，終於等來了你的信，是講八月下半月不順利的經驗。

你想知道我的日子過得可好，怎麼說呢？從一方面看，我沒有你在生意中的焦慮。這是我自動放棄過去的工作。覺得已經做了五十年，可以休息了。這是年齡寬容了我。但怎樣安排生活才能不感到寂寞呢？每天早晨七點到七點半之間起床，出去走路半小時左右，回來做一刻鐘體操，然後盥洗，吃早點（照舊是一片toast，抹一點Margarine，一個煮雞蛋，一杯牛奶），九點坐到二樓書桌前。從九月一日起安排早晨讀佛學書籍，這是為了先清理自己內心，讓內心先靜下來，才好考慮今後的日子怎麼安排。上星期到魯文大學的東方圖書館去，負責人是過去認識的。圖書館裡有一批散亂的線裝書，誰也不知道其中是些什麼。我想從九月十五日起，去整理那批線裝書，每天早晨去大學圖書館，下午在家讀自己的書。中午，我自己吃午飯，很簡單，或是吃一碗素湯麵，或是喝粥。晚飯六點半和女兒一家一起吃。晚飯後又自己出去在附近街上走半小時，然後回家，打開電視，面對荷蘭文和法文的節目，反正都聽不懂，Soap Opera也沒興趣，無非是一個人傻坐時，面前有一個影像，耳中有點聲音而已。在電視機前坐一會，又回到樓上，聽聽音樂，十點前後睡覺。自己覺得只是為消磨餘下的生命而活著。比較起來，你的日子雖有Frustrations，也許內容還充實些？中國老話說：「天下不如意事十之八九。」不知是哪個朝代流傳下來的，大概可算是千年以來，中國人的人生體會吧！你我的生活經歷似乎都證明了這句話。但借酒澆愁愁更愁，你和Lily一起抒發心中鬱悶，比一個人悶在心裡好（我除了和你說以外，還沒有一個可以像你和Lily那樣交心的朋友呢）。我常對自己說，上主安排我在這樣的生活中受磨練呢，千萬要在磨練中，保住自己的心啊！希望這話對你也同樣有用。

復三　一九九七年九月八日

美慧：

我這人，心太急，信剛寫了一頁，只想趕下午的郵班，讓你早點收到，就匆忙寄出了。等到信一封口，又覺得話還沒說完，寄完信回來，又接著寫。你看我，就是這樣！還想要說的，其實只是兩句話：人在困難中，想想天下有多少苦命人，比自己苦得多，這樣心裡就寬一些。其次，不論什麼時候，生活的樂趣不是它自己送上門來，而是要靠人自己到生活中去尋找，去用力氣培養的。

剛過去的一週，西歐新聞界刮起了一陣「戴安娜旋風」。八月三十一日早晨新聞廣播，Diana因車禍在巴黎去世。我聽了心中嘆息，這個苦命人，婚姻、家庭、榮華、富貴，都像肥皂泡那樣幻滅。她要爭取自身的幸福，有什麼罪過？卻被英國一批下流小報，用來製造桃色新聞，供一批下流的「上流人士」做茶餘飯後的笑料。最後，連正在華年（三十六歲）的生命也像蠟燭一樣，被風一吹，就熄滅了。這是人生的可悲縮影。電視裡報導英國和世界別處許多普通民眾含淚悼念Diana，使人不禁想，世界各處有多少人經歷了和Diana相似的命運，只因沒有顯赫的社會地位，只好默默承受苦難的一生。戴安娜只有人死之後，她的人格才得到承認。而那些還活在痛苦中的人們呢？為Diana落淚，也就是為自己的一生落淚吧！我又想，Diana比肯尼迪的遺孀Jacqueline可能還少受些折磨。J. F. Kennedy和Marilyn Monroe的婚外戀，盡人皆知，Jacqueline在家庭中，日子是怎麼過的？J. F. K.死後，Jacqueline與希臘老船王Onasis再婚，Onasis又死去，Jacqueline並未分到多少遺產。回到美國後，自己又患癌，最後其實是自殺死去的；對比之下，Diana還是少受折磨了。和他們比，你我就算是幸福的，你想是不是這樣？

你問我生活得可好？我未曾來到之前就知道，等待著我的是一種修道僧式的生活，而又沒有修道院的物質和精神支持。但這是我的現實道路，我就make the best out of it吧！每天散步，看母親送孩子去幼兒園、老人牽狗散步、學生騎腳踏車上學、大人駕車或騎車上班，我就設想他們的生活是怎樣的。看到落葉多了，就抬頭找樹上的紅葉。下雨，就靜坐傾聽打在窗上的颯颯雨聲。是陶淵明的詩句吧？「萬物靜觀皆自得。」不是生活裡沒有矛盾、紛爭、吵鬧、失望、悲苦、憂傷……，正因為悲慘的事物太多了，我們才更需要把頭轉向別處，不讓自己被悲苦壓倒，更需要在心裡開墾一小片園地，澆灌出一點心靈的花朵。我們自己需要它，周圍的人們也需要它，悲慘的世界需要它，我們的孩子會因我們這樣做而得到內心的力量，又再把這力量傳給她的孩子，這就是我們從生活中得到的欣慰。這封信所寫的，你和Lily討論一下，看對不對。

復三　一九九七年九月八日

美慧：

昨夜下雨，我爬上閣樓，寧願睡在地鋪上，聽雨打在天窗上的颯颯聲。

比利時的簽證，又有法國和美國的長期居留證，比利時給我的居留證期限只是三個月。去打聽能否申請長期居留證，答覆是不能肯定「或者可以，或者不可以」。如不批准的話，我只有到法國去，而在那裡，住房、生活、經濟都成問題。這個大前提懸在半空中是我沒來之前就知道的，因此我一直猶疑著。大女兒則說，只有人來到比利時，才好解決；若腳踩兩隻船總也解決不了。現在一個半月已經過去了，莫非三個月後我就在比利時非法居留下去？這是第一難題。第二難題是在孤寂中產生悲觀思想、消極情緒，覺得只是為消磨餘下的生命而活著。第三個難題是ＥＬ遭受文化革命的十年打擊［……］（編者略），自信也自滿，這些都是我不習慣，又心痛，又知道已經無法改變了。從表面上看，我比你少些生活壓力，生活也平靜些，但精神上多了無能為力的灰色情緒。讀佛學書也是為此。

昨天讀印順法師的《淨土新論》，其中講到，淨土不是向佛教徒提供一個佛教的天國，困難之中，也就說不上修煉，而只不過是享福。你我在生命的道路上都曾被打翻在地，也曾被打得踉蹌站不住腳。但被打翻在地，至終還是靠自己站起來；被打得幾乎倒下去，至終也還是靠自己挺住。現在也正是我們發宏願、修行的時候。精神振作起來！（八正道的正精進也是這種意思吧？）這時，每一個困難、每一個挫折或心裡難過的時候，就是一個修行的法會。整個餘生就是修行的法會。這個認識來到心裡，就像是得到力量使自己挺立住。你看我怎麼講起佛法來了。

復三　一九九七年九月十三日上午

趙教授：

看季羨林先生的《牛棚雜憶》，幾度唏噓，自始至終您的影子就化作所有苦難的人或事件的影子。中國的菁英、知識分子在文革時期裡所受到的摧殘，真是只有我們想不到的，沒有他們做不到的。對於人類來說最可怕的還是人，我常想這是為什麼？「文革」大概是中國人類史上最慘的悲劇，希望人間的政治悲劇到此為止。

前幾日吃了感冒藥昏昏沉沉，只有看書，也讀些書的篇章給施義勝聽。您在這裡講的課相信他都牢記著，聽說他到教會做了一系列的演講，內容都是您上課時講述的。命運對他何其不公？正當盛年，事業、家庭一帆風順時竟然雙眼失明？我是很希望能多花點時間唸書給他聽，可惜我的時間如此有限，能這樣做時感覺這也是一道友誼、人間溫暖的流動。真是心有靈犀一點通嗎？如果是，靈犀之通時也是因為「痛」吧？在給您寫信時您的電話來了。

美慧敬上　日期佚失

*編者註：下面是寫在Town Hall明信片上寄來的。

每天早上到大學的東方圖書館幫助整理多年堆在閣樓上的中國線裝書，總要經過市中心的這座Town Hall，為它的瑰麗建築和數不清的精細石刻所驚愕。十五世紀中期這個地區是西北歐海港，新興的低陸國家通向德國萊因地區的交通要道，可以想見當時這個Brabant地區經濟文化的繁榮。魯文大學也是這時期（一四二五）年建立的。繼Erasmus之後，西歐的另一個重要人文主義學者Justus Lipsius（一五四七年誕生）在這裡興起。今年是他誕生四百五十週年。從九月中到明年一月中，比利時文化界舉行許多紀念活動。

上星期日，到魯文東北的小城Aarschot，那裡的聖母教堂開始興建於一三三七年，基本是哥特式建築。但外形上又有一點西北歐的特色（高聳的鐘樓像穿過一個洋蔥頭）。附近Horst的森林裡還有一座十三世紀的城堡，修建在湖中心。無情的歲月已經洗淨了它的華美，留下中世紀的一點餘韻，引人去思索，在歷史中什麼是長存的呢？

一九九七年九月二十日晨

美慧：

昨天在電話裡體會到你買房不順心，中意的房子又被別人搶先買走。我現在要辦在比利時居住地的申請手續，申請之後要等通知去談話，不知排隊要等多久，沒法離開……，怎麼辦呢？我也覺得心裡沉重。想來想去，中國老話說：「天下不如意十之八九。」大概古人早已認識到這個人生規律了，但任何人都不是很容易地就接受它的。以我來說，從中國大陸發動文革到現在三十一年了，我的遭遇大都是不如意，事先未曾料到的，只好「既來之則安之」。在這三十年裡學會了捨去自己心愛的，自己化解心中的悲苦，這樣day in and day out，就塑造了自己現在的性格，有一種修道僧的Mentality。你會覺得我現在生活很「淒涼」，而我卻覺得現在是一生中最輕鬆的時候了，因為精神上是自由的，或許因為精神上的「逍遙遊」，所以像莊子所說，不追求快樂就成了「至樂」。這或許是不近人情的，但它是三十年生活的重壓造成的。我不要別人也變成像我這樣。能在現實生活中寄託希望、寄託感情的人，我都真誠祝福。大乘佛經說，一切有情，人人有永恆的生命願望，釋迦為此而不入涅槃，作為對眾生無限生命要求的適應。但佛法終究講的是「涅槃寂靜」。來歐洲兩個半月，看到EL[……]（編者略），我只有嘆息，卻無能為力。在台北的佛弟子朋友來信對我說：他日益覺得修行的重要，若不用心修行，只讀佛學，那其實是逃避。我很感激他對我的坦誠提醒，這不是隨口說的。把生活中各種困難看作是孫悟空上西天取經九九八十一劫修煉的機會，這時心裡就好受些。

今天早晨傾盆大雨，我要不要到大學的東方圖書館去呢？想想還是應該去。騎自行車去，披上雨衣，還是擋不住雨。到圖書館已經全身淋溼，而且鞋裡也灌了水。在三層樓的

Attic搬書，工作效率似乎比往常還要高一些，一直做到十二點四十分才下閣樓，又披上溼衣服騎車回家。對我來說，這樣做是一種心靈的快樂。天氣預報說，明天還將下雨，我還是會去圖書館工作的。但只要一歇下來，就想[……]（編者略）；這個心情也許你會覺得難以理解。我只能祈禱求主憐憫，再說什麼呢？這個心情也包含了為你的一切祈禱。你會想，這有什麼用處呢⁉來比利時後，請四弟幫我刻一方圖章「天涯過客」也就是現在我對自己的認識，直到生命的終結。你能理解嗎？

復三　一九九七年十月九日

趙教授：

收到您的信，看到您的座右銘是「舍身外，守身內」，很喜歡。我想，我也該給自己一個座右銘。我的是：禁出口，防入口。

禁出口：我把它和「不妄語」做等號看，是佛教五戒之一，以後我要多注意不該說的話不說。這是做人處世重要的原則，其實不容易做到。讀弘一大師傳記，記得他說過「有冤屈，不辯」，若一定要辯，只說一次。又讀曾國藩有名的家書中也有一篇告誡他的家人：「戒多言，不糾纏。」可見「多言」從來是人生大患。我從小受長輩的告誡：「小孩子有耳無嘴。」（那是上一世紀的社會環境）這一句話常被現代人做不同的解讀或有誤解。對於半世紀前在大家庭中成長的我們是很重要的家規。除了怕孩子們無心說了不該說的話，被誤解而引來家庭不和睦，所以要我們多聽、多看，從中也是一種學習。我們都知道學習說話有多重要，但是年長後知道什麼時候「不說話」更為重要，那才是修行與智慧吧？

「防入口」：物質上不該要的東西不讓它入家門、入心門（尤其不健康的零食和不必要的物質），這樣身與心都會帶來清淨、清靈。我也知道寫下來容易，做起來不是那麼容易的。但是，有了這個座右銘後，我便要常常檢視自己做到否。每當在Mall看到漂亮的衣服、鞋子時我還是會心動的，所以只在做成一筆交易後，適時犒賞自己就不在此例。另一個入口物是「零食」，比較起來它對我的誘惑力較小，我想這和我多年養成的舞蹈運動有絕大關聯。立下這個座右銘後，「出口或入口」就像是一個無形的「stop sign」會適時在腦海裡閃爍：「我真的需要那物件嗎？」心裡升起的這個問號時，就是發揮自制力的時候吧？

近日因要賣T的房子，這期間常須與她接觸。她幾次對我說：「你應該要多笑笑，常笑笑，你不笑，讓人覺得你這人不易親近。」我也知道我太不像一個生意人了，但自知生性如此：假笑，不為；傻笑，不會；奸笑，沒學。她只知道我進入此行業不久，但目前有多少事正等著我處理，她不知道。如果她知道這一段時間，我正在面對法律訴訟的糾纏……，要面對各種客戶（各事挑剔的老闆），她大概不會那麼輕易地說「多笑，多笑笑」了。據統計，我們這個行業，前兩年新人的淘汰率是百分之三十。這幾年是我面對人生風雨的最飄搖期。我要如何努力才不會被職業淘汰？不會被生活淘汰？記得您在溫哥華那期間，看我每天從早忙到晚的情形，大概心生憐憫，忽然說出：「……上帝慈悲！……」那聲音有如上帝對祂的子民發出的嘆息，那聲音在我無助時也常常迴響耳際。

曾經，我也歡笑過，不知天高地厚地大笑過，那樣的日子現在回想居然那麼陌生，那麼遙遠！我目前的處境，如果還可以隨時隨地對人面帶微笑，那我一定不認識自己了。我想，能設身處地為他人想，能把自己放到他人的立場看事情，除了智慧，應該是那一顆慈悲心（就是愛）。我覺得這二者都不易得。當然也有例外的，像楊醫生夫婦、李先生夫婦、凌伯伯，還有幾個這樣的好客戶。

美慧敬上　十月十三日

趙教授：

十分感謝您為我講印順法師《淨土新論》：「淨土不是向佛教徒提供一個佛教的天國，……面對每一種困難……就是一種修行的法會。」我會謹記這一句話，有空要好好讀印順法師這一章。

讀完您的來信後滿心淒然，天地都籠罩在灰色的雲霧裡，我必須從中走出來。「舞蹈」我一直把它當日常要事之一。今天雖然身心俱疲，平常情況我就不去上課，但我知道安撫我最快、最有效的一帖良藥就是跳舞。所以今晚六點的課，我比平常提前到。我們同學們彼此並不很熟悉，一個班裡一週才見一次面（因各人選的課不同）。平常上課時間到了大家一起跳，下課後就各自離去，也許一年半載都還不知道彼此名字。今天趁著上課前的空檔，我主動地和旁邊的同學聊天，先請教她們的芳名。

我是班上唯一來自台灣的。這裡的華裔不論是來自台灣、中國、香港、新加坡等，幾乎人人都會給自己取個英文名字，聽他們的理由是入鄉隨俗。而我所知道的印度、巴基斯坦裔等其他國家都會保留自己出生時的名字。由此可以看出一點民族性吧？中華民族古代的英雄豪傑們常掛在嘴邊的「行不改名，坐不改姓」，只有在犯了天條，他鄉異地逃亡時才會更名改姓。而近半世紀以來的華夏民族，很多人一踏上這新世界的土地，立即給自己取個英文名字，這已不是趕「新潮」，幾乎是理所當然。

禮貌上我先向旁邊的同學自我介紹說我的名字是美慧：「美是美麗的美，慧是智慧的慧（這是用英語說的）。」這二位廣東籍同學，不懂北京話，一聽我的名字即說：「Oh, You are rose.」她們把美慧聽作玫瑰，這在以前發生過，所以我用筆邊說邊寫給她們看。她們看到我寫出的兩個字立刻又說：「Oh，you are雞歪，not rose。」我聽了莫名其妙，好好的一個名字怎麼變成了雞歪？我問：「what do you mean by GY?」她們兩人口中還在「雞歪、雞歪」的。看我一頭霧水，其中一個人嘴裡照舊不停地雞雞歪歪，另一個用筆寫下「智慧」二個字。噢！原來「智慧」的廣東話就是「雞歪」（這時候真要感謝秦始皇站出來解圍）。我一輩子都沒想到我美美的一個名字，在她們嘴裡居然變成了雞歪！

今天的舞師是男性菲律賓裔，我多年的跳舞課少有男性舞師，他是難得的唯一。「舞」是他的專業，同時還是一名服裝模特兒。他的課總是堂堂額滿（只有他的課有名額限定）。今天跟著他跳舞時首次覺得一個敬業的好舞師，上課可以演出一場聲、影的活繪畫。今天他做了一段極其優美的動作，也許是即興，以前從沒見過。首先他的雙掌合成像一個待放的花苞於胸前，隨音樂慢慢展開如一朵並蒂芙蓉，之後，雙手一高一低緩緩上升，芙蓉隨風搖曳時，瞬間手指似章魚的千條觸角在空中旋舞。接著他踮起腳尖一高一低，配合著雙手一上一下，有如無數煙花爆雲霄。再來，音樂一變，他雙手一拍，兩腿一蹬，蹦高二尺。這一蹦，踢開了我記憶裡的印度神話、舞神「Shiva」。課後我上前告訴舞師，我的感想（也是感動）並請他教我手指的動作。我怎麼做都不像，他指出重點後說：「我是練了好久……。」

科學家早有研究證實，運動可以活化腦神經並增強腦內嗎啡，它可在體內維持四小時之久。今晚我走出教室後，還沉浸在舞師曼妙的雙手煙花爆雲霄那一幕。今天可算是我多年來跳舞的「至樂」。您說：「……莊子所說，不追求快樂就成了『至樂』。」那麼，我今天原也沒想去求什「樂」，只是例行體能體操吧，沒想到一進教室先有「雞歪」大笑，隨後又有曼舞之歡，這不知是否符合莊子說的「至樂」？

感謝您為我做的祈禱。匆匆寫下幾行今天生活中的片段，相信您「得意忘言」。

美慧敬上　一九九七年十月十五日

美慧：

你叫我把讀的書，選些段落唸給你聽，錄下音來，然後把錄音帶寄給你。這真是一個妙想，我很願意這樣做，因這也促進我讀書。盡量體會，你會喜歡什麼書？現在從大學東方圖書館借了四本書：葉嘉瑩老師的《迦陵論詩叢稿》，另三本是《歷代詩話詞話選》、《弘一大師傳》、《莊子思想之美學意義》。現在還沒有錄音設備，我這書是北京中華書局一九八四年版，葉老師還有一本《迦陵論詞叢稿》由上海古籍出版社一九八〇年印行，可惜圖書館沒有。《論詩叢稿》裡，想先從論陶淵明和杜甫的兩篇讀起。前一篇的標題是〈從「豪華落盡見真淳」——論陶淵明的「任真」與「固窮」〉，論文開頭講，在中國詩人中，陶淵明的詞語最簡淨，而含蘊卻最豐美，正如元好問《論詩絕句》中評陶詩所說「豪華落盡見真淳」。返樸歸真是陶詩的獨到境界，陶淵明能達此境界，是由於他有一種「知止」的智慧與德操，在精神上「任真」所以自得，在生活上安於「君子固窮」，因此終於脫出人生的種種困惑矛盾，而在精神上與生活兩方面都找到了可以託身不移的歸宿。

文中有這樣一段話：「我常想，真有一個手中執著智慧之明燈的人，則他必然會從這黑暗而多歧的世途中，找到自己所要走的路。也許四周的黑暗也曾使他產生過無限的壓迫之感，也許踽踽的獨行，也曾使他感受到徹骨的寂寞之悲。然而有一點足以自慰的，就是他畢竟沒有在黑暗中迷失自己。」葉老師這段話像是專為你寫的，寫得多好啊！

論文結尾處說：「讀淵明詩可以體會到一個偉大的靈魂，從種種矛盾失望的寂寞悲苦中，以其自力更生，終於掙扎解脫出來，轉悲苦為欣愉，化矛盾為圓融的一段可貴經歷。這其間有仁者的深悲，有智者的妙悟，而歸其精神與生活止泊於『任真』與『固窮』兩大基石上，從而建立起他『傍素波，干青雲』的人品，毫無矯飾地寫出了『豪華落盡見真淳』的不朽詩篇以豐美的含蘊。」

日期佚失

美慧：

「生活是沉重的，而藝術是歡快的！」這是Schiller在他的詩劇《Wallinstein》的一行詩。收到你十月十三日、十五日、二十二日的信，心情稍稍放下一點，就想起了Schiller的這句詩。沒收到信時想到你生意上的難處、買房的不易，每天回來自己做飯、吃飯大概也馬馬虎虎，屋子裡沒人說話；對於你生活實在太沉重了（還有女兒掛在心上）。而我是泥菩薩，自己還在江心，自責也沒用，只是掛心、焦急、盼望。收到信，知道你在堅強地闖過一關又一關，心裡稍安一些。你說你若倒下去，女兒以後的長路會失去一份重要的支持。哪怕你遇到一點挫折（像上次生意的挫折），我心裡就很難過，這是沒法擺脫的。這次你買到一個中意的房子，我也像是心上一塊石頭落地。地區好，價格上算，房子本身可愛之外，Space不大，我覺得也是一個優點。房間大，人容易空空蕩蕩；小一點有三個好處，一是cozy，二是屋子容易收拾，三是冬天容易取暖。剛從你現在的大房子搬過去，可能有點不習慣，過一個月就好了。

搬家過程中，總得處理掉一些東西。我每次搬家處理東西時，都把它看作是人生（或佛門？）的功課：學會捨去。這樣在物質上捨去的，轉化為精神上的解脫，也叫「失之東隅，收之桑榆」吧？我很感激Lily，就近有她這樣一個知心朋友，她給了你很多支持；Connie恐怕更多的是要你支持她。我想，她們也同樣是很剛強的，你比她們多的一點是你的藝術修養和文學興趣，在下面是最可珍貴的赤子之心，這是你擁有的無價之寶。你喜歡讀宗白華的書，我很高興做了這樁叫你喜歡的事。《莊子》裡有一句：「既雕且琢，復歸於樸。」我想中國美學的理想，也是中國古哲的做人理想。你堅持寫作和你堅持在困難中頑強地生活下去，是一回事。這是我越來越在你的生活裡看清楚的。很高興翻譯〈要擦亮星星的小孩〉和〈三個夢〉，不是因為對此有什麼自信心。我的身體還行勿念。

復三　一九九七年十一月十日

《迦陵論詩叢稿》

〈幾首詠花的詩和一些有關詩歌的話〉摘錄

陸機〈文賦〉曾說：「遵四時以嘆逝，瞻萬物而思紛，悲落葉於勁秋，喜柔條於芳春。」外界的物既常挾有一種不可抗的力量，使人心震撼：人的內心也常懷有一種不可遏的感情，向外物傾注。這種人心與外物的感應是如此之微妙又如此之自然。其原因當然很多，其中最重要，最基本的一個原因，我以為是由於生命的共感。在宇宙，冥冥中常似有一「大生命」之存在，此大生命之起結終始，及其價值意義之所在，雖然不可盡知，但它的存在，它的運行不息與生生不已的力量，卻是每個人都可以體認得到是事實。生物界中的鳥鳴、花放、草長、鶯飛固然是生命的表現，即是非生命界之中的雲行、水流、霞凝、霜隕，也莫不予人一種生命的感覺。這大生命表現得如此博大，又如此紛紜，真是萬象雜呈，千端並引，而其中又自有其周洽圓融的調和與完整。「我」之中有此生命的存在，「物」之中也有此生命的存在。因此，我們常從萬物中獲致一種生命的共感，這不僅是一種偶發的感情而已。

《莊子・至樂篇》曾說：「人之生也，與憂俱生。」生命與憂患勞苦相對待，確是不可移易的事實，所以，生之喜樂與生之憂苦，乃成為人類最基本、最原始的兩種感情。……人生既是短暫無常又充滿憂苦，如何賦予這短暫憂苦的生命以一些意義和價值呢？……多少人在那裡孜孜所努力的，只是想從那朽壞的東西中，找出些不朽壞的東西來。……一旦發現自己所追求的竟是一片虛空，這對「志士」來說，真是最大的悲苦。正如曹丕《典論・論文》所說：「日月逝於上，體貌衰於下，忽焉與萬物遷化，斯志士之大痛也。」

王國維自沉昆明湖前一日，為述學社社友謝國楨題聽水老人陳弢庵詩：「生滅原知色是空，可堪傾國付東風；喚醒綺夢憎啼鳥，罥掛情絲奈網蟲。雨裡羅衾寒不耐，春闌金縷曲初終；返生香豈人間有？除奏通明問碧翁。」人只有一次生命，發現從中獲得憩息安慰的，竟然只是「綺夢」！而這時春已闌，曲已終，僅有的一次生命已將告終，已沒有再嘗試一次的機會了。天地如果無知不仁，那麼人間並無意義價值可言；天地如果有知，則為什麼要令人從春夢中醒來，又讓他投入無限的徹骨孤寒呢？

〈由人間詞話談到詩歌的欣賞〉

先把幾則詞話抄錄在後：

一・詞以境界為上，有境界則自成高格，自有名句。

二・滄浪所謂興趣，阮亭所謂神韻，猶不過道其面目，不若鄙人拈出「境界」二字，為探其本也。

三．有造境，有寫境，此理想與寫實二派之所由分。然二者頗難分，因大詩人所造之境，必和乎自然；所寫之境，亦必鄰於理想故也。

四．古今之成大事業、大學問者，必經過三種境界：「昨夜西風凋碧樹，獨上高樓，望盡天涯路」，此第一境也；「衣帶漸寬終不悔，為伊消得人憔悴」，此第二境也，「眾裡尋它千百度，驀然回首，那人正在燈火闌珊處」，此第三境也。

詩詞之能事，在將人內心的一種理想之意境與抽象之情思，做意象化之表現。……「境界」一詞，實不僅指景物而已，更指人心中之種種境界。「寫境必鄰於理想」者，是說所寫雖為自然之實物，讀者卻從中被喚發出一種理想之意境與抽象之情思。如此讀者所感受到才更加深遠。

王國維《人間詞話》中還有一則：「尼采謂，一切文學，余愛以血書者。」後主之詞，真所謂以血書者也。宋道君皇帝〈燕山亭〉詞亦略似之；然道君不過自道身世之戚，後主則儼有釋迦、基督擔負人類罪惡之意，其大小固不同也。

一九九七年十一月十一日錄

在〈論杜甫七律之演進及其承先啟後之成就〉一文中，葉老師認為杜甫的七言律詩中，〈秋興八首〉最可注意：「杜甫在這些詩中所表現的情意，已經不是一種單純的現實之情意，而是一種經過藝術化了的情意，譬如蜂之採百花，釀成為蜜中間曾經過多少飛翔採食，含茹醞釀之苦，原料雖得之於百花，而當其釀成之後，卻已經不屬於任何一朵花了。……當時杜甫已經五十五歲，閱盡世間一切盛衰之變，也歷盡人生一切艱苦之情，所經歷的種種事變與人情，又都以在內心中經過長期涵容醞釀。在這些詩中，杜甫所表現的，已不再是像從前……『朱門酒肉臭，路有凍死骨』的毫無假借的暴露，而是把一切事物加以綜合醞釀後的一種藝術化情意。這種情意已經不再被現實的一事一物所拘限。……。如果我刻以妄擬兩個名稱加以區分的話，我以為拘於一事一物的感情可以稱之為『現實的感情』。」葉老師在這裡講人的感情，有一個提煉的過程，實際這也是杜甫在文學、詩歌中成長的過程，你想是不是這樣？

「胡適之在他的《白話文學史》中，曾把杜甫的〈秋興八首〉稱為難懂的詩謎。……所謂難懂實在並非不可懂，只是難於以言語做拘限的說明，而就讀者之感受言，則此種意象化之表現，較之現實的敘寫，更能予人以豐富的觸發。杜甫、李義山之所以能進入此一境界，我以為兩人有一共同特色就是情感過人。……杜甫是以其博大溢出於事物之外，義山則是以其深銳透入於事物之中，杜甫之情得之於生活體驗者多，義山之情得之於心靈銳感者多。」

在〈從比較現代的觀點看幾首中國舊詩〉一文中，葉老師解釋「意象化」一詞，說：「所謂意象，不必限定為視覺，它也可以是聽覺的、觸覺的，甚至可能是全部屬於心靈的感覺。……總之，其目的在於把一些不可具感的概念，化成為可以具感的意象。……李太白〈鳳凰台〉一詩『總為浮雲能蔽日，長安不見使人愁』，以『浮雲』、『蔽日』的意象喻讒言之『蔽明』，而傷『長安』之『不見』。李後主〈清平樂〉：『離恨恰如春草，更行更遠還生。』都是以鮮明的意象，表現抽象的情意。」想對你會有用。

復三　一九九七年十一月十二日夜

美慧：

昨夜開始秋雨連綿，一直延續到今天下午，讀書中間想讓眼睛休息一下，出去看看郵箱，你寄來的Heating Pad包裹及信到了。十月十一日信，今天下午十一月二十七日，終於到了。你還有心把我的歪句集中打印，真使我臉紅。既已白紙黑字，賴不掉，就把其中字句稍加訂正，以免繆種流傳，貽笑大方。次序按年代排一下，從中似也可看出一點心路軌跡。但這只是你我看看就可以了，因此不必有什麼名字。加拿大郵局罷工，不知寄你的信幾時能到。想你或會心焦，先把信fax過去。Fax的紙，墨跡很快會褪掉，過幾個月就字跡模糊看不清了。

我比你不幸，但又有利的在於年紀，可以安排自己的時間，不把自己弄得很累。晚上避免看書寫字，在電視機前傻坐一會，偶爾也會碰到一個好音樂會，或很不俗的電影。

前兩天和X通話，他和另一位馮著的譯者都是事情太多。原來商定明年三月在美國開一次審稿會，現在可能要等到六月。

江澤民在哈佛承認中國政府有錯誤，北京立刻解釋說，那是一般而言，不是指天安門事件。我現在估計，有生之年都將在國外度過，因此戲擬明年春聯：

上聯是：「四海為家」
下聯是：「隨遇而安」
橫楣是：「自知自在」

復三　一九九七年十一月二十七日

美慧：

郵路通了，又可以寫信了，可是這個新中文軟件還不太會用，有時找不到繁體字，標點符號也亂，邊用邊學吧！想你現在已搬入新居，還未完全就緒，真正安頓下來，恐還要一、兩個月。我是急性的人，你性情比我好，希望你這次也不著急，到吃飯的時候吃飯，不要馬馬虎虎，到睡覺的時候就睡，不要熬夜，不要把身體累壞。

很高興，有一點你喜歡的音樂陪伴你，隨信再寄上這兩天抄錄的幾首詩，是從葉老師的《迦陵論詩叢稿》中摘抄的。讀葉老師的文章，如見其人。九四年夏，我們同時都在新加坡大學教一點課，葉老師在中文系，我在哲學系。中午在食堂吃飯，有時坐在一起，邊吃邊談，很談得來，覺得她身上一股清氣，卻沒去探想。現在讀她的書，才體會這清氣由何而來。葉老師論詩、做學問很紮實，言必有據，更重要的是她有「詩感」（這是我杜撰的詞，從選詩的標準可以感覺出來）；而且有才，能很好地表達。而且有「識」，有創見，讀她的書也像聽好的音樂，餘音嫋嫋，繞樑三日，可惜買不到這書給你寄去，你有機會見到時，請問候她。

從圖書館還借了一本《莊子思想之美學意義》，可惜一般地談莊子思想多，具體到美學，就遠不如宗白華先生的《美從何處尋》了。現在《宗白華全集》四大卷已出版，在舊金山時，從UC Berkeley的東亞圖書館借到，可惜未得細讀，到現在還覺遺憾。

前天收到香港浸信大學Lauren Pfister（我們一起譯馮友蘭《中國哲學史新編》）來電，他和另一位譯者Diane Obenchain商量，爭取明年一月底完成他們兩人的那部分譯稿。這樣，六月下半月就可以按原計畫，在Washington D.C.附近開會審稿。這是有關明年到北美日期的最新消息。

比利時的冬天，陰雨時多，由此引起一個感想：這幾年來，我們都經歷了一個極困難的時期，彷彿走過死蔭的幽谷，現在還要經過另一個幽谷，就是一種死氣沉沉的日子。在Boredom裡為自己開拓出生氣、蓬勃的生活來，這是另一種死裡求生！你堅持跳舞，堅持寫作，聽好的音樂，和一些好朋友往來，都有一種精神上的意義。我也是靠書籍、音樂和心靈上的朋友互相支持而活下來的。有這兩種死裡求生的經驗，大概就煉出一個金剛不壞身來了。人當然還要吃飯穿衣，為此還要求得物質生活上的保障。你還要為房地產生意而奔波，有時也並不順利，frustrations是難免的，但只要精神上保持生氣，各種困難就比較容易承受。這是我們今後要勉勵自己的。明年是虎年（照中國說法，是我的本命年），希望我們都虎虎有生氣！這能算是我們進入一九九八年的心願嗎？

祝你在新的一年裡，勇往直前！

復三　一九九七年十二月XX日

趙教授：

知道您懸念著我裝修房子的進展情況，現在隨筆記下一點今日所發生的事。

中國古代的男子被徵召去打仗，踏上征途時，一定無法知道前途會發生什麼事，只能仰賴有經驗、有膽識的將帥指揮以決戰沙場，是勝利還鄉？還是戰死沙場？沒人能預測。我剛買下的這所老屋，決定裝修時，就不知不覺地把自己推上「征夫」的位置。不同的是我的身分既是一名「征夫」又當「統帥」。因為一切決策後果，只有自己承擔。我覺得這個「征」字對我再恰當不過了。現在我做的每一件事，都要使出「征服」的精神，只能成功沒有後路，否則就得面對戰死沙場的結局。人世間任何事涉及到「做」都有先例可循、可學。而我目前面對的樣樣事，只有「征服它」，既無先例可循亦無後退之路。

這是一九二〇年代的老房子，單單只說一件事吧。我如何知道這古舊老牆所貼的壁紙，層層疊疊共有九層，早已凝固為一體？我無法剝離它，不知道用什麼辦法解決，但必須清除它。三戒是專業人士，他說：「你現在知道那些工人，為什麼都不願意為你做這件事了？唯一的辦法是全部釘上石灰板，又快又好看，我可以幫你。」三戒是個實心實意的大好人，但是我知道這麼大的人情債我無法還。

我嘗試過各種方法都無法把它撕下來，結果全失敗了。今天想出一種最笨，也是最後的方法了。我先拿半面牆做試驗，以小刀把壁紙畫成半尺見方的小格子，邊做邊抬頭，眼裡、心裡全被黑黝黝老壁紙籠罩著。我好像在無邊無際的沙漠裡挖井……，在刀痕劃過之處，用吸滿水的海綿抹拭，先使其溼透軟化，等一段時間再來撕、摳、鏟、刮……。既然踏上這一條殺伐的征途，就沒有後路了。

我站在高高的梯上，一小片、一小片慢慢地撕扯，扒掉陳年古老的各色爛花朵。它們到底見證了百年歷史的什麼？承載過多少家庭的酸甜苦辣？歡笑也好，悲苦也好，統統蜷縮埋藏於我的梯下。您曾一再地鼓勵我：「不要忘了，駕著你的筆，高高地飛越在苦難之上，不可被苦難打倒⋯⋯。苦難就是一種修行，一場法會⋯⋯。」每當面對困境時，我就會想起您這一段話。它的確幫助我飛躍一個又一個苦難。今日面對一屋子的髒亂，束手無策時我又想起您這一句話；瞬間，我又像孫悟空一般，駕著彩雲翱翔於沙漠上了！

正在得意的時候，三戒慌慌張張地進來說：「You got a problem! a big problem!」一聽，我立刻從「雲梯」溜下來，弄清楚出了什麼問題。他說：「我們昨天買的，對折的兩扇門，是一大一小！」我一聽大笑不止，怎麼可能！我們在大商場找不到合適尺寸的新門，才想到去二手貨的店尋找，在那一大堆的舊門中，千挑百選，再經過三戒這個「專業大師」量了又量的呀！運回家，居然會變魔術，成了一大一小，一寸之差?!三戒看我大笑，滿臉莫名其妙，好像他自己捅了個大蜂窩，很無辜的樣子。他的表情更讓我止不住地大笑！天底下怎能發生這種事？又偏偏發生在我身上！今天這麼特殊的經驗，走筆至此必須胡謅一句：「老屋修，修老屋，路漫漫兮，艱且阻，唯今日兮，金不換。」這經驗太奇特了！報您知。對不起，您教導過我的一句話：「臨人必恕，臨文必敬。」不敢忘，但請原諒我字跡潦草，因我騰雲駕霧了一整天。

美慧敬上　一九九七年十二月十日

MH：

讀你信時禁不住哈哈大笑，讀完之後又不禁覺得，真難為你，叫人要做這麼多事情，哪一件都容不得半點疏忽。也從心裡佩服你，遇到這麼多困難，還保持著幽默感，不僅笑豬六戒、八戒、九戒，也笑自己買的一大一小兩扇門。我想這是真正的堅強，是少有的。又想，你真正搬進去時，會有一種安然住下的感覺。那心情又不是未經種種磨難的人所體會得到的。孫悟空西天取經，九九八十一劫，哪一劫都少不了、逃不掉。吳承恩怎麼就能悟得這麼深！而我們卻要在人生旅途中每邁一步才悟一點呢？

我這邊回顧四個月應很空閒，卻也每天忙著，以致本來計畫今年要讀完的葉老師《迦陵論詩叢稿》、《莊子思想之美學意義》、《弘一大師傳》竟只讀了第一本的三分之二。和你相較，你在重重困難中所成就的比我多得多，這是你可以為自己覺得欣慰的。

復三　一九九七年十二月十一日中午

趙教授：

您的笑聲我聽到了，我自己也覺得真好笑。當然啦！我那「金不換」的名字，豈能隨便取？

我工作的著力點放在客廳。我想用另一個辦法，跳過撕壁紙，這一道幾乎是無法克服的手續。我在大商場裡發現有一種天然的棉花漆（把棉花做成糊狀）可用，材料貴，人工更貴，故市面上少見，我只有用金錢換時間。買來後將它泡水成糊狀，取一小坨敷在牆壁上，再以小滾筒勻開。利用棉花天然的纖絲紋路，在牆壁敷上一層薄薄的綿紗。它不僅好看，還可以掩蓋牆壁上所有瑕疵。這是一種手工細活，進行得極慢，我邊學邊做。日夜操勞時，覺得客廳黑黝黝四面牆（我用最亮的照明燈），像一個無形的黑網緊緊地籠罩著我。這種忽然間會升起的壓迫感，是生理上的感覺，它讓我整個人陷入一個無底黑洞裡。我，一個「征婦兼征夫」，只能一邊想著您鼓勵的話，一寸一寸地在暗夜裡為這四面牆，織出美麗的紗衫。這是不是在體現「女媧補天」的神話或寓言？如果我的「補天」是一則寓言，那麼每一個投胎人間的生靈，上天會給他一塊獨特的「天」讓他補。這是否可以比喻為「天命」呢？至於如何補？這應該是哲學和藝術的範疇。

米開朗基羅在繪畫西斯廷禮拜堂（The Vault of Sistine Chapel）要高高地懸在天花板下的鋼架，以最不自然的姿勢，扭曲著身體作畫。他在那裡耗費了四年的青春「補天」，為人間留下永垂不朽的鉅作。他這一片「天」補好了，身體也為之變形。這不也是每一個沙場的「征夫」的寫照嗎？生為人是痛苦的，在苦中尋找歡樂，大概就是生命的意義了。

想到這裡，我要補的「天」和他相比，上天對我實在仁慈太多了。我浮想聯翩，也算是自渡自救有效的一劑良方。我一邊工作，一邊重複地聽莫札特的音樂，身心疲勞得以減卻幾分。

這時候不知您是不是也聽到了，彎曲在棵上一整天的米開朗基羅先生，立起身來，伸腰抖臂地說：「幹了一天活，累了！」

美慧敬上　一九九七年十二月十三日

美慧：

這一段時候總不禁想像，你的新居是什麼樣子。電話裡你說「陽光布滿全屋感覺很舒服」。我就覺得很好了。但還想像不出房子是什麼樣子。下次來信能不能畫一個平面圖，連房子周圍的情形，I am eager to know. 現在樓下也大體完成，再一個星期大致就緒，你三個月來的辛苦緊張總算完成了一樁大事。想到你說Michelangelo畫Sistine Chapel的精神也用上了：Michelangelo知道四百三十年後有一個台灣女性繼承他的精神在艱苦中創業，也會覺得欣慰的。只是你說近日吃得很簡單，連續兩日在外面吃東西，回家後胃不舒服，不知你平時有沒有胃藥放在那裡，隨時備用？最好預備一點，但也不要多吃。有時胃不舒服是神經性的，生活規律、睡好覺會有幫助的。我學你的辦法把Broccoli用白水煮後，用Mayonnaise拌著吃，又省事又好吃。Salmon放薑或加點京蔥（或洋蔥）用白水煮後再放鹽、糖、Tomato Sauce、Whip cream也能做得很可口。晚飯你如想吃粥，自己煮點皮蛋瘦肉粥（瘦肉可用Sausage切成肉丁代替），有點蔬菜、腐乳也能吃得很舒服。美國人說：「Eat well, fell well.」總之希望你吃飯不要太馬虎，等到搬完家，逐步恢復跳舞，對身心都有好處。

你的《要擦亮星星的小孩》、《三個夢》英譯的發表權在你，就我所知發表時當然署作者名字。有時在篇末註上「translated by---」，有時不註，我看不必註。你如給熟朋友看時，若朋友問到，也不妨告知，但不必主動去說。你看這樣好不好？我更關心的是ＸＸ和ＹＹ看後有什麼反應？

祝　九八年一切順利。

復三　一九九八年一月十一日

Wilsele

3 December 1997

Dear MH,

It was not fun to translate "The Little Girl that intends to Polish the Stars." Tears ran down my face from the first line till the very end. I couldn't help it. Tried to follow your writing paragraph by paragraph faithfully. This will make it easier for you to compare with your original text. You may find that I added a word or two here and there hoping that it will help Western reader to understand what you mean. Am not sure if I have conveyed your feeling and thinking as you like to see. Feel free to let me know for any alteration or improvement of the English version.

Reading again and again in the course of translating it, I wept and sighed with you. Also I was reminded of William Blake's verse.

He who bends to himself a joy
Doth the winged life destroy,
But the who kisses the joy as it flies
Lives in Eternity's sunrise'
--Eternity

So, don't allow yourself to be bend down by grief. A friend of mine consoled his daughter who was suffering from the pain of divorce; life is like a stream with both happiness and grief. If one keeps all her memories of past happiness and binds together, then her life will be filled with happy moments. If one binds all the memories of grief together, then her life is nothing but grief. One may choose the color of one's life and in that sense, one's life is in her own hands. I believe there is some truth in my friend's advice to his daughter. Bearing it in mind, you will find that your happy moments in the past is not a negation of the present. What's needed is to build new happiness on top of your happy moments of the past and make it a continuity. This lies in your own hands. I know you are strong and you have already overcome the pains of the past. Still hope that you look constantly forward instead of looking too much to the past. This could be my postscript to your very touching song of "White Peony".

Fusan

美慧：

接到電話後又接到來信，看到你的房子外形和平面圖，客廳和書房朝南，廚房和餐廳朝東，難怪日間陽光好，這點很重要，使人精神愉快。我的印象，這房子設計合理，雖是舊房，結構是好的。門、熱水筒、電線等整修，在舊房恐是早晚的事。現在搬入時一次修好，以後少操心，還是上算的。搬好家，你回台灣一趟，生意上需要之外，還可以探親訪友，換個環境，調劑精神，會使你感到Refreshing的。記得你說過，你到加拿大後，在台灣的哥哥姊姊都利用台灣經濟發展的時機，不同程度地發家。現在經濟狀況都比你好得多。

這次回去，或者不免還會受些這種刺激。這要靠自己想開，中國老話說：「塞翁失馬，焉知非福！」「失之東隅，收之桑榆。」凡事有一得就有一失，有一利就有一弊，已經過去的事就不必多去回想，想前面的事要緊，是不是？我很心悅誠服地承認，你比我聰明能幹，譬如經濟方面的事，我就全不在行〔……〕（編者略）。在經濟上，兩個女兒並不指望我什麼，我也不必為她們去費心。只是，我現在收入為現在的支出，差不多夠用；不足時還有TIAA-CREF（編按：美國教師保險和年金協會）每月三百四十美元（到我死為止）可以彌補。我不會為自己花錢，頂多買兩本書。

復三　一九九八年一月十八日

美慧：

由瑞士開會回來，收到你fax的信，今天又收到一月二十九日信。你的時間安排得那麼緊！除忙房地產生意之外，每週四次鍛鍊身體，還到台加中心去教年長的同鄉寫傳記（相信他們會很喜歡你，你也會因此多認識些朋友，對生意、對精神都有好處），下個月又開始上電腦課，還有修房的事、房客的事、照顧女兒等等。使我想起《易經．大傳》上說的：「天行健，君子以自強不息。」這是中華文化的精神，也是你的極大長處。希望女兒也從你學到這個精神。你從前的經理喜歡你寫的《要擦亮星星的小孩》，並幫助修飾文字、聯繫出版，令人高興；說明你寫的東西不僅在台灣有讀者，在北美也有讀者。如果發表的話，不要把我算到版權等份內去。我參加初譯，從中感動落淚，這是內心最大的收穫，這就是我的premium。為你做一點小事，使你有一點高興，這又是我的premium。我已經得到雙份的premium，心滿意足來，不能再多了。

我幾時能去看你，最根本的還是要拿到在比的長期居留許可（據市政府人員說，自申請起六個月內有回音），其次是譯書的工作進度。香港浸會大學Pfister教授來電話說日內先寄兩章譯稿來，然後陸續寄來。收到譯稿後，我就要開始校讀，為預定六月間的審稿會議做準備（原來他說四月間寄來譯稿，現在提前了）。我現在想，六月赴美開會前後，是去溫哥華的最好機會。不知時間上為你是否合適？你那麼忙！

美慧：

GK為《要擦亮星星的小孩》英譯的文字用了不少功夫，請替我表示Appreciation and Thanks。他能聯繫出版社，更不容易；我想應當尊重他的勞動，不要去更動。

今天收到你的卡片真是慚愧，對我來說什麼日子都一樣，因此，什麼日子（包括生日、新年）都記不住，也不知這是好還是不好，也許使我少受一點苦惱？想陳寅恪先生一九六五年文革前夕的一首詩：

乙巳元夕次東坡「韻」

斷續東風冷暖天，花枝憔悴減春妍

月明烏鵲難棲樹，潮起魚龍欲撼船。
直覺此身臨末日，已忘今昔是何年。
嫘娥不共人間老，碧海青天自紀元。

忘卻今昔，大概是莊子「坐忘」的意思；但把一切交給碧海青天，卻又還是抱著依依之情，這大概是無可奈何的。

你說溫哥華已開始有春意，希望我三月便能去；真叫我心旌蕩漾，已經神遊到溫哥華去了。但具體看工作時間表，譯書的事，工作量比原來估計的大。「我原認為X教授的譯文，不需要多更動，現在知道，外國學者譯中國書，終有難處。」我修訂譯文後，預期三月中旬還須寄回香港，請X斟酌；然後再拿到六月會上討論定稿。另一位Y教授的譯稿還未到。我的譯稿還在等他們兩人的意見，然後從事修改。此外，還要編訂一個大家同意的中國哲學重要名詞（如理、氣、器、勢、精神、仁義禮智信等）的標準英譯表，事先交換意見，六月會上確定下來。我現在輔導的學生，每週講一個現代中國哲學家，預計要講到四月底。排除其他因素（還有三、四月份美國、法國報所得稅的事，正在向德國基金會申請研究補助的事，和簽證機票之類）不考慮，我的如意算盤是五月份可以成行。究竟哪一天，現在還沒法定。另一方面，昨晚寫信給巴黎，二女兒打算七月初就去北京；如果不需要我去看房，我就不去巴黎了，等她回信。你看，小小一個遠行日程，牽涉多少事，又牽涉到別人，著急也沒用！本來覺得退休後就清閒了，像凌教授那樣；哪知我沒有那個福分！有的是「勞碌命」，因此，對別人輕而易舉的事，到我這裡，就每走一步都那麼吃力。我早已遇事不抱過高要求了；也不去想，別人能如何如何，我也理當能夠達到什麼；各人有各人的命，不必和人比。可是即便抱一個最低要求，往往也達不到。是不是我的思想有什麼問題？現在自己還沒想清楚。我所幸運的身體還沒有大毛病，一個人還能遠行去看你，這已經算是幸運的了。你去阿拉斯加一遊，聽說那裡很美，希望你多照些相片。生活裡應當多有些情趣，像你欣賞自然，欣賞藝術，喜歡字畫，養點花，聽好的音樂，不僅自己享受，對朋友也是一種貢獻啊！

復三（編者註：最後一行日期被傳真機截斷）

美慧：

星期五下午，天氣開始有點暖意，上完課騎車回家，有點閒情，又有點悵然……。回到家裡，做什麼呢？又不想做什麼正經工作，又不願意無聊打發時間。於是拿起《中國現代文學補遺書系》的詩歌卷，找到徐志摩的詩來讀；讀到這兩段：

我冥想歷史進行的參差，問何年這偉大的明星再來？
聽否　那黃海東海南海的潮聲，
聲聲問華族的靈魂何時自由？
……

我感懷於光陰造作之榮衰，
亦憬然於生生無已之循環；
便歷盡了人間的悲歡變幻，
也只似微波在造化無邊之海！

——〈小花籃〉（一九二三）

你方才經過大海的邊沿，不是看見一顆
明星似的眼淚嗎？——那就是我。
你要真靜定，須向狂風暴雨的底裡求去；
你要真和諧，須向混沌的底裡求去；

你要真平安，須向地變亂，大革命的底裡求去；
你要真幸福，須向真痛裡嘗去；
你要真實在，須向真空虛裡悟去；
你要真生命，須向最危險的方向訪去；
你要真天堂，須向地獄裡走去；
這方向就是我。

——〈夜〉（一九二二）

這兩段詩都寫於七十五年前，但時間的沖刷，似乎使它們更耀眼了。以前總認為新月派的詩不值一顧，但矛盾的〈徐志摩論〉早已提出：「志摩是中國文壇上傑出的代表者。」現在真需要回顧過去，重新來評價一切了。如果二十世紀初葉，新文化運動要重新評價一切，現在我怎麼又回到文化啟蒙時代了？

復三　一九九八年二月二十日

美慧：

收到你寄來的GK譯文及Agreement草本，昨天已寄回給你，希望你下週可以收到。GK的修改，凡我所看的幾處，都修改得很好，若再去更動他的譯文，是對他的不尊重，而且要拖延發稿時間。為了長遠的友好合作關係，小事情不必糾纏，這是我的原則。因此你在週五和GK見面時請告他我的Sincere Appreciation and thanks，沒有不同意見。合同上我也簽了字（不必告GK我不能再要錢），他為出版出力，這是你我都做不到的，我們都要感激他。

人（男、女都一樣）到更年期，身體在生理上變化，要當心維護，維護得好，後半生身體健康輕鬆愉快。同時，心理上也要自我調節，煩躁時，把在做的事放慢一點，與人說話時提醒自己，不要急躁，可以好些。工作量也要控制一下（你昨天帶客人看五間公寓實在辛苦）。這個過程人人都無法避免。我想，受過較好教育的就會較好駕馭自己，通過這一困難地段，像開汽車一樣。

這裡氣溫在攝氏八度，昨天看見幾株櫻花都已開了。這是預報春天將到，我們應當高興。溫哥華的春天多美啊！

復三　一九九八年二月二十四日晨

美慧：

謝謝你給我的生日卡，和信（看來從溫哥華到魯文的信件要走兩個星期。你三月五日的信，今天十九日才到），慢慢地讀也慢慢地想。你說常覺得一生光陰都辜負了。使我也反問自己，又看所知道的別人究竟怎樣。似乎絕大多數人都覺得自己生活中，幸福是短暫的，折磨和痛苦卻是漫長的。不知這個觀察對不對？我也有心緒不好的時候，禱告問上帝：「你還把我留在地上，是為什麼呢？」在等候回答中，漸漸體會，當我想自己時總不免陷入茫然若失的悵惘之中，所以現在我盡量不想自己，只想：怎樣能為周圍的人帶來一點歡愉？這就是我的生活意義了。當然要使周圍的人高興一點，自己首先要高興起來；要能為周圍的人有點用處，就要努力去想別人的需要。這時，好像就顧不得為自己而悲傷了。至於我這一生，最後怎麼結算？就把它交給上帝，交給別人去評定好了。這就是我現在的生活態度。生活裡總覺得時間不夠用，許多打算退休後有功夫讀的書，這半年多竟然一本也沒讀。可是自問，並沒有荒廢時間啊！大概是人太疏懶！

人和人，能在心裡相通，大概很不容易。心靈相通，而又有物質條件常在一起，就更不容易了。想到這些就不禁感嘆。但為我們已有的，應當知足；這也是我常常提醒自己的。不然，豈不是自尋煩惱嗎？

復三　一九九八年三月十九日

美慧：

這幾天心裡一直想著，你希望我六月在美開會後能回Vancouver多住些時候，而我六月底要趕到巴黎，不免使你有點失望，從電話裡可以聽得出來。我省察自己，在各種各樣條件限制和Uncertainties之中，已經盡了最大努力，不知你能不能相信這一點（其實在美開會事，到今天四月二日還未Finalize無論如何，我先到Vancouver再說，這不是我通常的做法）。

我很能體會你的心情，其實我也希望在溫哥華時間長一些（原想回巴黎機票Open-ended就是這意思），但不成也沒法。這些年，漸漸體會弘一法師所說的「萬事隨緣」，這不是消極的，而是各種條件湊合下，能做多少做多少。若離開具體條件去期望，就不免成為空想。不僅徒勞，而且精神痛苦，想你也有這種體驗。

這星期日到巴黎去辦赴加簽證，十四日回魯文。

復三　一九九八年四月二日

美慧：

能在一起度過你的生日，這是一個緣分，我們過了尋常的一天又是豐富的一天。出生的日子是人生命的開始，這一天如果值得紀念，是因它為人開闢了未來；祝賀生日就是祝福未來的歲月。

《聖經》說到，耶穌把小孩領到自己身邊，對跟隨的眾人說：「你們若不像這孩子就斷不能進天國。」人們通常認為小孩子不懂事，父母是孩子的榜樣。耶穌卻說，孩子是大人的榜樣，這話多麼奇特！

你說你愛聽Mozart的音樂，甚至勝於Beethoven的樂曲。Mozart的音樂有什麼特別之處呢？我覺得最難能可貴的是他那顆孩子般天真純淨的心，在他所寫的每首樂曲中都自然地流露出來。尤其使我驚奇的是，Mozart的生活中有那麼多不幸，有那麼多貧苦，但在他的音樂裡，找不到一點悲傷的陰影，只有寧靜和孩子般的adoration，而且越是他一生後期的作品，這個特性就越顯著；你愛聽的〈Laudate Dominum〉也是我最愛聽的，它是Mozart一生最後的一首樂曲。只有四十六小節，但Mozart卻在其中總結了自己的一生。

你說，你常有一種像孩子那樣瘋的心情，使我想起孟子所說：「大人者，不失其赤子之心。」讓每個生日都成為有省察自己保持赤子之心的機會，這就使每個生日都成為值得紀念的日子，對嗎？

復三　九八年五月十二日

趙教授：

看您塞得滿滿的一隻皮箱，滿到令我擔心會不會爆裂！您一向輕裝簡從，這些最後額外添加進來的，都是臨行前朋友們送來溫暖的友情。您要飛越大西洋，輾轉回魯文，擔心您提得動嗎？想起某位詩人把有德行之人喝的酒稱為「清酒」，俗人喝的則為「濁酒」。那麼您臨行前我為您炒豆、烤豆，這粗俗之舉的俗情、俗物也真是大「濁」。又想：如果這樣可以代替您的「零食選擇」也許可以算是個理由吧。

腦子裡想的全是您到家後會累成什麼樣子，孩子們的事令您操心嗎？現在我似乎更瞭解您在那裡的生活情況了。

美慧敬上　一九九八年六月三十日

趙教授：

洪壽X是台灣來的新移民，今天有人要看他的房子，事先他把屋裡屋外打掃了。我看他的性情裡還是有一點「真」，但被習性中更大的「霸氣、傲慢」掩蓋了。一個人為什麼會顯現這些特質呢？我想是中老年新移民對環境的無知、無依、自卑吧？他的房子曾被兩個經紀掛牌賣了一年多，沒賣掉（這些資料都會保留在地產局電腦資料庫裡）。他要再用同樣價錢讓我賣。我用市場最新的data估算出來，與他的要價差距很大。我拿出各種資料數據耐心地跟他解釋，市場在走跌，一年前的價錢都賣不掉，現在要我賣？但他一心認為只要我肯在報上多登廣告，一定會「釣」到買家……。我知道那個價格肯定是賣不出去。我們地產資訊、制度，如此健全透明，買、賣雙方都很清楚。他完全不諳溫哥華的地政法規與國情，又不聽進專業的意見，以為三萬二千多平方尺的大地，在馬路邊，未來前景肯定是高樓大廈的建地。他完全是以台灣地小人稠的國情來這裡「炒房」。幾年後大概知道此計無望，便改弦更張。花錢裝修地下室，現已住進兩戶租客，當起「寓公」先解決燃眉之急。他在溫城早已坐吃山空，預算沒掌握好，導致情緒不穩定。我不知道五十好幾的人為何會有如此行徑。他在後院內無緣無故地鋪出一條筆直的車道，車子可由後面小巷開進車房，澈底地破壞了園景的美感。又在路的兩旁豎立起羅丹的《沉思》、米開朗基羅的《大衛》、《出浴的愛神》等石膏像，又加蓋了一個中式茶亭……

此屋原主人是本地的飛行機師，一所很有品味的房子。三十五年前的建構均採用原木料，橡木地板堅實華美，至今依然完好無瑕。室內與屋外庭院整體設計是英國式的。很不幸落入洪氏手裡，變成不中不西、不倫不類。據洪氏自己說，裝修只做了外面和地下室錢就花完了。真是萬幸，自己把自己弄破產了，這屋子才能保住地面以上兩層原來的樣貌。

今日開放讓人來看，洪氏在屋裡，每次都如此。按我們行規，一般屋主是要離開房子，由我向買家做解說。我們受過專業訓練，知道怎麼解說推銷，但洪氏說他要自己跟客人解說。理由是：他住在這屋子，最知道此屋的優點在哪裡。我聽他自己的解說，犯了幾個生意上的大忌，對他很不利，但我又不能對他明言。

回到家，我前腳才邁入大門，就聽到電話鈴大響。一拿起聽筒，他的嗓門特大，自說自話般地，兩個字最響亮「……廣告……廣告……」的話轟了過來。想到一個面臨「破產」的男人，我除了忍耐寬容他外，最重要的是我的心情不能被他拖進「泥沼」裡去。

您說過：處理人事就像中藥店裡的每一個小屜，拉出來抓一點所要的，秤量後就關上，再不聞其味。只不知，「洪氏」這一藥該置他於哪一屜？說起中藥，自幼便知一藥名「當歸」，藥香味甘，每想起，它便跟著童年最美好的記憶縈繞滿心。想到「當歸」這藥名，取得多好啊！大概是中國古代某位仁心仁術的醫生，深知天下無數閨中思婦，日夜想念「征夫」歸期未有期，導致的種種疾病，故取此藥名，慰解她們的思君之痛吧？

這幾天心情若有所失，做什麼事都沒力氣，心裡所有的快樂、歡笑都如山溪流水。而痛則像水裡形狀各異的石塊，不動、不減。想起女兒，想起親友，想起您，都給我這種感覺。以後要常常禱唸「南無觀世音菩薩」佛號，如楊醫師說的，靠一個人的力量是太小了，只有信仰能予人力量。

決定重上跑道，今晨八點開始跑了半小時，日後要酌量增加。順告。

PS：GK首次來訪，看到我的新居距運動場只有half block。第一句話是：You have a million dollars back yard.（你有一個百萬元的後院。）這是我的「富有」，因為他也有跑步的習慣，所以看到了，我豈能不善加利用？

美慧敬上　一九九八年七月二日

這幾天心情跌到谷底，一個人去看了一場文藝片。人類的悲劇大概離不開那幾個主題，有幾個場景，像儲存在我的下意識裡，忽然在螢幕上閃爍著。

回家後，靜聽莫札特的音樂，當聽到〈Laudate Dominum〉那一段，心中莫名地湧出澎湃的感情，淚水和著音樂流下。我好像跪在一個巨人面前啼哭，像在森林中獨行，沒有目標，只有淚滿腮，以後要走的路大概就是這樣了。

美慧敬上　一九九八年七月三日夜

趙教授：

現在有三家讓我掛牌出售：洪家肯定是賣不出去，另有T家和張家。後二者，我有預感可以賣掉。雖然張家在Delta，地點不熟，又是一座廠房，買賣程序與一般住房完全不一樣，我沒這方面的經驗。但是，我想既然我有執照就可做可學，什麼事總要有第一次的。為什麼有預感能賣掉？想是人與人之間的一種信任或叫緣分吧。認識張先生是他看我的廣告來找我的，我曾幫他在溫哥華市區買過一間咖啡店。那原是有潛力的「旺店」，兩年後再幫他出售，差不多打平而已，他沒賠錢已是萬幸。他說：賺了自己一份工錢和這兩年的加拿大移民生活經驗。他的主要目的是要取得移民身分。他說這話是很誠實的，不像有些客人，經紀千辛萬苦地替他大賺一筆後，覺得理所當然，本應他得，而若賠錢了都是經紀的無能。

最近每天要忙到晚上十一點才能空下來。如果不在外面帶客人看房，便在家做油漆工。曾告訴過您的漏水處已修好了。又發現樓下洗衣房的水管銜接處沒接好，這是「新漏」。替我裝修這部分的工人，他的編號是「九戒」。按您的標準，他也不能算是「壞人」，他只是沒本事，卻有亂搞一通的勇氣而已！他們都不是壞人，那麼，看來真正的壞人就是我自己了！為什麼？因為我的「壞」就是我的「笨」，太容易信任人，完全沒有防範之心。

我的新房外牆，上半層部分我請工人漆淡淡的灰藍，下半部我自己動手漆深色寶藍，所有窗框皆為白色，新換的屋頂是鐵灰色。今日做了十個小時油漆工，再兩、三個工作天可以全部完成。南面向陽的那一片牆已漆好了，工程大體結束。自己站在路邊靜靜地看，很有成就感。我的這一場「人生征戰」終於結束了！大功告成！我自問：居然能讓一座老舊之屋回春！想想都覺得是一大「奇蹟」。越看越覺得它是我這整條街最美的一家！這一條街沒有人「敢」如此用色。我想您來，看了也一定會這麼說的。

美慧敬上　一九九八年七月五日

美慧：

現在你還在堅持鍛鍊身體嗎？盼你堅持。

剛才收到你的信，心放下一點。前天寄你一信，告你，我緊張工作三週，按預定計畫，完成了我自己承擔的部分（約占全書的一半），已將譯稿寄香港。還有一半須我校訂，難度較大。正等待同事們把他們的譯稿寄來，收到後就又要忙了，但比前一段時候會好些。

我體會：事情忙亂時，心不能忙亂。越是事情多，千頭萬緒時，越要先把心靜下來，然後才能分別輕重緩急，對拿起來要辦的事情，設想周全。先按自己的希望提出一個方案，這是「上策」。兵法上講：「未謀勝，先謀敗。」假定全盤失敗了，怎麼應付？這算是「下策」，然後再設想有沒有中間性的辦法，算是「中策」。一樁事情，上、中、下，三種情況都估計到，都有對策（對策也可以臨時再修改），這樣，精神上就處於主動地位了。具體做時，一定要全神貫注，把其他次要事情暫時放下。《大學》第一章說：「學有終始，事有本末，知其先後，則近道矣。」這個原則，真正實行時，就知道並不是很容易的。

我初步計畫，十一月初赴溫，十二月二十日回來，聖誕節時二女兒要來，一月份還要開始翻譯，還要安排別的事。這個訪溫計畫你看可以嗎？

復三　一九九八年七月二十九日

趙教授：

謝謝您的來信和關心。我無論如何，都不會荒廢多年培養起來的規律運動，除非我體能到了不允許的情況。人間財富有多種，我知道第一重要的是淩教授（我大學老師的好友）傳授我的，他是我跑步的啟蒙老師。昨天和他在電話裡說話，多年來，每當他拿起電話聽筒，開頭的第一句一定是問：「最近慢跑了嗎？跑了多久？」口吻就像老師在問學生：「功課做了沒有。」

約在七年前初次見面，他便鼓勵我應該建立有規律的運動。我聽了他的一席話後，第二天就照著他的指示開始了慢跑。幾年後我改為游泳，再後，跳舞（因為游泳的後續耗時太長）。運動方式雖不同，精神是一樣的。凌教授曾對我說：「我一直苦口婆心，幾乎把運動當『宗教』、『萬靈丹』勸說我身邊所有的朋友。有些人根本聽不進去，還嫌我老人囉嗦。也有幾個年輕人聽了勸說，試了幾次最後都放棄了，沒有人能堅持。你是唯一的例外。這個『寶貝』只有你得到了！還好，你聽話，老老實實做到了，否則，這一關卡，你就很難跨過去……。」當我聽到他說到「關卡」時我的淚水已盈眶。

接著他告訴我他的親身經歷，南京大屠殺前的一幕。那時他眼看著南京的城門就要關上了，他拚命地跑！用盡生命力氣地跑。那種情景只可能出現在戰亂的電影鏡頭裡，但是真真實實，在他的腳後跟剛跨過後，城門就關上了。從此便成為陰陽兩界。他還告訴我，饑荒逃難、飢餓的種種淒慘經歷……。還好他逃到台灣，比您少受了幾層煉獄遭遇。中國人像凌教授，像您們這一代人，經歷過戰爭、饑荒、文革……，苦難的一生，只要想起，無盡的哀憐悲憫便湧上心頭。再回頭想想我自己的這個「關卡」它就變得微小了。凌教授把他這段親身遭遇告訴我也是這種用意的。

今晨大清早接到您的電傳，迷迷糊糊看過後又接著再睡。睡夢中夢見汽車拋錨，在故鄉的熟路上找不到一個人幫忙，也沒有人知道哪裡可以買零件，而我正要趕著到學校考試。我跑呀跑，醒來一身疲累，每次我心中有壓力時就會做慌亂中要趕考的噩夢。

我在工作（生意）投下去的時間與金錢，不是短期間看得到的。因為無法預見成果，所以做起來就特別地累。記得您給我們上課時說過：「人之覺得痛苦，是因為痛苦跟我們是沒有距離，我們切身能體會，知道它時時刻刻存在。如果能把它和自己分隔開來，把眼光轉向比我們更苦、更難的人，像印度，非洲，多少人生活比我們更苦，這樣想我們自己的痛苦就會縮小……。」

美慧敬上　一九九八年八月二十二日

趙教授：

Lily是住在附近的鄰居，傍晚我們常相約在附近散步，我們看各家房子，看他們前後院種的花卉果蔬等，然後一一品頭論足，也是一種樂趣。她喜歡的房子都是四平八穩、花園整潔的大房子。我喜歡的房子無論大小新舊，一定要看到它的創意，建築師有無新穎的手法。我曾帶她去看附近一所得過獎的德國建築師作品，當然我們只看外觀。平常我每路過它都要把車速慢下來，感受一下這所屋宇、花木，不同品味。我斷定現在住戶定非華裔。

記得您和我也同樣在那幾條街漫步過。我對那些房屋外形、花卉，經常隨意玩笑般地發表繆論，臆測屋主的社經地位、文化水平等等。再從他們的園子長出什麼樣的蔬果，推測他們來自哪個國家。您幾乎都同意了。一次，看到一所三層的舊樓，面對路邊的那一面外牆，下半部塗的是深紫和粉紅兩種顏色；門前台階、陽台上的欄杆、窗框，都塗上不協調的各種色彩，好像讓一群小孩們隨意塗抹。我說：「也許這屋主要培養一個馬蒂斯，若不是，那一定剛好碰到油漆店，清倉大減價！」我們這樣一路看，一路說笑。

等走回我們那一條街，轉角的那戶人家，因位置角落，路人可以從三方一覽無餘。一般人家只在前院栽花，後院植果蔬。這戶人家的前後院沒有留下任何的空地。大門前插滿了條條木棍，不知名的豆藤順著長棍攀緣而上，與旁邊的同伴互相推擠。這一塊小小面積裡，各種蔬菜，都長得出奇地肥美。我只知道它們享有充足的陽光，其他祕訣不得而知。門前一棵無花果樹下，一扇圓形的白色窗戶，好像房子的一隻大眼睛，永遠無法透過樹蔭，一窺外面的花花世界。小屋的三面由水泥粉牆圍著，奇特的是上面豎起一排水泥大碗。一年到頭一碗一碗不同的青菜會從這裡冒出來。我知道屋主是葡萄牙裔早期移民水泥工，因工受傷提前退休。這個小小庭院，便成了夫妻倆的活動場域。我看到的是徹頭徹底的小家過小日子的樣態，而您望一眼立刻說：「這個人不懂得減法！」我一聽就哈哈笑開了。如今回想，為何您只看它一眼，便能「一針見血，一錘定音」？而我看了幾年也沒有想到這一點？我想這就是哲人與俗人不同之處吧？

人的一生何嘗不是這樣？學習「加法」是第一課，但要進階到「減法」就不是人人能學的。多少人終其一生只會做「加法」且堅持以行。所以，家中堆積著各種有形物，心中又塞滿了無形物，永遠不知道進階「減法」的哲學。這也就是佛家常勸人說「知捨而後得」，我的淺見或者說「空」的哲學吧。

那一戶人家更不懂什麼叫藝術留白，所以我們都同意，它是我們看過的那幾條街最不可取的一家，雖然它整整齊齊。

想我這一生何其有幸，能與「哲人」長街漫步，無拘無束發表狂語、大笑。此後，每獨自散步，再見那些房子，回憶與思念便飄然飛入那長街綠蔭裡。

美慧敬上　日期佚失

一九九八年八月二十三日　雜記a.

溫城的男人，我給他們分類：一是「閒人」，二是「不閒人」。我知道豬八戒是屬於前者。豬八戒這個名詞我們好久都不用了，有一天Lily和我散步時抱怨說：「某某真是個豬八戒……。」我們兩人大笑不已，從此這個名詞在我們的語彙裡又活了起來。它是我們華族文化特有的「語碼」（這二字是葉嘉瑩老師在講學時說是她的獨創之詞），大家一聽就明白。我要說的這個人就是豬氏一族的。幾天前請他幫一個忙，因為N. Delta張先生要我賣他的廠房。我從來沒開過車到那個城市過，所以必須先行探路，請他幫我注意高速公路的出口指標。

中午我請他到一家飯館吃飯，每回到那裡吃飯我都覺得香，但是那一天卻完全吃出味道，一樣的廚師啊！飯後，我打開地圖又默記了一遍，之後，就要上路了，卻聽他說開他的車。我說：「本來說好由我開車啊！」他且自顧自地走到自己的新跑車前，動手收車篷，還一邊說：「我已經為小姐準備好了……。」我不情不願地坐進去，敞開的車頂，一上高速公路，以百二十的車速奔馳。我必須兩手緊緊地抓著我的帽緣（幸好我戴了草帽）。風猛，陽光毒，我忽然聯想起章回小說裡的「誤上賊車」的種種情節。一想到此，心裡真想發笑又笑不起來。又想，既然遇上了就不要臨陣亂了手腳。

這時候他按了一下車內最先進的音響設備，一陣刺耳的「噪音」霎時爆炸開來。雙手握著方向盤的豬氏得意洋洋地說：「讓我們也來當一次年輕人！」那種有如人類面臨世界末日的嘶吼、哀嚎，好像要炸開我的耳膜。我一向對「躁音」的容忍度很低。拜託他把音量轉小一點，而他居然能做到「聽而不聞」！天呀！我真的上了賊車了！高速公路車內得有兩個人才能行駛共用車道，這時候我才確定我的真正身分就是「人質」。

記得您曾說《聖經》裡有這麼一句話：「……要看這個人是不是好人，先看看他心中是否有詐？」這個「詐」字說得太好了！我就是無端端被「詐」上車的。

今天，我不知道怎麼會開進那無邊無際的農地裡去。在一個小島上不知東西南北，迷失了兩個小時，幸好油缸有油。那一天，如果我堅持不上豬八戒的車，如果自己試著開車去找路，今天我就不會有這樣的迷路。

我一直確信地球上的任何馬路，條條相通；就像世間人心，個個都能相知相惜。豈知這個豬八戒是個例外！他讓我處處看到懸崖峭壁。您說《聖經》上的那個「詐」字真對，也真可怕啊！

一九九八年八月二十五日　雜記b.

我大致瞭解張先生的廠房狀況後和他的女兒一起去N. Delta付清三、四千元的呆帳，那原是Phill應該付清的。此人真是個大騙子，看準了張先生是個老實的異鄉人，知道新移民不諳此地國情和法律。我知道像他這樣的例子是有一些。我建議他可以到本地的Real Estate Board（地產局）告發他，不必請律師而且肯定會得到解決。張先生老實人，一聽到「告」字就縮回去了。我跟他解釋地產局的權限，並非他瞭解的法院，而且我願意為他做義務翻譯，不必請律師；但是他還是決定以息事寧人，花錢消災。

同Phill前來的還有一個合夥人，也許做賊心虛吧，見面沒說上幾句，就看得出二人對我極不友善。因張先生不懂英語，我必須翻譯給他聽。出乎意料之外，Phill竟然對我大吼大叫說：「我一離開廠房就會到地產局告你，你要知道你沒有權利當你客戶的法律顧問！」他還說自己一九七三年就是Real Estate Boad的成員……。他不停地語言暴力連珠炮彈轟我，過了一段時間後，我看著他的眼睛問：「Do I have a minute to speak?」他們才停下來。我說：「一開始我問你們會說中文嗎？你們說『不會』，而現在你居然聽懂我是在為我的客戶提供法律顧問！我歡迎你去地產局告我！真的希望你會去！」說完話我就轉身離開廠房。Phill可以睜眼說瞎話，他們以為對著我大吼大叫可以嚇退我，真正是做賊喊捉賊，可惡至極！他應該很意外，他霸凌的對象找錯了。

一九九八年八月三十日晚上十一點半　雜記 C.

T太的房子賣成了，每一筆交易過程都有其獨特性，這一次的成交讓我感到很高興。尤其現在目前房地產市場是屬於買家的，房子很不容易出售。我替他們掛牌近三個月，了無動靜。那一天我再去開門給客戶參觀，因趕時間把車停在馬路的對面。由於路樹枝葉繁茂，遮住前方有個「禁停」的牌子，等我出來，交通警察已把罰單夾在我車窗的雨刷；但同時我也終於等來了一張訂單二十一萬。

我覺得這是很合理的價錢，上市前我向屋主報告過希望能爭取到這個賣價。買家要求三天的考慮期（這是一般訂單通常會提出的合理條件）。

T先生聽到我的消息很高興，完全同意，立即要把契約「同意」書簽回來給我。我告訴他；我們還有三天的期限，不必立刻回覆，簽了字即成定案。因為我告知他剛剛又接到一個電話，有人要來看房子。令我意外的是，後來的這個經紀和買家從進屋到出來，兩層樓走了一圈，只用了二十分鐘，之後，買家和經紀在門外商量幾句立刻簽下訂單。我一向堅守專業訓練，加上不願浪費言語的個性，只對他們說了一句最關鍵話：「我手上已有一份合理的訂單，明天到期。」這個買家立刻簽下沒有任何條件的訂單，而且現金交易，價錢是二十二萬。

以我個人的判斷，他們能在短短的二十分鐘內，做這麼大的決定，我再看這個經紀的名片上印著「medallion club」，這是我們這一行，業績前百分之五的人，才有的榮譽身分。他又具有新加坡律師的履歷，已透露了對我方有利的訊息。您曾經說過：「……文章有品，人也有品。……」其實「品」是顯而易見，只看是什麼人，用什麼眼在讀？讀懂了什麼？

每成交一筆生意，順利與否，事後我都會省思其過程，總結最重要的還是在「人」。比如T太這一筆生意，如果她要參與繁複多變的種種交涉，在我能拿到第一個買家二十一萬元的訂單時，已經皆大歡喜，大功告成了。

決定把他們的房子推上市場前，我和他們夫婦有過幾次會面。T太曾說：「……附近哪一家房子賣多少，哪一家又賣多少，我們也不能少於那個數（二十一萬的目標）。我們這房子只能賣給外國人，因為我們的地毯是深咖啡色的，華人是不會喜歡我們那種房子，現在的租客就是外國人，一看到那種格調就喜歡上了……品味……。」我每次聽她講話，就像個小學生站在老師面前聽訓一樣。這些話全是外行指導內行，與房屋買賣風馬牛不相干。一次，我又聽了類似的訓話後，努力地笑笑回答她說：「只要價錢讓您滿意，華人買或外國人買，有什麼分別嗎？」

大概知妻莫若夫吧？這是他們夫妻共有財產，從他們簽過名後，全部交涉過程都是由她先生本人和我聯繫，而且由他一人說了算。他對我的全部信任和配合，令我十分感激，所以願意全力以赴，才會有此意外的收穫。否則，前面的第一份訂單成交的可能性是百分之九十九了，不會再去跑一趟遠路，去碰那「萬一」的可能。這一次我因屋主對我的信任，一個電話，利用一天的時間，趕了一趟遠路，再為他們多創造了百分之四點八的成交價，讓我很高興，真的很高興！

美慧：

收到你八月二十二日到九月一日寫的信和九月十日的fax。我很喜歡讀你寫的一切，就像在一起說話那樣。當然你說的天天好累，做噩夢，掛心E的一切，我也一起掛心，放不下心來。但是你說到幫T太他們賣了房子，我也和你們一起高興。你說的豬八戒先生，我又跟著一起覺得好笑（人和人有沒有緣分，實在不能強求，但聽你說的情形，他不像是個壞人，壞人沒有那麼傻）。有的人（C. Phill）我大概不知道，就糊里糊塗地看。GK的散文詩很有意思，他很有學問，東方（波斯、印度）和西方文學、藝術、宗教、哲學都懂，又是一個詩人，一個mystic。讀他的作品，有一種特別的味道，像讀波斯古代詩人的作品，不是一瀉千里似的，而是包含許多哲理，要反覆讀，反覆體會，很耐人尋味；其中有些思想和中國古典傳統是相通的，而寫法則和中國文學詩歌很不同，和William Blake的詩的寫法也不同。使我想他的祖籍是不是波斯或中東一帶？你在溫哥華能找到一個既在職業上同行，又在文學興趣上有同好的朋友（而且他的為人很正），真是很不容易，值得慶幸。日前讀一個中國當代哲學大家金岳霖的書《論道》，這是貫通中西哲學的一本難讀的書，書到最後，金先生離開他的邏輯論述，發揮自己的人間體會說：

「我個人對於人類頗覺悲觀，這不是人類以後會不會進步的問題，『而是』人之所以為人，似乎不太純淨，最近人性的人大都是孤獨的人，在個人是悲劇，在社會是多餘，所謂『至人』或『聖人』或『真人』，不是我們敬而不敢近的人，就是喜怒哀樂愛惡……等等各方面都沖淡，因此而淡到毫無意味的人，這是從個體的人方面著想，若從人類著想；不滿意的地方太多，簡直無從說起。人類恐怕是會被淘汰的。」

最後這句話，真是說得痛心至極，但也不必為此而去多想人類最終會怎樣被淘汰的問題。只看前面他說的那些話，每一句都說得那樣深沉——「最近人性的人，大都是孤獨的人。」誰說不是呢？活著又怎能不累呢？這個「累」是心裡最深層處的「累」，再加現實生活中的種種難處，就更不必說了。

一個月來，我做的只是一件事：為參加World Academy of Art and Science（編按：世界藝術與科學學院）的會，寫一篇東西，趁此整理一下自己對世界未來的思想。這是大會主題的要求，寄你一份，只是叫你知道我在做些什麼；同時也寄去一份英譯本，請送給GK，他寄我他的作品，這就算「投桃報李」的一點心意吧。在寫論文中間，YL找我談[……]（編者略），現在他們這樣做，我還是退讓[……]（編者略）。這是新添的工作，也算人性太不純淨的一例吧！

復三　一九九八年九月十二日

MH：

這是一個月來生活小節，豐富多彩吧？我已訂十一月一日Canadian Airlines 由巴黎起飛，時間是上午十一點二十分，未見機票，不知抵溫時間。

重上征途。

馮友蘭先生說，人活著，總要每年長一點新知識，懂一點新道理。讀了很有觸動，大概這首先是一種對社會對人生不斷學習的態度。九七年八月一日到魯文，雖還有譯書的工作要做，自以為生活上可以從此安定下來了。今年八月開始計畫，趁體力、視力都還能用的時候，利用魯文大學圖書館，做幾年歐洲中世紀思想史的資料編纂、翻譯工作。九月中開始翻譯英國學者David Knowles的書《歐洲中世紀思想的發展》，這不是一本平鋪直敘的教科書，作者講自己的認識，有研究的深度，又很有些文采。Arnold Toynbee在此書出版時，寫書評在倫敦《觀察家報》上推薦此書，認為他把歐洲中世紀經院哲學的歷史環境介紹清楚了，指出伊斯蘭和西方基督教文化的內在聯繫，都淵源於猶太教和希臘哲學，都意識到猶太思想與希臘思想的內在不同，而在猶太—希臘、基督徒—穆斯林的世界裡，各自探討一些實際上是共同性的問題。我大概每天譯兩頁，預期要三十五週（九個月）才能完成初譯稿，邊譯邊學思索，很有興趣。

這時生活裡添了點插曲〔……〕（編者略）。我是不喜歡白白受人恩惠的人，又要交不少房租，又要感恩，更不舒服〔……〕（編者略）。中國老話說，落一葉而知秋，履霜堅冰至，只怕還不知又會出什麼問題……。用一週時間，找好一個Studio，每月房租一萬兩千一百還包水電費在內〔……〕（編者略）。我十月三日搬出，已連日收拾行裝，準備再上征途了。這是新課，一笑。有中國朋友來幫忙。

一九九八年九月三十日　FS

美慧：

今天是兔年元旦，早晨收到你二月八日信。你說到，去聽程先生講《金剛經》，如我在溫，也很想去聽，這是我應讀而未讀過的。你還說到，忙完法律的事，下一件事是要學會使用internet。這也是一樁好事，不僅因為internet可以快而又省，更重要的是，人在學習新知識，在生長。這和你的跳舞、做體操同樣重要，一是physically，一是intellectually，還有聽《金剛經》，是spiritually，保持這三方面的健康，就是自立於不敗之地。不管外面有多大的困難，事情多麼複雜，也能有辦法應付。我回想自己，天安門事件時已經六十三歲。決定出走時，赤手空拳，只有身上穿的一件衣服，口袋裡大概有一百元，不知可到哪裡去，不知將來會怎樣。這十年每一步都是面向著不可知，挺胸向前走去；一是靠信仰的真理，二是靠自己堅持正道的努力，三是靠一些好心朋友關心，給予精神支持，和幫我創造一些條件（「得道多助，失道寡助。」這句老話是千真萬確的，但每一步路都是要自己走，不能指望任何別人替我走）。這六年來，你也遇到許多困難，如果你回想一下，是怎麼走過來的，大概也是靠這樣三條吧？其中最重要的，還是自己堅持正道的努力，即所謂：「God help those who help themselves.」是不是？羅馬人把一年的第一個月歸之於Janus神（這是January這個字的來歷），這個羅馬神，據說有一頭兩面，一面朝前看，一面朝後看。回顧過去，是為了朝前走。你說，前面有經濟壓力的黑影，也可能還會出現別的黑影。靠過去的三條，總是能戰勝黑影的。所以，不要怕，要有信心。

你問我，願不願意到台灣去演講。我不願意。原因是，我不值得叫人來聽我講；不能對不起主辦人。所有我過去任何場合的講話，都是迫不得已；只有不得不講時，我才講。

現在，更應比年輕時多一點自知之明，你想是不是？弘一法師晚年有一度，凡是請他講佛法的，他就去。他的一位十幾歲的在家弟子寫信批評他。弘一法師猛然驚覺，回信說，謹受教，以後就不講了。不湊熱鬧，不是不做事。我一生只想做一件事，就是使中國人（包括我自己）多懂一點世界，使世界多懂一點中國。釋迦、蘇格拉底、孔子、老子，哪一個是我能望其項背的？他們自己都沒寫書，這不是很值得人玩味嗎？所以我「譯而不作」（其實，譯對我來說，就是作）。心目中想譯的書，有六、七本，就算一年完成一本，夠我忙到八十歲。八十歲以後，如還有時間精力，還可以「拾穗」。現在，最大的問題是時間不夠用（還要保持好健康）。當然更不想到處跑，荒廢時間。每人情況不同。這是我度德量力而做的選擇。你覺得可以說得過去嗎？

祝兔年好

兔年元旦

美慧：

在艱難的生活面前，我從來都是咬緊牙關，但是這幾天，每拿起你一月三日寫的短簡，那短短的幾行字，卻那麼重，使我心中流淚。昨天回到魯文住處（我不稱它「家」），自己一個人再讀你寫的一百多字，眼淚就怎麼也止不住地流個不停。只好拿一捲紙放在旁邊，不停地擦……。你比我好，你熱愛生活而我卻離天堂太近了。

在巴黎化驗血，醫生說我的cholesterol太高，我會照你說的，一加強體育鍛鍊，二盡量吃素。但我思慮太多，這是命裡注定。你要堅持跳舞，除工作外，多些朋友來往，相信你有力量安排好自己的生活。問E好，問Connie好，謝謝李先生夫婦。

復三　一九九九年一月十日夜半

美慧：

今晨收到你的電傳，你寫的我很喜歡看。看到你堅強，心裡有說不出的高興。我在巴黎做了兩項身體檢查，白內障還未成熟到可以開刀，前列腺也未肥大到要開刀的程度。化驗血的結果是cholesterol高（二百八十），血壓正常。

以溫哥華豐富的生活回到魯文獨居，一切都要重新調整，從頭開始。

你想整理我所講的，如做起來困難，也不一定為它花費你的時間。你工作已經夠忙，跳舞要堅持，此外讀書也是使心安定的好辦法，對你寫作也有好處。電腦要每天打字，以免生疏，這些已夠你忙的了，是不是？

有一批信要回，這信就寫到這裡。

復三　一九九九年一月十二日

美慧：

【惦記你到N. Delta開車，千萬小心，春節到李先生那裡過吧？　復三】（編者註：這一行字是手寫在信上方，本文皆用電腦打字。此信看似給中國的親人。）

回魯文十天，還在Pulling Myself Together（提振精神），重新開始這裡的生活。收到寄來四本《讀書》還有三本《健康指南》），夠我消磨長夜的。《讀書》的文章把人不由得帶到故土：想楊慧林教授即將返京，他一片熱心，想把我弄回北京，但事情總是曲折的，只能順其自然。中夜風起不眠，綴句自遣：

窗外殘葉隨風舞，燈下鋪紙聽更鼓；方舟浮海已忘年，卻問歸鴿銜枝無？

（無端記起了挪亞方舟的故事）聽Mozart的〈安魂曲〉，想Mozart、Brahms、Gabriel Faure，還有Hector Berlioz、Verdi都寫了〈安魂曲〉，怎麼人的靈魂這樣難以安寧啊？這一週強作精神，把今年想了一下，大概也做的是三樁事：譯一本書，搬一個家，減一點肥。心思、精神，都要集中到這三樁事上來。譯書事，按郭錦華和文化藝術出版社意見，先譯《西方人的激情》。看來北大趙敦華教授（魯文的哲學博士）所著《中世紀哲學史——基督教哲學一五〇〇年》（六百八十頁），覺得這是一部力作，把歐洲中世紀哲學瀏覽一遍，無所遺漏，寫到這地步，很不容易，已遠超出過去國內同類著作的水平之上（我是絕寫不出的）。但我只怕，一般讀者讀哲學教科書會覺得味同嚼蠟，讀不出味道來，辜負了作者的苦心。這也是我一直在想的問題，覺得思想本不限於哲學，還有科學、宗教、文學藝術，應當打通；其次，要把思想與時代結合起來，看各時代提出什麼問題、思想家如何回答這些問題，而不是從哲學到哲學，只探討概念的發展史，這樣才更有意義。

任何文化的思想發展史都是極其生動的，思想史著作要把這種生動活潑的探討反映出來；這是取法於大師和匠人的不同。《西方人的激情》概述從古希臘到後現代的三種代表性世界觀，不求巨細不捐，而求勾勒清楚西方思想史上重大問題興起的來龍去脈，這樣，讀者較容易置身其中，體會問題的時代意義，但翻譯起來並不容易。如序言中「liberal education」，簡單譯為「自由教育」，中國讀者會不懂，我現在試譯作「注重文化素養和開明精神的自由教育」；又如「Depth Psychology」，不能直譯為「深層心理學」，我按C. G. Jung的理論，譯作「潛意識心理學」，不知是否妥當？到底我對心理學是外行。每天只能譯三頁，原書五百頁，要一百七十個工作日，需三十五週，約九個月，還得不被其他事情打斷（這也是極難保證的）。

搬家的事，提上日程是因自覺體力日衰，越晚越難搬，而在魯文，一個七十三歲的外來單身戶，也越來越難照料自己，這是現實……。往哪裡去？三個可能：回國是第一方案，到小紅（在美侄女）處是第二方案，去巴黎是最後一個方案。現在看，我這個人回國，恐又要過五關，囉嗦事多，楊慧林教授再熱心，恐也不易。去美國非本心所願，但和小紅有緣易處，我心較安；在美國生活，沒有語言困難，也較容易，看來可行性較大。但小紅還要先在Dallas找工作、搬家，並非易事；我雖已極力輕裝，遠洋搬家，無人助一臂之力，也令我十分發愁。到巴黎則是最後一條路（當然，也可以設想不搬）。今年三、四季度間，大概是需要採取行動的時候了，而現在還是未定之天。

無論為近期或長期著想，都必須保持身體健康。現在膽固醇過高（二百八十），體重過重（現七十五公斤，醫生認為按我身高，至多為六十六公斤，就是說，要減少約二十磅）。獨居而還要少憂慮，這也是今年要認真對待的一個問題。

這些算是今年的三小任務吧！能做多少，現在難定，但想了之後，多少明確了方向。王陽明說得對，「心如平原放馬，易放難收」。

為近期想，得要擴大生活圈，打破孤獨。附近新搬來老葉一家，老葉已來魯文十七年，在大學工作，年近六十，夫人是原北京鋼鐵學院老師，有個二十出頭的女兒，邊在大學讀電腦，邊在大學電腦中心工作。這一家人都非常好，很正派，也很談得來。騎車不須十分鐘就到他們家，他們也希望我常去坐坐。他們的女兒學電腦，卻愛想哲學、宗教問題，和我正可以互補不足，令我很高興。我所住的這個國際公寓，還有一位中國姑娘，是位三十歲的油畫家，又在哲學系讀書，靠在魯文工程技術學院工作，維持自己生活。她好像是北京工藝美院畢業的，在北京美術館曾開過畫展，是位有才華的藝術家；老家在東北農村，隻身到北京讀書，身世經歷也很坎坷。她想出一本用油畫、攝影、詩詞、日記敘述自己歷史的「藝術自傳」。從她身上可以看到，文革後年輕一代知識分子艱難成長的道路。但到哪裡去出這樣一本書呢？我能做什麼嗎？不知道。當然不想多打攪這位姑娘，但總算還有一位有時可以聯繫的年輕朋友。前天星期日，楊慧林介紹的荷比盧華人作家協會會長林X請朋友開車，從荷蘭鹿特丹來，一起吃午飯，談了整整一下午。這位林X，今年五十三歲了，文革時剛高中畢業，七三年到香港，歷盡千辛萬苦；八九年天安門事件後失業，靠熱心人幫忙，來到比利時，後又到荷蘭；現在大概生活較安定，還在為香港報紙寫專欄，自己寫小說；是位接近屬靈派的基督徒，有理想追求，愛生活，愛文學，她抱憾古典文學根基差，這是時代造成的；她在國外生活，外語也較差。從中可以體會，堅持下來很不容易。

八九年九月號《讀書》雜誌上，錢理群寫了一篇〈民間思想的固守〉，說的「民間思想村落」在本世紀中國出現過兩次：第一次是五四前後（我想應從一九〇〇年算起，南社的人，蘇曼殊、柳亞子也該算在其中吧？），如毛澤東的「新民學會」、周恩來等等「覺悟社」、惲代英的「互助社」等。第二次是文革後期，體制之外的民間獨立思考（顧檏準是其中最傑出代表之一）。其中，有些是「漂泊者」，還有一種是鄉土的「困守者」。我想，這種民間獨立思考，還有一支，像以色列當年流失的支派那樣，流散到了海外各地，從四十年代便已開始。這是些形體上「漂泊者」，而在精神上默默「固守者」，一是固守著民族深情，不肯為迎時而出賣自己的良心；二是抗擊滾滾的物質主義洪流，固守著精神的追求，和自己的節操，不消極。在海外的比在國內的又困難些：要在不利條件下為生活掙扎；要在異邦異鄉社會裡立足；要克服先天不足，錘鍊表達思想感情的工具；還有最難的是要經受「寂寞」這種人生最大的痛苦，因為在海外，連「村落」都形不成，只能人自為戰，只能向天傾訴衷情。我已是久經開水燙的死豬、死蟹，而這些是中華民族的年輕優秀兒女啊！

天啊！你睜眼看啊！

復三　一九九九年一月十九日

美慧：

英國詩人Keais或Shelly？記不清了，曾說：「Heard melodies are beautiful, but those unheard are more beautiful.」……

在這裡每天清晨走一刻鐘到附近曠野中的一座古教堂（一七二二年修建的，那時還沒有美國、加拿大！），然後再走回來。教堂旁邊是墓地，我每晨都去憑弔在那裡長眠的男男女女，其中有年老的，也有年輕的，還有嬰兒；每一塊墓碑都使我想，不知死者生前過得幸福不幸福？大概每個人都有過幸福，也有過痛苦，大概沒有一個人說一生過的都是幸福的日子，若真有一個人是這樣，他或她在臨終時，一定是最痛苦的。我也問自己，我又怎樣呢？大概到臨終時會想到：我知道幸福是什麼樣的，因為我經驗過幸福，這就使我滿足了。這時，聽教堂的鐘樓上響起了鐘聲，像是在回應我的心聲。回到屋裡，聽從前自己錄下Brahms的合唱曲〈命運之歌〉（Song of Destiny），心就寧靜下來，開始一天的工作了。人要學會使自己的心安靜下來，這門功課是命運給的「必修課」。

〈安魂曲〉（Requiem），我聽過的有五首：德國Mozart、Brahms寫過，法國Hector Barlioz、Gabriel Faure也寫過，義大利Giuseppi Verdi 也寫過，大概都是因為感到人的靈魂，包括作曲家自己的靈魂，安靜不下來吧？我們喜歡的Mozart所作〈Laudate Dominum〉（Praise Be to the Lord）是Mozart臨終前未完成的一首（Mozart寫過不止一首〈Laudate Dominum〉），只有四十七小節，那是單獨的一首，不在〈安魂曲〉裡，所以你找不到。

身體的病痛，也和生活中的困難一樣，是人生必經的。每遇到這時候，我就想，人生就是這樣，要來的，讓它們來吧！我挺胸迎上去，頂著潮水風浪，一步一步向前走，現前的問題一個一個去解決，最重要的是保持靈魂的高高翱翔。

復三　一九九九年二月十四日上午

美慧：

電話裡聽你聲音，還是沒力氣；雖然你說感冒好了，還要當心，要多休息。為此晚上按時上床，不要太晚睡，這才能休息好。給自己定一個作息時間表，主要的好處是自己「攻心」。王陽明有一句話：「心似平原走馬，易放難收。」這是千真萬確的。我自己體會，每天經歷多少事情，引起許多心緒，若被這些心緒牽著走，時間都花費在這上面，正經想做的就做不成了。為此，訓練自己。心裡像中藥鋪的小藥櫃一樣，用時打開它，不用時關上，這又談何容易！有一個作息時間表，就是為勉強自己，把不用的小藥櫃關上；這樣，就像打掃屋子後精神爽快一樣，把心裡經常整理，精神也會爽快些。一個人精神堅強，不是平白無故而來的，要像鍛鍊身體那樣鍛鍊精神，慢慢就堅強起來了。

今天收到你二月十六日信後想，在精神上，你像一個極純潔的小孩；可是遇到的確是汙七八糟的大人的事情，這叫你怎麼受得了呢！法律的事，請Thomas來辦，可以省你很多心，這也使我放心一些。那個女人向你倒髒水，從中令我看出兩點：(1)這人心底裡都是髒水。不然，怎麼倒得出呢？由此可以知道這人不是什麼正派人，是從陰溝裡爬出來的。(2)她對現在和J在一起雖已有幾年，卻一直覺得不牢靠，因此要用對你的惡毒謾罵來發洩自己的「不安全感」；如果她自我感覺良好，不會有這麼多Ready-made的滿腹惡毒。如果再加第三點，就是：可以知道，這個家庭幸福不了；一個沒有幸福的家庭，卻硬要撐在那裡，這是人間地獄，只有到死為止。

世上有美，就有醜惡；世界就是這樣，問「這是為什麼？」是沒有意義的。只有問：「怎麼對待它？」可以設想兩種方案：從Immediate response來說，「以眼還眼，以牙還牙」是很自然的。但如果和她對罵，第一，那女人能說得出口的，你說不出口；你如接過她的髒罵，立刻就把自己放在和她同等的地位了，那真是降低身分，太不值得了。另一個方案就是像看動物園裡的毒蛇一樣，只是看，不想看了就走開。世界上並不是只有毒蛇，好看的花多著呢，有誰喜歡總看毒蛇呢？我在高中時讀到一個作家寫，人的內心就像一個照相機，如果專門對著髒垃圾拍照，這照相機裡存的就都是垃圾。如果去照美的、好的，人的心靈裡存留下來的就是美的。這是不到二十歲時讀的，因為覺得這位作家講了一個真理。現在想，佛家講「境由心轉」豈不也是這個道理嗎？倒是人經歷過醜惡，定更懂得美的可貴，會更珍惜美好的東西。就這點說，經歷過壞的，人就精神上成熟一些了。人大概也就是這樣慢慢成熟起來的。難得的是在經歷各種汙泥濁水之後，還始終保持一顆純潔的心。你說正在讀《路加福音》。在《路》十八章十五至十七節，耶穌說：「我實在告訴你們，凡要承受神國的，若不像小孩子，斷不能進去。」我們要保住像Alex那樣的心。這是《聖經》的教導。每想到Alex那雙明亮的眼睛，那天真的笑容，真是使我心顫地為他、為E，也為你、為我自己禱告。佛家講「明心見性」，中國宋朝周敦頤〈愛蓮說〉裡歌頌蓮花「出汙泥而不染」，不都是這個意思嗎？你三月初去Hearing，我想，上面所寫的也就是你所需要的精神準備。可以這樣說嗎？

復三　一九九九年二月二十二日晚

美慧：

今天收到二月二十四日的信並附寄的《重讀》。去北京的事，按我四弟的估計，可能性是百分之五，我以最樂觀的估計是百分之五十，但如我日記（背後）所寫，不必把它放在最中心的位置，看它怎麼發展，這樣精神就放鬆了。我想你二十四日也不妨在做當事人又做觀眾，這和看豬八戒先生、看洪壽X先生是一樣的道理。

到書店去，買了一張Van Gogh的田野景色給你，希望你看到它能感到心曠神怡。二十四日去法庭只是一天晦氣，可是生活是廣闊的，不是嗎？

復三　一九九九年三月三日

梵谷最喜歡用黃色和藍色。他用黃色畫田野、畫向日葵，也畫自己簡陋的，只有一床、一椅、一小桌的房間，似乎那是現實生活中的生命顏色。他的天空是深藍色的，顏色深得給人以神祕的感覺，有時又點綴幾朵詭譎的白雲。

深藍色的天空和金黃色的田野，在梵谷的畫裡有不同比例的組合：在早期的畫裡，可以看到一片金黃的田野，天空只是一線；漸漸地，天空在畫面上的比例越來越大了。這一幅是梵谷在短暫生命的最後一站Auvers小鎮那幾個月期間的心靈寫照吧？

（編者註：這是寫於梵谷畫的明信片上寄來的。）

美慧：

接你電話前，剛收到Harlan Cleveland（去年十一月在溫哥華開會的主席）電傳，說準備今年冬出版溫哥華會議論文選集，把我寫的一篇包括其中，要我考慮對論文有無補充，還要寫一個摘要，寫一段作者介紹，然後把磁盤快郵寄去。前幾天全都是忙這件事，好歹總算忙完寄出，了結了一樁事。前一段時候，新加坡大學一位朋友來電說，他在台灣文化大學的好朋友準備出版一個歷史理論刊物，希望第一期上發表我好幾年前翻譯Friedrich Heer《歐洲思想史》所寫的長篇譯序。那書香港中文大學出版社在慢吞吞地出版，我只能請他與中文大學出版社去商量，由出版社決定。這一年來，不知是否由於感覺到身體不如以前，有時會想到老話說「七十三、八十四，閻王不請自己去」，使我有一種緊迫感，覺得未了的事情，要爭取時間，快點做完。免得一旦撒手西去，留下一堆未了的事，誰能來收拾呢？翻譯七卷本《中國哲學史》的事，已請香港浸信大學的Lauren Pfister做主編；打算回北京，也是出於這種考慮，中國人總說「入土為安」，總是在本鄉入土比在外國入土好像心安些。我的一個初中、高中、大學的老同學，最近來信說：「活著就是勝利。」我想他說這話，總也是身體有點什麼感覺，而他其實還是生活比我安定幸福得多的人。從文革起，我就時刻準備：過了今天，也許沒有明天。文革開始那時，我四十歲，現在七十三，就更加深了這個consciousness，時刻準備著：這是我的最後一天，不要欠債。

〔……〕（編者略）常想人各有命，命裡沒有的，不能強求。到現在這歲數，已到了由絢麗歸於平淡的時候，更應當知天命，順命。寫聽Mozart樂曲詩第一句中的「前緣合是修道人」也是從這裡出來的，想你能夠理解。我常祈禱願世上人人都幸福，看到像楊醫師夫婦、李先生夫婦這樣幸福的家庭，或者更年輕的幸福家庭，從心裡為他們高興。但知道這是他們的命，我的命不是這樣。從小就從媽媽那裡學會了，不要羨慕別人有而自己沒有的東西；別人是別人，不要去和別人比。一生就是這樣過來的，到現在更不會遐想。你是心地很純潔的人，這五、六年受了很多苦，我為你的將來禱告時，首先是祈求你能堅強，覺得這是你每天的需要。再多，再遠，就求主憐憫，求主引領，一切都交託到主手裡。在主沒有進一步引領時，我盡力做所能做的，減少一點你的難處。《莊子》裡有幾句：「涸轍之鮒，相濡以沫，相呴以溼，曷若相忘於江湖。」到你在精神上能回到江海的水裡，我也就心安了。

（編者註：日期被傳真機截斷）

MH：

今晨散步，想覆你前天Fax信所說Betty的事，回到屋裡，你就來電話了。我首先想到的是佛經上，說到最精妙處，佛便說：「不可說，不可說。」這是為什麼？佛是慈悲救人的，靠什麼來救人？靠道理（對基督徒來說，《約翰福音》第一章開宗明義便指出，神的道即神的話）；為什麼到了道理的最精妙處，反而不說了呢？《四十華嚴》（比梵文《華嚴經》有增衍，大概有後來高僧講解《華嚴經》的話摻入其中）的第三十二卷特別探討了這個問題。善財童子問師傅妙月長者：「人怎麼悟道？豈不是從聽生智，由此聯繫省察自己，得見寂靜的大智慧（真如），而自證悟嗎？」長者回答：「不是這樣。由聽，而想，而悟，這是沒有的事。」接著，長者講了個譬喻：一個人在大沙漠裡，又熱又渴，這時候佛告訴他，前面怎樣走就可抵達泉水樹蔭。這能立刻解救旅客的熱渴嗎？只有旅客親自到了泉水樹蔭下，他的熱渴，才得解脫。難道不是這樣？因此佛家認為，解脫迷妄的大智慧，是要由人親自經驗的一種東西。走這樣一條在實踐中認識的道路，佛家稱作「自所證法」，「此法微妙，難以語言文字宣說」，要靠自己悟。但悟又並不是一種純然寂靜的狀態，而是一種含有知性意味的內證體驗；使人由這種悟而在自己的意識深處翻一個過，來一個澈底轉變；但這也要人先覺得自己又熱又渴，如果一個人自我感覺良好，在旁邊的人再多說也沒用，反而傷了他的自尊心；而這是最忌諱的事，因為將使聽者關上心門，以後再要重新敲開心門，得費更大的事。我想，這是佛家講「不可說，不可說」的緣故。

所謂「最精妙處」是指何而言？我的體會是指人性和人事的最深處。譬如一個人在熱戀中，已經全身心投入進去，你看出對方不可靠、人品不好，這是那人內心最深處，這是不可說的，因為你一說，就涉及你的朋友要全盤否定自己。或者就人事說，世上沒有不變的事物，這是世界一切事物的本性。但你也不能對在熱戀中的朋友說：「熱戀不會持久，甚至感情從根本說，都是可能起變化的。」到那時候她怎麼辦？這話也不能說，因為人都愛聽好聽的話，不愛聽難聽的話。人愛幻想美好的將來，旁邊的人只有祝福，不好說別的。人對於涉及感情的事比金錢的事（如股票）更聽不進意見。因此，人性和人事的最深處，都不可說；而佛法又正是要人看人性和人事的最深處，於是「最精妙處」都「不可說」了。

但人和人又是不一樣的。大概經歷的人和事多些，本身又愛思索，悟性就會高些。經歷的事不夠多（也別忘記，每個人都覺得自己已經很懂事了，包括小Alex在內），本身不愛思索，就導致我常說的，有些人是不知不覺，有些人是知而不覺（一般大道理會說，卻不聯繫自己），有些人是覺而不悟（重複走痛苦的路）。要悟（即在自己內心根本翻一個過）是不容易的，小悟、中悟是指次要的事，大徹大悟則是根本的。

因此，說什麼，不說什麼，第一看什麼事，第二看對什麼人，第三看在什麼時候。孟子稱孔子是「聖之時也」；而孔子周遊列國，最後還不得不感嘆「我欲無言」，「道不行乘桴浮於海」。足見說話有多難了。明白這一點，也是一點悟。

復三　一九九九年五月十五日

美慧：

接到你五月三十日信Scotia Bank的那一張以及你信前半段所說，我一點也看不懂。你又能寫作，又能理財；我則兩樣都不會，特別是對錢，既不會賺錢，又不會管錢，還不會花錢。只覺得在社會裡（特別像溫哥華這樣的社會）裡，沒有錢不行；但錢也能成為禍害（人一死，留下錢就成禍害了），是個非常麻煩的東西。附寄兩頁日記，其中說到前幾個月，匯美銀行支票，不知下落；我不著急，一因急也無用，二因即使沒有這筆錢，「老天爺餓不死窮家雀」，人怎麼都能過下去。當時我想，大概我即將離世，上天在幫我料理後事，減輕負擔。另一方面，不論有多少錢，我都照能維持生存的最簡單物質生活方式來活，這樣做，心裡才舒服。記得弘一法師常說他自己「業障福薄」，連他畢生好友夏丏尊寄錢去，他都心裡不安。從文革起，我也日益悟到，自己也一樣「業障福薄」，要過廣結善緣的生活才是。三十多年就是這樣過的。現在比利時政府又保證我每月近六百美元的生活費。去年，我從在美國TIAA_CREF的退休儲蓄金裡每月得三百四十三點三七八元不等。比利時的退休福利署可以每月補助二百多美元。今年美國聯邦政府抽所得稅後，每月僅得二百六十九元。這裡的社會福利署就增加每月補助，使我實際收入保持在每月二萬一千比朗（近六百美元）。我也就按這數目來安排每月開支。房租一萬二千一百，下餘九千，大概一半用於吃飯，一半用於譯書文具、通信、電話，買點書，買點藥，等等（此外我還享受醫療保險）。如回北京，物價比這裡還便宜。所以我現在的積蓄，通常情況下可以不必動用。即便需錢時，現在銀行中的存款，也夠用還有餘。但錢是為給人用的，要緊的是使用得當。

昨天文老先生來閒談，他剛退休，有點失落感。我談在巴黎的二女兒一家，爸爸對兒子說：「你想長壽，就得少吃肉。」兒子回答：「我不求長壽，只求好受。」說完了，囑咐媽媽，把他這句「名言」告訴我。他媽媽說：「姥爺比你聰明，他是又要長壽，又要好受。」我看了信回覆說：「我既不求長壽，也不求好受。我只求活時輕鬆，走時痛快。」人怎樣能活得輕鬆呢？我體會，最重要的是「遇事莫愁，對人莫惱」。怎樣做到無愁無惱呢？我覺得領悟牢記「緣起性空」就是無愁無惱的鑰匙。文老先生很同意（每次他來，我就對他講點人生體會）。這是學佛的好處，你說我的思想是很佛教的。我從佛家的確得很多好處（其中也有你的榜樣，淺移默化的作用），也從《道德經》，從諸葛亮〈誡子書〉「淡泊所以明志，寧靜所以致遠」得許多好處。至於學了幾分？這不是我自己能論斷的，唯有至死方休吧！有時會想E、Alex和你周圍較接近的Connie、Betty、Lily等。身心最弱又最辛苦的恐怕是Connie，你常和她通通電話，有時請她來家吃飯，對她會是一個支持。

問好。

復三　一九九九年六月十三日

美慧：

去巴黎前收到你六月十五的一頁日記和六月十九日的信，覺得很有意思。在巴黎，我的外孫彼得（今年十五歲）問我：「人為什麼活著？」我告他，在他這個年紀時，我也為這問題苦惱得不想活下去。為什麼會有這苦惱呢？因為我覺得生活沒意思，痛苦就驅使自己去思想。我來到世界上，不是我自己要來的；就像做幾何題目，先有「Given」，這是「給定」的，不是我自己安排的。因此，這不是需要我回答，或我能夠回答的問題。我們要回答的問題是：「我怎樣能夠活得好？活得有意思？」這兩個問題是相聯的，活得有意義就是活得好。如果把這兩個問題拆開，我只求活得舒服好受，到頭來，只為自己活而活；那樣，人生就沒有意義。任何意義總是在人和人、人和世界的關係裡才能產生的，因此，人生的意義在於人超脫自己的利益而做些什麼、做了多少。一個人的價值，也就是從這裡來衡量的（我沒有和他說，這是佛家大乘、小乘的區別）。彼得彈鋼琴，我舉Tschaikowsky的經驗和他說，Tschaikowsky寫第五交響樂，那裡面有許多痛苦，他寫第六交響樂，命名就叫《悲愴》（*Pathetique*）。但Tschaikowsky說，當他想到俄羅斯有多少痛苦的人時，就覺得自己的痛苦算不得什麼了。現在世界上同樣有許許多多痛苦的人，我們跳出自己時，就會感到別人心裡的痛苦，遠遠超過了我的痛苦；就會想，我能做點什麼使世上人多一點快樂、少一點痛苦呢？這時，我們就會感到自己活著的意義了。說到這裡，彼得打斷我的話，對我說：「姥爺，我現在覺得你那麼近、那麼可愛，這是為什麼？」我不知說什麼好，只能回答：「我不知道這是怎麼回事，只知道要把自己的心掏出來給你、給別人。」還說了什麼，已經不記得了。這是我們兩人在一起時的一次談心。當然成人的社會像你的信和日記裡說的，比這複雜得多。願意把心給別人，也不是那麼容易的事。需要更大的愛心，就是佛說的「大慈悲」，這是我們「緣情求道」的功課。你說，看人的房間就像看見了人的「心室」，真是很有意思。人們心裡，往往塞滿了許多亂七八糟的東西，使自己在自己心裡都透不過氣來，只有先學「做減法」，把心裡亂七八糟的東西，像你清除院子裡很多花草那樣，大刀闊斧地拔掉。你說常常想到日本房子那種「空」的美。日本的這種美學思想和禪宗思想是結合在一起的，這就是《道德經》講的「為道日損」（中國後期道家和佛教禪宗合流，不是偶然的）；也就是《新約・馬太福音》第五章一開頭耶穌說：「清心的人有福了，他們必見上帝。」簡直把這一點提到了基督徒人生目標的最高度。十九世紀丹麥出了個思想家Soren Kierkegaard，他解釋，什麼叫「清心」，就是「心裡只追求一件事」（the will for one thing）。這是十分不易做到的。我親自知道，有些人誠心追求，心裡願意，卻還是做不到。這也不必責怪，人走路總是要跌跌撞撞地向前走，只要向前走就好；還是要學「大慈悲」，去看待人性（包括我們自己內心）中的軟弱。自己心裡常想的是曾說過半首偈：「不避風霜，不忘內省，不離天籟，不失童心。」這是我用來提醒自己、檢查自己的。

復三　一九九九年七月四日

美慧：

很喜歡讀你的信，就像一起漫步說話一樣。加拿大是一八六七年自治領地位的，過去國慶日稱為Dominion Day，後來改稱Canada Day，今年一百三十二歲。比利時這塊地區，十四世紀是由大西洋海岸到萊茵河地區貿易的中轉站，當時經濟非常繁榮，由此推動了文化的繁榮，出了Rubens、Van Dyck這樣的著名畫家；魯文大學是一四二五年成立的，商人愛喝酒，比利時盛產啤酒，全歐聞名，也是由此開始的；但過去一直是神聖羅馬帝國屬下，與荷蘭合在一起的「低地國家」，一八三二年才立國，今年一百六十七歲。和加拿大比較，加拿大是個有生氣的國家，樣樣事情講理；比利時則是暮氣多於朝氣，保守多於進取的地方，看到不合理的事情，除醫院外，政府機關、商店、企業鬆鬆垮垮、拖拖拉拉的辦事作風，問比利時朋友：「為什麼這樣？」不止一次得到的回答是：「This is Belgium.」意思說：「你就不必問了，這裡就是這樣！」還有人帶諷刺意味地回答：「This is a Mystery!」這是比利時人的幽默！幽默大概總是由於人們感到可氣的事情無可奈何，而變成可笑的事情。生活裡學會幽默的本事，可以活得輕鬆一點。我聽你有時放聲大笑，知道你也是發現了可氣可笑的事情。你做房地產生意時，不得不忍受許多可氣的事情，回到家裡，就痛痛快快大笑一陣，這是養生之道。你信裡回顧這幾年學房地產生意，選擇好地區買House投資開闢地下室，這幾個重大決定都做對了，我也跟著你一起高興。但你還要多笑一點，這也會給周圍的人帶來高興，給生意帶來好處。你想是不是這樣？

你說你臉皮薄，不會抓錢；我是頭腦簡單，不會抓錢。從另一面看，別人知道你老實，願意找你；我想這個信任是可貴的。Regent College的副院長Edwin Hui在我走後對別人說我是「A true scholar, A true gentleman」，其實我在Regent College教書時間不長，和他接觸的機會也不多，不知他是從哪裡得來的這印象。大概看我比較本分吧？人到我們這歲數，小改還可能，大改也難，照自己認為對的去做就是了。看你畫的時間分配圖，我很高興，高興的首先是因為從中看到你的朝氣。我想不起，在所認識的五十五歲婦女中，還有誰給自己畫一個時間（也是生命）分配圖的。一個人，年齡是客觀的，無法改變，重要的是精神狀態：精神向上，還在學習吸收新東西，生活裡有新的體驗和對自己的要求，就是年輕；精神上不再生長，就是進入衰老。你的時間分配裡，工作占一半，學習占四分之一，女兒、朋友、同事的交往及運動占四分之一，我覺得這樣很好。比我的時間安排合理而且內容豐富。我也要學你，看能不能畫出這樣一個時間分配圖。

人精神上有支撐的力量，對身體健康有很大關係。我四弟總擔心我身體，我告他，我採取的積極方針是：心裡放鬆（沒有掛心、煩心的事，對於生死是「花開花落兩由之」）；每天鍛鍊（早晚兩趟到曠野的古教堂和旁邊的墓地散步，經常騎自行車）；生活規律（早七點起床，晚十一點上床；吃飯作息時間固定）；飲食清淡；再加些Vc VS Calcum、蜂王精，和降cholesterol的藥。在巴黎，醫生給我開防前列腺肥大的藥。對我來說，最重要的是眼睛能用。眼睛白內障進展很慢，還不能動手術。

不記得曾否告訴你，這裡大學的朋友幫我進行入比利時國籍的事，大學校長可以具函支持。有一個比利時護照旅行（包括到中國旅行）會方便得多。通常要住滿三年才能申請，而且要能說Flemish或法語、德語。這二條（特別第二條）是障礙，但靠比利時朋友找人幫助，據說可以通融。這裡辦事，也是要靠關係，而我又不喜歡到處找人；大概過完暑假，九月開始進行。據說要國會的小委員會通過，須等一年；比在美國、加拿大、法國打聽的，算是容易的了。

你寄來的「女作家筆墨官司」一事，馮宗璞也把一些文章寄我。馮友蘭先生治學，為此備受圍攻，他在學術上是不屈不撓的，在處事上，有時不得不委曲求全，凡瞭解文革的人，都能理解。馮先生因為名聲太大，樹大易招風，明白人不會受此影響的。馮先生生前服膺宋朝張載所說的四句話：「有象斯有對，對必反其為；有反斯有仇，仇必和而解。」對立最終還是要和解的。宗璞年紀也大了，還在寫著長篇作品，不值得為此分散精力。今年初，收到宗璞夫婦的賀年片，其中說：「我們也深感『和而解』是一重要精神，但要做到談何容易？不過心裡總要存此信念，這樣會看得遠些。」從來文中得知，楊絳先生也已過世，不禁感嘆：一是人言可畏，自己更要謹言慎行；二是這類事在中國這樣的封閉社會裡經常發生，只有以「大慈悲」的心去看待，促進和解，這也是我看今日世界（包括大陸、台灣近日唇槍舌劍）各種問題的態度。

復三　一九九九年七月十五日

美慧：

（編者註：【這是學你定時間分配表前的思想】——這是趙師手寫的一行字，本文電打。）

今天是星期六，早晨在曠野裡也覺得分外安靜。想季復信裡說：「新世紀越來越近了，商家在張羅新世紀兩千對新人結婚大典，旅遊社叫嚷本世紀最後一次有紀念意義的旅遊。好像每天每件事都冠以世界末，才顯其光彩和重要。」猛然警覺自己今年該做的事，不要拖到明年去。覺得分心的事太多，只就今年說，從國際大事、中國大事，到自己行止，回京？赴美？留比？到生活安排，樣樣分心。又反省不能責怪外面的事多，主要是自己心不專，首先是自己要收心。但是心收到哪兒？「志一」的「一」是什麼？又愣住了。這不僅是問專一在哪件事上，其實需要的是重新確認自己生活的意義；像船在波濤洶湧的海裡，潮水、風浪不斷沖擊，需要不斷看羅盤定方位、定航向和航線一樣。回顧十年，九六年前，在美教書，打下點經濟基礎，為自己是件重要的事，但為活而活，不是生活的意義。在大學五年半，開了八門課，都是Asian Studies方面的，算是為大學開始了Asian Studies學科；大學又從Cornell請來一位年輕的中國學博士任教，準備我退休後接替我。這是為大學做了一樁事。在此期間選譯了一本《歐洲思想史》，只此而已。九六年下半年起，從西雅圖到溫哥華，到魯文，一晃三年，顛簸太大，只不過把翻譯馮友蘭先生《中國哲學史新編》的事推動組織起來，集體譯出了第七卷；僅此而已。重要的是十年來，自己有沒有什麼長進？補讀了點中國包括儒道釋三家的思想，補讀了點印度和西方思想，都是補課性質，只能算學識常識補課，還遠未達到林語堂的水平；而思想史在林語堂來說，只是他的旁枝，並不是他的專業。八九、九〇用了兩年擺脫「搞政治」形象，想在西方思想史方面做點什麼，蹉跎十年，還是個「皓首童生」，夫復何言？就像頑童在海灘戲水，覺得已在大海裡了，成人卻只有望洋而不時興嘆。這是我噬臍無及，心裡深深地苦惱。

嘆息有什麼用！時間不多，還是要志於一、定於一。十年來，在思想上也有點追求。馮友蘭先生為中國哲學的古與今、為中西哲學之間的「打通」，盡了一生之力。錢鍾書先生為中西文學之間的「打通」，寫了像《管錐篇》這樣的四卷鴻文。我只是學生水平，但心嚮往之，不自量力，盼望在各宗教間，在宗教和文化，宗教和文學、藝術、哲學之間，也就是人的精神領域裡，嘗試做一點「打通」的工作。這需要幾十年的具體工作，我只剛窺門見牆，已經沒那時間了，只有寄託希望於後來的學人。

眼前能做的只是我這舊廢品「修舊利廢」一類小事，是學者不屑為的學術翻譯。馮友蘭先生《中國哲學史新編》第一卷的緒論和前三章，我應承下來的要趕快完成。七月底如來不及，八月中一定要完成。這樣，任何時候如果眼睛不頂用了，也不要因這一部分而影響全書翻譯進程（校訂別位譯文是彈性較大的活）。然後趕快譯Knowles的《中世紀思想之發展》（已譯三章），不知今年能否完成？這是我本世紀定下的工作，不應拖拉。為這方面學生著想，還有一厚本《中世紀思想史資料》要譯；這為學歐洲中世紀思想是最起碼的配套書，但要下世紀去做了。

昨天已告這裡房東，租約再訂一年。回來找出季復寄來七〇年前的全家照片等，把屋裡牆上弄得更溫暖一點。這是為了決心只當沒有回京這樁事，排除外面事情的干擾，好好做自己該做的事情。這個心定下來，就像下了錨，才能頂住任何風浪的沖擊。現在除了工作和維持生存所花時間外，就是寫信，今後要少寫，寫短信。這樣也少打擾人。

這是今晨在曠野的默想。

九九年七月十七日

美慧：

收到你七月二十日的信，已經一週多。這一週多忙於譯馮友蘭先生的書中，我承擔的部分。除第七卷那部分早已完成外，現在譯的是第一卷〈全書緒論〉和第一卷〈緒論〉，雖只有一百二十多頁，但講的是哲學史的理論和中國古代社會經濟史。去年在美國開會時，我自告奮勇承擔這部分，因為要美國學者去翻譯《書經》、《詩經》、《左傳》、《國語》等書的中國古文，太難為他們了。對我來說，也是很吃力的，終究稍好一些。原計畫七月底譯完，總算如期完成了。這是了卻一樁心事，免得忽然病倒，還欠筆債。譯到後面，覺得前面的某處譯得不滿意，又翻回前面做修改。譯完的校訂，也是極費精力的。如《論語》裡，孔子說：「君子和而不同，小人同而不和。」把人分為「君子」和「小人」是孔子的一個重要思想。怎麼才能譯得準確？從前英國的漢學家James Legge把這兩個詞譯作「gentleman」、「petty man」，我不滿意；因為一個在社會上被人認為是「gentleman」的人，未必就是「君子」。也有人把這兩個詞譯文「superior man」、「Inferior man」我也不滿意；因為「君子」和「小人」不是這個好些、那個差些，而根本是兩種人。到底差別在哪裡？《論語》裡，孔子說：「君子喻於義，小人喻於利。」「君子愛人以德，小人愛人以姑息。」我想，孔子注重的是人內在的道德品質，不是外表。因此，我把「君子」譯作「a man of virtue」。「小人」的根本特點是什麼？想來想去，是只謀私利。因此我把它譯作「A self-seeker」或「a self-seeker petty man」。「同」字怎麼譯？表面看來，可以譯作「unanimity」或「uniformity」；但孔子說的小人「同而不和」是表面求同的曲意逢迎，要把這一點表達出來，最後選了「conformity」這字（有時是個很小的字，如周公、齊桓公、晉文公，都是「公」，可以統一譯為「duke」；但周公是周武王的弟弟，和諸侯稱「公」不屬一個層次，怎麼在英譯中加以區別？最後，對周公，我譯作「Prince Zhou」，齊桓、晉文譯「Duke」。從前看《高爾基論文學》中說：「一件事到了講求表達形式時，就成了藝術。」覺得這話很有道理。以前我對年輕的研究生說，一個人做任何工作，四十歲以前，別人要求的是「能幹」、「勤快」，多出活；到四十歲以後，別人的要求就不同了，首先要看你的是工作「質量」而不是「數量」，而工作質量首先是人的品質決定的。同樣造一座房子，外面看都一樣，質量是要時間來檢驗的，人的品質也是要時間來檢驗的。

本來只想說，因忙於譯書，沒有早回信，結果從譯事又扯上別的一大堆可以不說的廢話。

「籬邊芳草，唯淡乃馨」，我當然記得。我記性不好，腦中想說的、說過的話，又會再說，但從心裡出來的是不會忘的。你比我細心，也比我聰明。電腦、股票學得怎樣了？最重要的是去做健身操！這裡不太熱，白天能做事，晚上能睡覺。溫城怎樣？

復三　一九九九年八月七日

美慧：

你不放心我的胃，半夜三點不睡覺，打電話來問。正好我昨天到醫院去做胃鏡檢查，醫生給我打了一針麻醉藥，我也精神放鬆，與醫生合作，插喉管並不怎麼難受（原來以為要受大罪，拖著不願去查）。醫生發現只有一處潰瘍，沒有別的病變，醫生把潰瘍的部位洗乾淨（在電視屏幕上都看得見），開了一種專門的藥，每天一丸，一個療程二十八日，也不必再去複查，就算完了。陪我去的一位朋友的夫人，自己也有胃潰瘍，據她說：「這藥很管事。我才吃了兩天，胃裡就不脹氣，因此也不疼了。」醫生以為，吃東西沒有限制

（連吃冰淇淋都可以），我則還是按中醫胃寒的道理對待，不吃酸辣，不吃生冷，多吃易消化的食品。我的腸胃似乎受神經系統所左右，近兩週生活秩序一變化，心情一變化，飲食一變化，就容易發病；一放鬆，回到原來的生活秩序，病就好了一半。比利時別的單位馬虎，醫院卻是認真的。檢查完了，心裡也輕鬆了。而且我現在按低收入單身老人算，醫療費用從保險裡報銷百分之一百，這是沾了比利時的光。朋友從Internet上看到，全世界所有國家的生活質量比較，加拿大是第一位，比利時在前五位之內。大概小國寡民（加拿大雖然國土大，仍是寡民），生計容易安排。其實這裡有的物價並不便宜，如古典音樂CD每張要七百四十比朗（折合二十美元還多）；好在無線電裡總有古典音樂，也不必花錢去買CD。我也不用買衣服，買什麼Durable goods，照五七幹校的老章程，只買「進口」貨（買書除外）。上週去荷蘭Rotterdam兩天，從魯文上火車，兩小時餘就到了。這是歐洲第一大海港城市，到的那天，正是Rotterdam每年一度的「航海節」，Mass河兩岸，人山人海。以前讀過，荷蘭在一六〇〇年時擁有的商船隊是英國商船的兩倍，商業和航海，直到今天還是荷蘭的驕傲。鹿特丹就是代表。這座城市，二次大戰時被美、英轟炸破壞了百分之九十；現在如有本世紀初留下的建築，就算很古老的了（不像魯文，有樓房高處，刻著一三九一年建造）。能感到城市蓬勃有生氣。市中心的聖勞倫茲教堂建於十六世紀上半葉，算是最古老的建築，二戰後重新修復。星期日上午十點半，教堂裡還不到二十人。教堂裡，後端擺了一些咖啡茶座，原來是為吸煙的信徒而設的。教堂前廣場上矗立著西北歐文藝復興運動先驅，著名的荷蘭人文學者Erasmus（一四六六至一五三六）的銅像，我本來只知道他被稱為Erasmus of Rotterdam，不知道他的名字是Desiderius。銅像是十六世紀鑄造的，Erasmus左手托著書，右手正在翻頁。從前這裡的父母告訴孩子，每一小時教堂鐘響，他就翻過一頁去，但孩子總等不到看Erasmus的銅像翻書頁。現在這裡的大學，還是以Erasmus命名的，而且只設人文學科（法律、醫學另有學校），可惜星期日大學不接待外人。經過城裡另一座保羅教堂，門口聚集著一些不三不四的人群，向主人打聽，原來這就是有名的吸毒活動中心。在荷蘭，吸毒是合法的，但毒品極其昂貴。我的主人是在市政府城建部門工作的，他對吸毒，似乎覺得像有人吸煙一樣，不值得大驚小怪。西北歐的人種，身材比南歐人高大。對於荷蘭語（也是佛萊芒語）我本來總奇怪，它處在英語和德語之間，而與德語更接近，是什麼道理？向荷蘭朋友打聽，荷蘭人從哪裡來的；才知道，荷蘭人古代稱為Batavieren（怪不得小時候讀世界地理，荷蘭人占領印尼，把印尼稱為Batavia），是從萊茵河上游順流而下，到了大西洋海岸定居下來的（就像我這趙氏家族，先輩是「天水趙氏」，逃荒到河南。南宋時，金人占汴京，把皇族抓到北方當奴隸。我們族輩因和宋朝皇帝同姓倒了楣，只能拚命南逃。到東南沿海地區，地少人多。窮人逃到哪裡都不被接納，最後流亡到長江口淤積的無人荒灘上，才能容下身來，成了吳淞人）。現在的英國人，祖先是Anglos。羅馬時代，英格蘭名字還是Anglia，後來撒克遜人（Saxons）從大陸渡海，進人英倫三島東南部，才形成Anglo-Saxons。西北歐各民族的歷史也是十分複雜而引人入勝的。而今鹿特丹，因是港口，五方雜處：除荷蘭人外，還有到處可見的，從摩洛哥到土耳其各國來的穆斯林，還有荷蘭原在南美東北端殖民地蘇里南來的許多黑人。荷蘭足球隊裡，黑人球員十分出色，我本以為是雇來的外國球員，現在知道是真正荷蘭籍人。華僑在荷蘭有七萬人，主要開餐館和經商。鹿特丹的唐人街位處城市中心；比美國、巴黎的唐人街、中國城氣派大。看來，荷蘭人對外國人比較法國、德國、比利時都更友好些；我的荷蘭主人甚至認為荷蘭對外國人太大度寬容了。下了火車，我的頭一個目標是書店，心想這裡的書店應比魯文的書店規模大，事實也是這樣。買了一本《歐洲中世紀》，是歐洲中世紀哲學史的必要參考書；一本《古蘭經選讀》（把《古蘭經》按詩歌來譯，比較文體的中譯本可能更符合《古蘭經》原來文體，讀起來也更有味道），覺得此行不虛了。

昨夜，幾位老友從英國來電話，他們從北京來英國開會，想趁此機會一聚，一些英國老朋友聞訊也積極支持，來電邀請。打算十六日去倫敦，十八日回來。到倫敦，一是會老友，二是逛倫敦大學非洲與東方學院附近的舊書店，找幾本心目中想找的西方思想史方面的書。到處訪書，對我是一種莫大的樂趣，可惜的是認真讀書的時間太少了；而且常想，將來這些書能託付給誰，可以使書盡其用呢？再細想想，好書跟我也是遭殃——大躍進中搬家，文革破四舊，天安門事件出走，從Oklahoma搬家漂泊，在魯文又搬家——已經五劫了。越是心愛的好書，越要罵我無情，我只有「低頭認罪」。

昨晚，住在附近的葉教授夫婦來看望。剛才東方大學圖書館的主任Benedicte Vaerman，因聽說我病，也帶些刊物，還有水果、巧克力來看我。這些朋友的熱情令我心暖。其實我已好了，我對Benedicte說：「我這人不會生活但會生存。」身體不好時，真正體會生命的脆弱；但不知怎麼，總是闖過來了。常聽說，這人走了，那人去了；可是我總賴著，不走不去，這算是什麼一個道理？實在不明白。生存和生活，從遠處看，分辨不出有什麼區別，仔細一端詳，就不同了。我是那種粗瓷，仔細端詳，便一無是處，令人大失所望了；

所以只能放逐山林，不能登大雅之堂。這是近來的一點覺悟。

復三　一九九九年九月十日

美慧：

收到來信。很喜歡讀你像日記、週記般的隨想，覺得很有意思。生活中「有情趣」，是什麼意思？我想情趣是來自思想，沒有情趣的人其實也就是沒有很多思想。因此，情趣是人有意思地開發出來的，這大概也就是文化素養的功能。人們通常以為讀過什麼程度的學校就是有了文化。以前在Oklahoma時對讀Honor Program[1]的學生講，他（她）們將來那張文憑值幾文錢，全看自己放進去的是多少：有的人上完大學，卻沒有讀書；有的雖讀了書，卻沒有讀懂、讀通；有的讀懂、讀通了某一科，卻仍不過是「以管窺天」，並不表示有了文化素養；有的雖有了文化素養，卻不一定有品格；有的雖有個人品德，卻不一定因此就在人生中有了追求的理想目標。這六個台階走了多少，全看自己。看人，大概也可以從這六個台階去衡量。《西遊記》裡的豬八戒其實還是很可愛的，因為他有樸實純真的「人性」。《約翰福音》是《新約》記載耶穌生平四本《福音書》裡最有思想特色、最值

1 即「榮譽課程」。在美國大部分的高等院校在本科教育階段都開設有榮譽課程項目（Honors Program），一些美國大學還有專門的榮譽學院（Honors College）。這個項目是為了給優秀的學生提供更優質、更專業的學術資源和學習環境，使那些成績優異的學生能夠享受到更充分的專業發展和提升。

得玩味的一本。其中第一章四十五至四十八短短四節記載了一個發人深思的故事。耶穌的門徒Philip（腓力）找他的好朋友拿但業，興奮地說，我找到了我們一直嚮往的好老師，就是耶穌。拿但業卻輕蔑地回答說：「拿撒勒那種小地方，還能出什麼好的嗎？」腓力不辯論，只說了三個字：「你來看！」拿但業就真的跟著去看了。耶穌對拿但業瞧不起他，以至拿但業思想的錯誤全不在意，倒稱讚拿但業說：「這是個真以色列人（就像我們說『這真是中國人民的好兒子』）。」耶穌以什麼標準來衡量的呢？只有一條：「他心裡是沒有詭詐的。」拿但業很詫異地問耶穌：「你從哪裡知道我的呢？」耶穌說：「我早就看見你了！」為什麼耶穌早已看見了呢？因為這是他一直在尋找的「真正的人」。

「文化」是什麼意思？這是叫我思索多年的問題。從前讀，文化是政治經濟的反映，是為經濟基礎服務的。彷彿文化和個人是毫無關係的。讀了總覺得不滿足。現在自己動腦子來想文化和人的關係，從遠古時代起，人們對人生的感受總要表達出來。文化本是反映人對生活的感受，其中包含著一種對生之感情；這種感情推動人去更好的生活。但文化也可以「異化」。譬如說倫敦，Old Vic劇院不是文化嗎？各種音樂會不是文化嗎？甚至賀年片上的畫，不是文化嗎？但從前在美國的一位瑞士學生曾寄來一張很有意思的聖誕卡，畫的是一位天使，用手托著頭發愣。無憂無慮的天使，怎麼竟然發了愣呢？我把這張「天使發愣」的畫片貼在牆上，常常看也常常想：天使發愣是怎麼回事？這次到倫敦的種種印象，倒給了我啟發。文化大概是使人區別於其他動物的地方，它要反映生活。但如果生活是苦澀的，文化要不要真實反映呢？如果真實反映，能不能激發人熱愛生活，更好生活呢？在倫敦看到的現實情況是：文化若真實反映生活，將使人痛苦，而不可能去熱愛；若要叫人熱愛生活，就得粉飾生活，成為一種粉飾現實的文化。像一位女郎，要靠巧裝打扮以顯示出美。那不真實的能是美嗎？一個標誌人類文化的文明社會，卻出現了文化的自相矛盾。這能叫天使不發愣嗎？天使發愣的，人怎麼對待呢？

復三　一九九九年九月二十六日

美慧：

〔……〕（編者略）

「天為什麼也哭了？它是和誰離別了呢？它沒有，也不可能和誰離別。它哭，是在為我哭！」本來是想不哭的，可是天都哭了，我還忍什麼呢？想到這兒，自己就忍不住了，眼淚一個勁地流。屋裡沒有聲音，眼淚從眼眶裡流下來，像是眼淚流出了聲音。〔……〕（編者略）

許久沒有落淚了，今天卻不知怎麼，自己湧出來了！我得叫自己寧靜下來。放Brahms的〈安魂曲〉，怎麼？那合唱隊也在哭泣。〔……〕（編者略）

中午，吃什麼呢？平常天天吃什麼都香。今天，卻什麼都不想吃。把剩飯加點水，煮了半碗粥，吃完，想躺下睡一會兒吧！哪知睡不著〔……〕（編者略）。

躺半個鐘頭，又起來了。不行！我得做點什麼事。占住自己的心和思想。平常總有做不完的事，怎麼，這會兒，不知做什麼才好了。掃地吧！[……]（編者略）還是出去走走，比一個人在屋裡好。怕走到古教堂去[……]（編者略），到古董店轉了一圈就出來了。回來的路上，碰到大學漢學系的女副主任，她正騎車回家，和我打招呼，問我好不好。糟糕！她一定看見我的眼淚還在我的眼眶裡轉呢！我告訴她，我很好。有人說兩句話，心情好一點[……]（編者略）。

回到屋裡，覺得屋裡冷，其實溫度和平常一樣，怎麼現在就覺得冷呢？[……]（編者略）

復三　日期佚失

美慧：

這裡的桃花一邊開，一邊花瓣落滿地，早晚散步時會想，溫哥華的櫻花，現在也正盛開吧？

在路上看見父母帶著小男孩，就不禁會想Alex是不是也像這個孩子？收到你三月十二日信後，散步時又多了一項內容。[……]（編者略）我知道你就是在這樣做的。心裡感到孤單，是無從逃避的。我也只有兩條辦法：一是充實自己的生活內容（你也一直是在這樣做的），還可以和遠處的朋友通信來交流，並且把每天的時間安排規律化。另一方面也許更重要，就是想透：人的一生要經過無數的磨練，直到一生的最後，也還是在磨練之中，這是沒辦法逃脫的「劫數」，只有迎上去，在磨練中越來越堅強。文革期間被關在單人禁閉兩年，我就想天主教裡有一個修會，是一六四四年在法國Normandy興起的一個苦修會，會士入會之後就終生不再說話（除了對神說話）。許多年前，我就想有一天會入這個修會，未曾料到，文革中果然如此。現在一人獨居小屋，實際生活中也差不多就是這樣，若不出去，整天在屋裡也不說一句話；但精神上是可以突破這個狹小空間的，讀書、聽音樂、默想、寫作，都是突破。Still water runs deep.這大概也是前人已有過的體驗。你比我幸運，周圍還有些很好的朋友，自己還有可愛的小花園；那就充分發揮這些有利的條件吧。

我看你寫江澤民的指揮棒變成了一截火柴棒，不禁大笑。不知道你還會寫這樣犀利的政論文字。「從未聽說過，哪個政客今天還會記得昨天講的話。」這話真精彩，我就想不出這樣的話來。你在這裡的時候，沒機會一起讀William Blake的詩文。讀這樣的書，是需要時間，慢慢咀嚼的。隨信寄一點給你，這也是因為輔導哲學系一個學生讀《莊子・齊物論》，而自己不得不找書來讀的。除這個學生外，現在還有一位年輕的台灣畫家喜歡找我談哲學問題。兩位由香港來的神學生，她們在香港的教授介紹，叫她們來找我。另外還有送你圍巾的畫家，在大學讀哲學、社會人類學，論文作業常要我提意見。這些都是我譯書之外的額外工作，但對年輕人，總願意盡一點力，這大概也是自知餘年不多，寄望於來者的心理吧。

你來一趟，令我和過去不同的是似乎更加專心致志，抓緊時間做事情；另外，也開始想把生活內容多樣化一點。你寄來花籽後，找了兩個小花盆，把種子泡了半天，然後，種入盆裡不深的地方，經常澆水，希望種子能夠發芽。洗衣服、襪子也比過去勤快多了，開窗換空氣的時間也多了。你如再來，會叫你看著舒服一點。明天星期日，打算讀《莊子》備課。別的地方哪裡都不去，做Trappist！

希望你精神愉快。

復三　二〇〇〇年三月二十五日

美慧：

昨天收到你的信，今晨又接到你的電話。你從葉嘉瑩教授那裡得到的力量也傳給了我一些，於是我就騎車進城去逛街了。看見那麼多人在街上，心想，如果你在這裡，我也會提議坐在咖啡館茶座上，享受一番的。但自己一人，就絕不會這樣做。你做的書籤，越做越好。這次寄來的「萬緣放下且低眉」，連花也低著眉呢，覺得花是活的，代表了你。黃豆也實在好吃，難處是吃開了頭，就停不下來；我採取的對策是：一次吃一顆，細水長流。你寄來的種子培養出來的Salad幼苗，到現在還好好的，我天天看它們，為它們澆水。沒想要吃它們，因為吃到肚子裡就沒有了；植物雖不是有情部，也是生命啊。

你告我佛有一個手勢，我也學著做，這簡單的，我還能學，體會這手勢是幫助人集中思想，默唸佛法。在學著做時，還體會到這不是教人消極地忍耐，而是「以善勝惡」。你想，所有的難處，在人看來，其大、其深無比，在佛看來，只是手指圈那麼大。佛做這手勢（Mudra據說有五百種之多）時，就是現身說法。基督教信仰裡一個中心問題就是「苦難問題」，基督徒生活的第一原則是「感恩」。保羅有一句話：「萬事互相效力，叫愛神的人得益處。」意思是說，不論什麼凌辱、急難、逼迫、困苦，只要從神的角度看，都是把人磨練得更堅強，因此是對人有益的，因此要「感恩」，要「順服」。我在十年文化大革命中，受各種磨練，有軟弱的時候，最終還是能勝過，和這些教導，而且有耶穌自己的榜樣是有關係的。在各大宗教的靈性經驗裡，以致在Mozart的一生和〈安魂曲〉裡，在貝多芬的一生和他的《第五交響曲》裡，我也感受到同樣的心靈感動。因為有來自不止一處的力量，就覺得能依靠的力量大得很；眼前的區區小人，加給我的事情，沒有不能勝過的。南懷瑾老師說「萬緣放下且低眉」，是參透萬事之後，心靈凌駕萬事之上的順服，是學佛到高處，妙處的體會。這樣說對嗎？

你叫我吃點什麼好吃的，我四弟好像也說過類似的話。可是我的兩個思想是：(1)和關在牛棚裡的時候比，和一九六〇至六二年，三年困難時候比，和現今世上千千萬萬窮人比，我已經吃得夠好的了；(2)吃飯無非是為了維持生命，為吃飯要費時間，時間就是我的生命。吃飯是我不願意多花時間的事情，越少花費時間越好。你看，我到什麼時候，無論什麼事情，都有一套歪理。

老朋友顧福靈送到畫，是他在五十年離開重慶前，一位韋牧師送他的紀念品。這是他珍惜的，因此我就珍惜。他對中國的情、對我的情是真的，這情借一幅畫來表達，畫不過是「言」，言者所以達意〔……〕（編者略）。

盼保持精神愉快，身體健康。

復三　二〇〇〇年六月一日

美慧：

紅色的野罌粟花又在原野裡盛開了，多得我都數不過來有多少朵，可惜我不會做壓花書籤。你送我的書籤連南懷瑾的詩句，使我覺得一定要把牆上的畫寄給你，因為這畫和南懷瑾先生的詩句是配合的。如果掛在你家隨便哪面牆都是好看的。

星期五下午帶了你送華貝尼夫人的書籤到東方圖書館去，她已提前下班，到巴黎和丈夫團聚了，下星期裡再去。

我住的這裡，下一年房租還要漲價到一萬三千八百比朗一個月（現在每月一萬三千比朗），另外還要每年付九千五百比朗不知什麼費用，還要付一千三百八十比朗的的保險費。我已決定搬到比較便宜的studio去。雖然只有一間房的東西，搬家對我來說也是一個重擔。好在現今我看任何難處都是磨練，都是命裡注定的，我都低眉。具體搬，大概是九月中旬的事。這個月先要動右眼的白內障手術，過了這關，再說那關吧。

這一週，美國高科技股票好像又上漲了，希望這能減輕一點你的憂慮。希望你寬心，你的未來還是有遠大希望的。

復三　二〇〇〇年六月四日

美慧：

王元化先生和我是五十多年的老朋友，最近，他還託人帶給我兩本新著。八十歲的人，思想敏銳周密，寫毛筆字，腕力還是很好，令人敬佩。我寫信謝他，不知道他收到沒有。前兩年，他自己主動為我回北京事盡力，事雖不成，還是令我銘感在心的。

今年十一月三十日是他八十大壽，你在上海期間，如有空閒時間能去看望他，請替我(1)祝賀他生日，祝他健康長壽。(2)謝謝他送的兩本新著，內容思想性很高，我一定細讀。

上海的書店還是值得逛逛的。我沒有想起什麼需要，請不必為此分心。以前在台北買到兩本《佛教與中國美學》（記得是安徽一位學者曾祖蔭寫的），但中央研究院為我代郵一大包書時，全部丟失。你如在滬、港、台北，再次見到，還是值得一買的。

出門遠行，常吃的藥，不要忘記。

復三　二〇〇〇年十月二十二日

美慧：

這是我掛在床頭的一張畫片，寄你。

不知為什麼被這張畫抓住了，孩子是個小畫家，想畫一個鮮豔的世界，但只剩下了黯淡的顏色。他在難過，但頑強，不哭。看他，也彷彿看到了自己。

復三　二〇〇〇年十一月十日

趙教授：

遙祝您　新年快樂！　日日快樂！

現在您兩隻眼睛都開過白內障了，看人、看物一定更清澈明亮了。這個冬天您那裡下雪嗎？房間暖和明亮？買菜是否有人幫忙？不管晴天、雨天騎車出去請當心。您知道世界上有多少人都在關心您。想到您出門買菜，鮮奶這一樣最重，是否可以考慮換喝奶粉？我看到台北的親戚都喝奶粉，我喝了覺得很好，就想到您提鮮奶等重物上樓的辛苦。

我仍在台北，原計畫年底回溫哥華，但醫牙一事比想像復雜。林醫師（您在我家見過他們一家人）介紹一位康醫師，為我做了兩顆根管治療，要抽神經。我從來最害怕看牙醫，一怕：電鑽鑽進腦殼吱吱作響，全身細胞發麻。牙醫室裡幾乎所有小孩子，只要一坐上那把特殊的手術椅，便會開始哇哇大叫了。小小年紀也知道那把電鑽很快會插入他的嘴裡，所以預先發出刑囚前的哀嚎哭鬧。但在大人掌控一切的世界裡，這是於事無補的。每次聽到這種哭聲，我是非常同情的。康醫師的醫務室裡除了護士外只有我一人，他走的是高端經營方式。

二怕：牙神經一被觸及時那種「要命」的感覺，而這兩種情況皆不可避免。我自從九九年接觸佛法後，這一次決定把所學，搬出來對治內心這種由始以來的恐懼感。

所以一踏入診所，我就集中注意力默唸佛號。坐上手術椅，醫師碰觸我口腔前，我心裡感念他為我所作的一切。一直默唸佛號，驅除了外部恐懼感，身心開始感到安適。我相信人與人的任何交會都是一種緣、善緣。我持續默唸佛號，當吱吱響起時，我就把它當作是淨土樂園裡，一隻奇特的神妙大鳥的歌聲。想到我曾在多少貧窮落後的異國他鄉裡，看到多少人，一生一口爛牙！他們哪有醫牙的機會？而站在我身邊的是一流的名醫（留美回台的醫學博士），當他以拇指和食指捏著一根細細的長針，鑽進我牙神經（已做了麻醉不痛），但「吱吱」聲還是令人害怕的。那一隻「奇特的大鳥」用牠的金鋼「長喙」正像在一點一點地鑽進厚厚的地球表殼，牠要開通一條隧道嗎？一根牙神經到底有多長？要多久才能打通這一條隧道？如果人只長牙，不長神經該多好？唉！我又心猿意馬胡思亂想了，趕快拉回那隻野馬，唸佛！他持續地鑽，鑽了好久，我又擔心起康醫師兩根的手指頭是不是痠了？他的右手臂必須一直維持同一個角度，絲毫不得有誤，這時候是不是累了？我是被人服務的，只能心存感恩。唉！王陽明先生說到山中去打贏一場仗，比管住自己心中那一匹野馬更容易！唉！野馬！回來唸佛！

說來也奇，這是我有生以來最輕鬆的一次治牙經驗，雖然整個過程是最繁複的一次。「一切法由心想生」，的確如此，真如此。林醫師還答應他做的那部分，會把牙套做好後拿到溫哥華為我裝上。他有同學在溫城開業，可以借用他的診所為我安裝，所以我不必在台北等到最後的手續完成。這些他事先就都替我想好了，這也是我沒有預期的善緣。

我在十一月二十八日，以您給我的電話號碼聯絡王老先生。首先是一位聲音細弱的女士接電話（想是王老太太），她給我王老的辦公室號碼，要我去那裡見他。午後一點鐘我走進王老先生的辦公室。眼前是一位身形還算碩健挺拔的長者，我不知他在政府裡曾經的官位多大，但見退休後一人坐擁這麼寬敞潔淨的大辦公室，還有好大的一壁落地書櫥，整齊潔淨，答案可想而知。以一位八十耄耋之齡來說，精神狀態極好，是位溫厚儒雅的紳士。首先他關心地問起您的健康情形，我回答他的話如下：「有一天趙教授腳踏車，半路拋錨了，無法修，便自己把它『扛』回家。」顯然他並不知道您還能騎車自行來去，現在更知道車壞了，還能讓車子「騎」著您回家。他靜靜地聽完我的話，我想他對您的關心與佩服全在這靜默裡。

之後，他站起來走到窗前說：「請你轉告老趙，我每天在這公園走兩小時。」您知道他的辦公室外面是一座蓊鬱的園林？「廉頗老矣，尚能飯否？」這一句中國歷史上家喻戶曉的「大哉問」被有心計的使者加料回報說：「幾度如廁。」我想，您和王老先生，彼此要相互語告，是友誼的最高境界：「尚健，勿念，天涯各自安。」

我在他的辦公室約停留二十分鐘後，有一位古籍出版社，出版部負責人X女士出現，送來王老的新書。我想她會在此時此刻出現，也許有什麼特別的「意思」吧？不久，我站起來說：我正打算到古籍書店看看。之後，她就陪我一起走向書店，路並不遠，倒也省去我找路的麻煩。

敬祝　安康

美慧敬上　二〇〇一年一月三日

趙教授：

非常高興收到您的信，每拜讀總會從中吸取一些新知識和力量。「……在說到佛的手勢mudra時您說人間的苦難，在佛看來只是手指圈那麼大。」這話說得多好啊！真是一針見血。又「為道日損」，記得在溫哥華，您上課時曾很仔細講解過。當時自問並不十分明白，但在您最近的來信把它和「空」，和基督教（《馬太福音》）「清心的人有福了，清心即心理只追求一件事」，我把這些連貫串通一起來想，忽然有一點點的領會，這真是讓我很開心的事。

近日讀德國古典小說，當我看到書上描寫野地裡的雞呀，鴨呀，立刻聯想到在魯文郊外看到的雞鴨。第一次看到可以飛到樹上的「雞」（牠應該有不同的名稱？）令我驚訝不已。記得當時我說：「這不也可以叫做鳳凰嗎？」能飛到高高的樹上，讓長長的尾巴落在陽光裡，像一束織著藍寶、翡翠、黃金、珊瑚……的羽毛，熠熠生輝。每想到牠們就覺得這個世界多麼祥和又華美啊！還有，那一座靜靜的古墓園，朝陽透過薄霧在青草上灑滿了真珠，讓您那雙哲人的行腳日日來踩踏。如果那裡沒有您的身影，它只是無數墓園中的墓園。但鋪滿了您的腳印後，它便是讓人思索「永生」和「如何生」的一個地方了。

最讓我難忘的應該是附近那一座如弓的吊橋，多少次它飄入我夢鄉來。

拜讀來信，重新思索：(1)人生所有的苦難，如果能不把它當苦難看待，人一樣可以活得瀟灑自在。(2)每在心情懶散時便會想起您如何體現君子自強不息和書法家凌霄教授的座右銘：「黃昏近，筆不停。」您們二位都是我要學習的榜樣。這也是我這一次從歐洲回來後更要自勵的。

由我新家前門出來，下梯後，前院鋪有一段弧形的水泥小路，連接人行道。我把它取個大大的名字「哲學之路」。房舍的東邊有一條私人小路，由人行道筆直通後院。不知為何，我每次帶小孫子出來散步，他一定要拉著我的手走這段「哲學之路」？有時我忘了，走到那一條筆直路上，他一定要拉著我的手，回頭去走那條小小的哲學之路。不知道何以故？後來細想：散步本就應該悠閒地、慢慢走啊！稚齡小童不會說，但身體力行給我看。哲學之路旁原來種的一排黃花，我全挖掉了。李先生夫妻首次見到都說它漂亮，因為他們看到的是春天的盛景。可是到了八、九月，一副殘敗的樣子日日橫在門前，我豈能容忍？我想花性亦如人性。這種小花，登場時：轟轟烈烈，獨領一園春色，像小人得志。下場：拖泥帶水是拿得起，放不下，非君子之德。再看：凋萎的細小花瓣沾黏枝葉，一身涕淚縱橫，真是說不盡的淒涼。這一點與櫻花相較：開時燦爛，豔滿天；謝了，乾坤一片淨。

我要在這裡全部種滿菊花，對它我一向情有獨鍾，或許和童年最初的記憶有關吧？後來發現菊花時時出現在詩裡、畫裡。「東籬把酒黃昏後，有暗香盈袖。」這句子一再品讀，讀來讀去，到最後都不知道自己是被詞抓住了，還是被花迷了。再看：眾芳搖落獨暄妍，占盡風情在小園。我喜歡這裡用的「小園」二字。不管怎麼暄妍，菊花不會像牡丹、海棠總是霸占「主位」。「小園」二字予人一種驀然回首的驚豔。我怎麼談起「詩」來了？「詩是杜翁的家事」，豈容我這閒雜俗人在這裡嚼舌？

我不是所有品種的菊花都喜歡，只有「無心」的那種我才喜歡。我會持續跳舞但不敢說「規律」，不是不為，時間太少。早春開始再試筆塗鴉，後來中斷，最近重新提筆。今年生意是最差的一年，只要心裡有另一種收穫，一切皆可淡然了。

希望德州的陽光可以讓您覺得溫暖些。

敬祝　安康

美慧敬上　二〇〇一年十月二十三日

美慧：

收到來信，寄上這三個月的一點感悟，是想到溫哥華的秋天一定同樣美麗，希望你充分享受秋天的美景。從九月十一日和經濟衰絕之後，體會現在這任何時候都可能發生任何事情的時代，我們活得還很健康，就是極大的幸福了。這裡附近一位八十多歲的老教授，老年癡呆，只能整天坐在輪椅裡，大、小便都靠夫人。〔……〕（編者略）是中國詞曲專家，書法極好，年已八十七歲，還自己開車到超級市場去採購食品。還有一位五十多歲的中學女圖書館員，工作過度，右眼出血而失明，動了一次手術，不見效，醫生還要為她再第二次眼睛開刀。她的丈夫是電腦工程師，因經濟衰退被解雇失業好幾個月，剛重新找到工作。從這些朋友的實例中感悟人的生命其實真是脆弱，我們每一個還在健康生活的人，真是要惜福，也為E、Alex惜福。請代問李先生夫婦、楊醫生夫婦、程先生等各位好。

復三　二〇〇一年十一月九日

趙教授：

近日打開電腦看股市，總是一片血紅。上週我把Ef股票賣了，沒賠，微賺，現有四千多美元在帳戶裡。最近遇到人若一提起股票，沒有不拉長臉來唉聲嘆氣的。我有位親戚每次來，唯一的話題就是股票。去年、前年，他一直告訴我ＸＸ股票很好，他只買電腦股，因為他做電腦生意，所以知道某某是好公司。

我從來沒聽過他的建議動過心，理由只有一個：他的財富不是靠自己能力得來的，而是繼承上輩土地發跡。近來都沒看到他露面，大概也是逃不過「慘賠」的份吧？我的一個客戶Mary，五十歲，從台灣移民到加拿大三年。她告訴我買Yahoo股時是美金一百二十元，現在只剩下十六元，但必須出售，因為她用融資，原來住的西區毫宅必須賣掉。她先生在台灣也不遑多讓，生意失敗（我不知他做哪一種生意，這種私人家事，我從來只聽不問）。所以她必須把卡加利一所才買入不久的豪宅也一起賣掉，把資金寄回台灣讓先生去還債。我問何以必須走到這一步，她說先生是向地下錢莊借錢，我一聽脊樑骨一陣發冷。可以想像她此時的心情。

我想女人的另一伴如果能和自己同心協力過日子，即使碌碌無為，平安一生也是幸福。反之，面對連連的不幸，束手無策外，最後可能以「家庭破碎」收場。一個家庭由富到貧，僅須短短幾年（或者更短）；而由貧到富，要付出多久的努力？甚至幾代？從不同客戶的各種遭遇，我真正體會到您上課時說的：「一個人的個性，決定了他的命運。」

昨日股市破紀錄Dow跌四百三十六點三七，只剩一萬零二百零八點二五，Nasdag跌一百二十九點四，只剩一千九百二十三點三八。繼上週四、五的跌勢，看看我買的幾支股票，還好沒受到太大的影響。我的原則是長期投資，不投機，所以我的心情並沒有跟著最近股市上下彈跳。我所驚訝的是全世界的股市為何會這樣的跌法？對我，算是一次經驗教育吧！今日L女士來電，談的也是股票。她有一個「非常」有錢的外籍老男友，她曾告訴我說，此人富比台灣首富王永慶先生。他在溫城最貴的桑那西區有一棟豪華的別墅，有時會出租給美國好萊塢公司拍電影。

此男人會提供L女士最新的股市資訊。有一次我們都買了一支相同的科技股，我們二人都是新手，又沒什麼錢，我跟她說：「你若有動靜，請不要忘了通知我！」今天才知道，她早在一個月前，就已賣掉這支股票，賺了一筆。我曾經想：如果她肯用一分鐘的時間，打個電話通告我一聲，我也會賣掉，而且心裡永遠會感激她！想來「錢」這種東西，不僅是男人在社會上一種Power的象徵，其實對女人也是。由L女士的這一件事，我發覺女性之間若有所「爭」，一樣暗潮洶湧，且以各種不同形式在各個角落慘烈地進行著。記得您哲學課堂上說過：友誼的「誼」字就是「義」。朋友之間若能有情有義那是鳳毛麟角，我豈能要求他人事事對我行「義」？

昨晚睡前，看了幾頁《論語》，便又想起您曾說：「陳灝和陳頤，兄弟兩人問孔子和顏回『所樂何事？』。由這一點來看，人所追求的理想是什麼？人所追求的是名利，則是名利之徒。……」可是現今的世界，滿城滿街熙熙攘攘，不都是在為名為利奔忙嗎？而且還當它是名正言順的正事、唯一的正事，堂而皇之地為之。

我們溫哥華趣事何其多！再告訴您一個實例（這對您可能不是新鮮事，對我卻是）。有些自認有一點點姿色的女人，總想方設法要擠進一場又一場豐盛的人生宴席，以為風雅地享用男人提供的「美食」理所當然。這一類女人視丈夫如刀，即便一把早就生鏽的、閒置的鈍刀也不能棄之。情人如叉，只要能握在手中即便短暫，就是一種贏。所以明裡、暗裡，自認左右逢源。在現今這樣自由開放的社會，這一類女人的出現早已見怪不怪了。但是像L女士，在這樣的宴席上，天生是個消化不良的女人。她的學歷是台北高職夜間部，可見出場時力不從心也不為怪。

L女士曾告訴我，她這個男友曾多次叫她去買X、Z、Y股票。他說如果賺了，全歸她，賠了，他全包。我相信這話可信度極高，這個男人一定看準了L女士的口袋既淺，又沒有膽識，不會有什麼作為的。我認識她多年，知道她本性裡還有幾分老實的優點。

聽完L女士告訴我以上的話，我說：「如果我是你呀，會告訴他：一、我絕不會被錢驅使。二、當然也有另一個選擇。我要買下溫哥華一整條街！」

我知道您看到這裡，一定是要哈哈笑的！這不是笑話，是真實發生過，L女士您在我家見過她一面的。

說到此，想起上回您在這裡時，我們去參觀一座小佛堂，因為前一天我接到佛堂來電說有義賣活動。當我們來到一個擺滿了舊書攤位前，我就知道那是我的好運氣。其中有唐、宋、元、明詩集和《清詩別裁集》、《宋詞三百首箋注》、《樂府詩集》全套，這都是一九七七至七八年香港中華書局出版的。還有一套《漢語大辭典》十二冊十六開（香港三聯書局），另外一本也是十六開，新中國第一部《漢英詞典》（商務印書館）……等。我把這些書本全部拿下，把它堆疊在一處，請您替我看著。自己再到書攤上從頭翻看一遍，是否還有遺漏。結帳時我把身上全部現金都掏出來，不夠，請您也掏出身上所有的錢先借給我。記得當時您邊掏錢邊說：

「呵！我從沒看過有哪一個女人，買書有這種氣魄！」當時我心情非常興奮，回說：

「哎呀，小case！」

提起這件事感覺太可惜了，我空有「魄力」，但沒有L女士的那種機遇，否則，一定用買書的魄力，買下溫哥華一條街！後來我們一起翻看搬回來的這些書，每一本都蓋有何ＸＸ的印章。記得當時你說：「這些都是真正讀書人讀的書。」我也不知道這麼好的「寶貝」為何全部不要了，我好奇，打電話到佛堂去問，才知姓何的居士決定出家，便捨棄他的所有物，捐出來義賣。

這麼奇特的機緣竟被我遇上了！我覺得人與人之相知相遇全是緣分，人與物之相得何嘗不是？我把那幾箱書，排到書架上時，感覺真好，好像這裡就該是它們站的位置。

早春，難得碰到一連幾個晴天，這些日子我全部的精力都用在整理前院。這本是去年該動手做的，但總騰不出時間。我首先重新布局。那一條水泥小徑東邊三尺地是屬於我的。近日趁泥土溼軟趕快來「收復我的邊疆大業」。第一，就是要打破視覺上這條難看的水泥直線。我扒草、開挖、鑿洞……，再把屋後那幾叢芍藥挖出來。從根部掰開，分別移根於此。相信明春，這裡就是一排紅肥綠瘦的好風景了。還有那一株紅玫瑰，也一起移到台階旁。

工作最辛苦、最耗體力的是挖土、鑿洞。在進行這艱難的工作時，我就放「心」遨遊另一個世界，一個至高無上的精神世界，如此才能撐起長時間的體力勞動。您告訴過我，每一件苦難、艱辛的工作，都是一次生活的法會。我就學習、體驗，在艱難的樁樁件件裡「低眉」的滋味。

又想起，葉嘉瑩老師在給我們講小詞與儒家思想時說：「長鑱白木柄，斫破一庭寒，三枝兩枝生綠，位置小窗前。要使花顏四面，和著草心千朵，向我十分妍。」葉老師的聲音彷彿聲聲繚繞於耳。她接著說：「別人可以種出一片春天，為什麼我不能？別人種出來的花，你看了嗎？你尊重了嗎？……」

想今後年年，好花滿園的日子。那時，早上每天邁出大門，下階梯，巡視一下花園，再開始一天的工作；晚上歸來，園裡漫步，低頭嗅嗅各花香味，找找花叢裡又藏了什麼驚喜，一天的勞累就釋放了。這時候，我會更加小心翼翼地呵護著花心、我心，兩並香，香滿天。

今晚，把屋前新裝的廣角照明燈打開，映照在新翻開的黑土上。西邊一棵與屋頂齊高的大樹，枝杈芳條已冒出如綠豆般的新苞，在黑夜裡靜靜地等待著明朝飛颺。一九九七年決定要買下這所既老又舊的房子時，所有親友給我激烈的反應是：「百分之百反對。」他們都是出於善意的關心。現在，全部的艱難、無法預測的風險、修繕的各種挑戰，都已成為過去。前幾天有一位朋友周君，首次來訪，他四處瀏覽一番後說：「你把房子整理得很好，由外面進到裡面，予人一種別有洞天的感覺！」此「大」人不隨便開口誇人，這大概是最高的讚譽吧。之後，站在凌教授的字畫前靜靜地觀賞，此君也練字。俗話說：「富潤屋，德潤身。」這一所老舊小屋，能得到他這一句讚美，也堪欣慰了。

我把凌教授〈齊物論〉的大字畫，懸掛在客廳最顯眼的一面牆上。除了欣賞他的書法藝術也提醒自己，學習凌老的治學、處世之精神。他把莊子的〈齊物論〉寫在陰陽圖上，外圈畫就七色光譜，略呈橢圓形，有如正在天地間旋轉。這是一幅古典與新潮的融合、生氣靈動的書畫圖。凌教授曾為我講解他創作此圖的心路歷程，由初心到結束，他希望書法不只是黑白的「字」而已。這一幅圖曾參加過比賽，獲得第一大獎。展中，有人要買，他不賣，卻拿來送我。這一幅書畫製作時他年高八十四，我每觀賞它時最後都會把目光停留在「年八十四」這幾個字。他在這年齡打破傳統的書法成規，創作靈感源源不斷。看字跡、筆力絕對沒有人能猜測到這樣的年齡可以寫出這樣的字，「年八十四」四個字就是他強而有力的證詞——何謂精彩的人生！

他屢屢提說，幾乎耳提面命地告訴我：「要把自己的身心健康，維持在最頂峰狀態，這是為自己負責！……」他一生就是這樣對自己要求的。所以在八十四的耄耋之齡仍然耳聰、目明，手不抖，心不顫……，創作的泉源依舊迸發。

我之所以長年維持跳舞健身，就是受到他的啟蒙和鼓勵。

美慧敬上　日期佚失

趙教授：

耶誕節前收到您的賀卡，很高興。耶誕節過去了，新、舊曆年也結束了。

我一直想，該怎麼提筆給您回信呢？前天，到泳池跳入水後，伸長手臂探入深水，左右手不斷地交替，把胸前的水一撥一撥用力往後划去，雙腳使勁踢蹬。

曾經，我游過一望無垠的黑海、茫茫的地中海、浪漫的愛琴海。那時年少不知愁滋味，以翻江倒海的癡情，想挽一天的夕陽於不墜⋯⋯。如今，不管我使出多大的努力——拍打、踢蹬、吐氣，我知道，能做的只是維持一個區區之身，不被滅頂而已。在這小小泳池裡，我奮力地浮游，或許這就是我自己一生總結的縮影吧。

今天，我以這樣的姿勢，向著心中佛的殿堂游去：雙膝俯跪，滿心滿臉是水？是淚？佛前雙手合十算是給您的回音。

美慧敬上　二〇〇三年二月二十二日

趙教授：

今天是元旦，皓雪覆蓋大地，這是樊城少有的景色。李祁教授的詞集裡皆用這名詞，不用溫哥華。後者之名是早期廣東來的鐵路工人給取的。我書房外那一棵beauty berry（編按：杜虹花）綠葉落盡後，褐色枝條掛起串串鮮豔的、像綠豆那麼大的紅色果子，在雪地上真是好看極了。更美的是每天早晨，飛來一群小鳥，嘰嘰喳喳，高高興興在這裡跳上躍下，享用牠們的早餐，好像這一切本來就是為牠們準備的。整棵樹也因為牠們的到來活了起來，這時候總把我吸引到窗前。

此刻，書桌上陪伴我的是，那一隻鑲金邊的白瓷小咖啡杯。這是千禧年從比利時捧回來的，它還裝滿了異國甜美回憶。只有在我心情最精緻時刻，一邊摩挲掌中杯，一邊細品杯裡的琥珀光。去年運氣不錯，工作還算順利，相信我今年的業績會更好。所謂的

「好」，因為知道知足。

在此　遙祝　二〇〇四年

平安　健康　快樂

美慧敬上　二〇〇四年元旦

美慧：

謝謝來信，知道你和E和Alex都很好，很為你們高興，照片上看你風采依舊，我則已八十歲，寫字手抖（腦中有一小瘤，壓迫右手神經）。物質世界之外，人還有一個知識的無限世界，給人心靈任逍遙遊，相信你的體驗也能幫助別人。

不能多寫，祝好，E、Alex好。

復三　二〇〇六年一月二日

趙教授：

收到這卡片時應當是您的生日，遙祝您：身心健康，平安喜樂。

最近讀完一本書《Saint Francis of Assisi》。義大利的Assisi城以前去過，Saint Francis留給我很深的印象。一直想要好好地認識這位聖人，一晃二十餘年過去了，現在才有機會來讀它。合上書頁，感動不已。不管我讀哪一位聖人事蹟，一定立刻聯想到您。Saint Francis 是Assisi 城市的「寶」。我相信一般遊客大概跟我一樣，對那個城市不會留下太多的印象，但對這一位偉大的聖人都會銘記於心。我們一生中會遇到無數的人，但最後留在心裡，也只有那麼寥寥幾位吧？

今年農曆初一起，我決定開始吃素。二〇〇二年我曾試過一段時間但沒成功，當時只為個人的健康理由。今年一個因緣，一個轉念，便毫無退轉地做到了。所謂的「轉念」，是念及母親，在第二次世界大戰期間物質極端匱乏的年代，養育我們的種種心酸。若不是母親，我就沒有受教育的機會。走筆至此，想到「知難行易」或「知易行難」這二種說法，按我看，立意誠否是首要條件。誠，堅定之心便有了；堅定之心有了，做起來便容易。這是我個人的體驗。

下個月我要搬進嶄新的大樓去，出售那一所篳路藍縷、雙手營造的小屋，它讓我的資產翻了一倍多。這樣告訴您，是讓您知道曾經的經濟「黑影」已不復存在。我準備進入人生最後階段的新生活。

您說腦中長了一個小瘤，良性的。如果不能除，能否與它共存？不久前，我讀過一本書《In the lap of the Buddha》（by Gavin Harrison），書中有一大段就是說到這種理論。

「樊城」的櫻花已悄悄在枝頭騷動了，準備為人間翻出一片花海。不敢忘您的千萬叮囑，我持續跳舞。活動中心外面有一大片芳草綠地，舞室在樓上，西、北兩面皆為玻璃牆，藍天、白雲、綠地一覽無餘。樊城，北望有高山，終年皓雪覆頂。每當我起舞時，今日、昨天與明朝，早已沒有人生的盈與虧。

我虔誠地遙祝　您

健康長壽，只您在的人間，我們才有溫暖。

美慧敬上　二〇〇六年三月九日

趙教教：

從前在台灣上中學時，每逢孔子誕辰，我們都要慶祝教師節。天地君親師，師為五倫之一。

第一次在Regent College聽您講「愛」。世俗眼裡的「愛」和《聖經》上說的「愛」。幾次重聽整套您上課的錄音帶，從您的「言」與「行」深深體會到能真正傳道、授業、解惑的「師」原來不可多得。何以然？因為感受不到像您講課時所傳達的那種「愛」。

楊醫師與夫人、談姐，我們每次互通電話，彼此問候時都會提起您、關心您。每說到您時，不僅帶給我們快樂，也加深我們之間溫馨的情誼。大家對您的關懷裡永遠感激您曾不辭辛勞，利用您寶貴的時間給我們講課。您或許不知道，您把基督耶穌「愛」種子播撒在樊城，它是怎樣地在各個角落萌芽開花？

去年初夏，我剛搬入新的大樓，把東西大致安放後，拿起一本書坐在客廳裡，靜靜地讀，不覺到了深夜。這麼多年來我沒有這種感覺過，讀書讓我找到平靜、安寧，讓我找到自己。這一個感覺令我當下決定離開職場。我還沒有到退休年齡，粗估我的經濟狀況，可以維持往後簡單的生活。幾天後走進經理辦公室，辦理退休手續。經理一反往常的態度，長篇暖語慰留。他知道我們的工作有多辛苦，建議我先休息半年再做決定。但我心意已決，人間世事變化太快太大，我希望此生不要留下太多的遺憾。

是該換一條人生跑道到精神世界，求索也好，逍遙也好。這也是您多年來對我的教導。教師節前是中秋節，在這雙節同慶之際，楊醫師和夫人建議我們一起

遙祝　您

佳節快樂　日日平安

美慧敬上　二〇〇七年九月二十一日

六、千古有餘情

1 金山抒情——敬輓陳寅恪先生

跪輓觀堂追亡靈，甘伴神洲終生定；
一介偏迎風雨摧，青史歌泣唱癡情。
失明臏足留丹心，生死度外目未瞑；
宇內環顧得一人，寒椰堂前草青青。

一九九七年六月六日

2 一九八九年秋致友人

人間幸有肝膽照，驚濤更暖赤子心；
夕陽萬里映貞輝，繁星點點黯長亭。

3

弱冠許國，自投塵網；歷經六坎，寒暖自知。
蟬蛻求進，曷得自足？松柏勵操，不敢或隳
甫陽攸陰，此豈有方？剝复革鼎，其果環周？
斯國之魂，立難敗易；赤子之心，守難喪易。
身臨濁流，豈敢濯足？虛壑瞻遠，退尺迎新。
窩居十遷，冥鴻遠蹈；舍法有情，無欲則剛。
風雨不避，蠱革不侵；無予人事，厥盡吾心。
假我五十，景色自明，有疚無悔，心平氣靜。

——九零年歲末，雨雪交襲，遠行在即，心如飛絮。行年六十又五，清夜捫心，戰兢自責。前行如探黑洞，而皮囊不復如舊日。念悟空必歷盡九九八十一劫而抵西天，予不敢苟免也。書此自策。

4

夜讀　錄一九九一年舊作

暮鼓晨鐘自擊撞，殘卷孤燈照眠床；
青煙裊裊了無痕，細雨瀟瀟拍後窗。

5

夕歸　九一年冬

一掬心血付生徒，世我相忘兩自如；
目送天際雲岫沒，長吟掩扉燒茶爐。

6

一九九二年秋

老不更事空赧顏，幾時虛靜仰西面；
淒然似秋送流水，暖然似春揖大千。

7

枕上懷亡友，幽明徒相思；
平生無限事，不獨白雲知。

8

一九九三年致友人

京華煙雲懶回首，已無惆悵更無愁；

那堪前緣一線牽，中夜夢斷傷白頭。
窗下蛩蟲唱新秋，直上銀漢干女牛；
陽關故道人杳杳，遠方駝鈴聲悠悠。

一九九七年六月十九日

*編者註：昨夜，趙教授離開溫哥華的前一晚，我問：「詩作可有百首？」師答：「沒有。」再問：「它們在何處？」答：「隨便記著，沒有一定放在哪裡。」我請求他，以後若有詩作可否寄給我一份？今日送他前往西雅圖機場，在長途灰狗巴士上，請求他說：「請您把所寫過的詩，現在回憶一下，讓我把它們記下？」八、九二首便記於此時。這一首是給他的好友李慎之先生。

9 七十述懷——一九九七年春讀釋迦夜觀明星而悟道

為避濁世沉天涯，只恨癡情人間灑；
從來落寞煉清心，幾時一笑忘拈花。

*編者註：我一邊聽他唸，一邊筆記，當聽到「只恨癡情人間『灑』」時，我寫的是「傻」。趙師在旁看了，笑了起來。好像大人看到小孩的錯又似錯得有理，邊笑邊糾正補充說明：「灑，灑向人間都是怨。」聽到這裡，我的心情瞬間跌入深淵。

10

懷建業

滄浪江上一葉舟，風雨四時任漂流；
莫道無家卻有家，只在雲深不知求。

*編者註：「不知求」，另一版：「沉沉求」。

一九九五年秋

11

朝華夕拾傷心掃，長夜明星千古照；
似在無在得自在，恍然四顧菀然笑。

*編者註：「四顧」，另一版：「釋負」。

12

抒懷

八載行腳踏天涯，南北東西處處家；
落得胸中空索索，凝然心伴白蓮花。

一九九八年一月

13 聽Gustav Mahler有感

家事國事彩雲淡，
過去未來史家探；
身外身內勤打掃；（另一版：「春秋倏忽任短長」）
無掛無待遊道山。

*編者註：(1)一九九八年五月十二日，見趙師獨自默默地在一小紙片上寫下此詩。(2)另一版本詩題：〈道情，贈李德倫〉。

14 芳草——一九九八年六月二十三日有所見聞，夜雨有感

A

人間曲徑，不知不老；
籬邊芳草，唯淡乃馨。
不避風霜，不忘內視；
不離菩提，不失童心。

——贈友人～並以自勉～

B

人間曲徑，不陟不老；
籬邊幽蘭，唯淡乃馨。
不避風霜，不忘內省；
不離天籟，不失童心。

Without treading the winding path of life,
Who would ever come to know the weight of one's age.
Without roaming along the hedge-row,
Who would ever come to know the light fragrance of the blue orchids?
O, orchids, never is she intimidated by the blows of gale and icy frost;
Never doth she forget the heavenly rhymes,
Nor doth she ever betray her innocent heart.

二〇〇〇年復活節晨

*編者註：一九九八年六月二十三日黃昏，趙師見余蒔花後園，畢，同往鄰近運動場散步。余訴之當日客戶，洪壽X言語粗暴無禮……。次晨，趙師以此詩送我（A初版親贈，B修改版）。回歐後，譯成英文再贈。

15 聽莫札特〈Laudate Dominum〉有感而作

前緣合是修道人，無明癡心蹈紅塵；
精衛填海華年逝，頑石補天老無成。
朝花夕拾尋常事，芬芳碾泥迎明春；
深山曉鐘凝悲欣，神曲未竟淚縱橫。

一九九八年七月於溫哥華

16 中夜風起不眠，綴句自遣

窗外殘葉隨風舞，燈下鋪紙聽更鼓；
方舟浮海已忘年，卻問歸鴿銜枝無？

一九九九年一月十九日

17 憶生平事

錦瑟無端降凌霄，（「凌霄」，另一版：「雲霄」）
聲聞無奈緣難超；（「聲聞」，另一版：「有情」）

青山他年應笑我，
天花著落白雲飄。（「白雲飄」，另一版：「魂零飄」）

一九九九年五月十日

18 中夜聽雨——迎七四自壽

死灰撥復燃，槁木新芽探；
塵緣何能了，怎奈春來晚。

龍年初五晨三時

19 長夜——憶故人

長夜漫漫何時旦，大地繽紛待靜觀；（另一版：「正待看」）
繞樹三匝忍遠飛？只求寧靜一書案。

20

日蘊七色，直道崎嶇；
執象以求，咫尺千里。

單雲臨宰，無待佳容；
盈虧圓缺，空中水中。

*編者註：一九九九年元月三日，楊正昭醫師伉儷府上宴客（座上有趙教授、蕭欣義教授、談姐和筆者）。餐畢，見趙師獨坐角落，隨手以餐巾紙寫下此作，我求取保留。

21 The Loreley 蘿蕾萊

I wonder why I am so weary,
What's making me so depressed.
It must be the tale old and dreary,
That's keeping my mind quite obsessed.
為什麼我這樣困乏無力？
是什麼令我這樣心慌意亂？
一定是那令人黯然神傷的古老故事
在把我緊緊地纏！

The air is cool, night is sinking,
And quietly's flowing the Rhine.

The tops of the mountains are blinking,
In purple red sun-setting shine.
夜幕漸沉，空氣清涼，
萊茵河水在潺潺蕩漾。
兩岸聳山，峰巒在暮靄中閃，
絳紫的霞光簇擁著夕陽。

There's sitting high in the light,
A maiden so beautiful, fair,
Her jewels are glistening bright,
She combs her golden shimmering hair.
河水上空的光芒裡，
坐著一位美麗純潔的姑娘；
她像精金美玉那樣明亮，
獨自梳理著金髮，何等安詳。

Her comb is of most precious gold,
She's combing and singing so sweet.
Bewitching young fishers and old,

Their hearts start to quiver and beat.
金梳和金髮成輝相映，
她梳著頭髮，還把甜美的歌來唱；
無論是青年、老年的漁夫都被迷住，
一個個心隨著歌聲顫。

There's a man in his boat on the river,
He cannot but listen and stare,
A longing is making him shiver,
Look out, the rock's edge, Oh, beware!
有個青年駕船來到河中央，
聽見歌聲，不由得出神向天空看；
無名的渴望使他激動發抖。
啊呀當心！小船正向著礁石撞！

I fear there's a crash, the boat sinking,
The man will be swallowed and gone,
And that with melodious singing,
The Loreley will have done.

轟隆一響，小船觸礁沉沒影，
青年被河水吞噬去無蹤；
姑娘的悠揚曲調依然蕩漾，
啊！蘿蕤萊！那迷人的姑娘！

——By Heinrich Heine海因利希・海涅

*編者註：一九九九年聖誕節前夕遊萊茵河畔，讀海涅這首英文詩，學養太淺，讀不出滋味，請趙師閒暇時譯成中文。果後，他寄來的譯詩讀來比原詩更有滋味。趙師曾說：「譯即作也。」故將它選入詩作集。

22

去冬少雪，今晨補足，踏雪行古寺外，如在梵谷畫中，歸聽貝九，得句。

迷濛春雪遲，陌野迎一癡；
乃知夕陽好，正是發奮時。

二〇〇〇年三月初

這裡所說「發奮」，是因返京事，十有九不成，而指自己要精神發奮。寫這幾句，藉此問好。

23 因緣

老伙伴的眯笑，雙眼和灰白頭髮裡，
藏著時代的甜鹹辛辣和酸苦。
一朝又一朝，一夕又一夕，我們歡樂地把時代和歷史細細嚼——
然後在雲海關山的兩端，
再把這濃縮的日子慢慢反芻
踏進家門時，別驚醒鞋上的異國塵土，讓我多享受一會它們的幸福。

二〇〇〇年九月二日

24 迎七五自壽

油鹽糖醋敢沾邊？浮生未了怪墨緣；
提腕握管行顢跚，所樂何事已忘言。

二〇〇一年二月十一日

七五自勉（另一版）

四體力耕不敢閒，長道漫浩隨墨緣；
提腕握管行顫跚，所樂何事已忘言。

二〇〇一年三月五日

25 辭歲感懷

年屆耄耋暗自羞，煙塵歲月幾蹉跎；
江東父老無顏告，弩馬豈奈秦皇何。
綱鑑縱讀盡劍峰，瞬間便釀淚婆娑；
詎料橫看皆詩篇，落地鏗鏘鬼神嘯。
酸甜苦辣俱往矣，舊事入夢三生擾；
多賞小花少看報，免惹煩惱早睡覺。
幸得老伴相扶持，朝夕切磋拈花笑；
天旋地轉關山遙，赤膽空拳迎明朝。

二〇〇七年初冬

寄北二首

一

重吟古道照顏色，壯士田橫魂未泯；抵死鬚眉輕聖旨，先生膽氣貫長津。
攀龍終被千夫恥，易象偏扶五柳春；窗外夕陽紅欲墜，悲歌一曲湧蒼垠。

二　庚辰感事兼奉致遠先生

錚錚脊骨認霜痕，榮辱渾成過眼雲；薊北塞翁能失馬，川東鐵腕敢揮軍。
百年人物存公論，四海聲名枕劍文；月黑風高桑梓夜，錐心血草已殷殷。

應海外友人沈致遠先生、李懷宗女士囑為趙（復三）、丁（偉志）、李（慎之）三公治石，並附拙律，以寄欽挹云耳。

——曾元超（重慶治印名家）

*編者註：〈寄北〉二首和三印章是趙師寄的。「一」詩是曾先生贈趙師。

七、母親

1　母親教我的歌

（【美慧，這是寫給侄女們看的。兼此問好。復三】——編者按：這幾個字是趙師手寫後加上。）

很久以來，一直想寫一點對母親的懷念，尤其想到大哥、二哥都已不在，只剩下四弟和我兄弟二人，更覺責無旁貸。但心裡總是有無數的事情，等著去辦。昨天上午搬完家，晚間大雨，今晨繼續秋雨滂沱，幸虧昨天把要做的事情都做了，早晨坐在書桌前，望著母親的照片，聽著孟德爾遜的〈無言之歌〉，心靜下來，這是回憶母親的最好時候，心緒隨著樂曲，想這想那。

(1)　愛的教育

三十年代前半，在已經烽火警報的時候，我讀的還是冰心的《寄小讀者》、凌叔華的《小哥兒倆》，還很喜歡讀義大利作家亞米契斯著、夏丏尊翻譯、開明書店出版的小說

《愛的教育》。其實在這小說出版之前，我們家裡幾個孩子老早就生活在母親的愛的教育之中了。我小時候，比大哥、二哥都淘氣，大概像一棵瘋長的小樹，枝枝杈杈，不規則地，四面八方亂伸出去。因此總挨母親說。從幼稚園時起，一聽媽叫我到她跟前去，就知道要挨說了，走到媽媽眼前，先一頭扎到媽媽腿上，一動不動，頭也不抬，等著媽媽說我的不對。媽媽再怎麼慢慢說，最後還得結束，問我：「媽媽說的，你聽見了嗎？」我鑽在媽媽腿間，頭也不抬，甕聲甕氣地說：「聽見了！」「記住了嗎？」再甕聲甕氣地回答：「記住了！」等到聽見媽媽說：「去玩吧！」一抬頭，一溜煙跑出門去玩了。惹媽媽生氣的時候大概不少，媽媽最生氣的時候，就說：「媽媽不要看見你！」那就是說，媽媽不喜歡我，不要我了。我再不對，媽媽怎能不要我呢？我就「嗚嗚」哭著自己走上樓，一邊上樓梯，一邊還要把樓梯跺得響點，給媽媽聽。然後在堆東西的小屋裡，坐在小板凳上「哇哇」地哭，一直到媽媽上樓來叫我，才出去；心想，最後，媽媽還是得要我，所以還是我贏了。但是媽媽有媽媽的打算，就是要叫我知道，做錯了事，媽媽絕不會沒看見，錯了就是錯了，也不能強嘴，更不能「講大話」（廣東話裡，「講大話」就是說謊）。在幼稚園，剛剛想這想那，有了自己的主意（或者叫它「自我意識」），媽媽就把是非意識放在我裡面，讓它和我的自我意識一起生長，一想到自我時，就同時想到自己是對還是錯。媽媽就是這樣來愛我的，使我的尾巴翹不起來（也還會有忘乎所以的時候）。

五歲那年，家還在南市。一天，媽媽帶二哥去小菜場買菜。回來後，拿著半籃雞蛋，都碎得流黃，媽媽還很高興。然後，媽媽就講去小菜場的故事。到那裡，看到一個鄉下來的雞蛋小販，蹲在地下哭。原來警察剛剛來過，因他沒有錢給警察，就把他的兩大筐雞蛋都踢翻在地。二哥看見那老鄉哭，自己也哭了，拉著媽媽，要媽媽打算買菜的兩塊錢都給老鄉。媽媽把錢都給了老鄉，老鄉過意不去，要把地下還能拾起來的碎雞蛋放到媽媽的菜籃裡，媽媽就回來了。講完這故事，媽媽望著我，告訴我說，要學二哥哥。以後，媽媽還不止一次地說這件事，說二哥忠厚。那時，我不懂「忠厚」是什麼意思，只知道二哥做的是媽媽喜歡、媽媽看為最好的；二哥哥比我好，要學二哥哥。直到現在，媽媽的話還是我的信條；對「忠厚」，我現在能體會到的一點是，「忠」就是心裡總想著受苦的大眾，「厚」就是對人要「寬厚」，這是二哥的印記，是我要學的。在他，這些是天生的，在我則是要努力學著去做才有的。這就是二哥和我不同的地方。

一九三四年搬到天津後，弟弟慢慢大了。我們一起玩，他一哭，媽媽就說我。有一次，把我也說哭了，怪媽媽不問對錯，光責備我。媽媽說：「你是哥哥啊！哥哥就要讓弟弟！」這是最高的道理，說到這裡，就不需要再說別的了。下一次，我和哥哥吵嘴，媽媽先說哥哥，然後又說我，我不服氣說：「怎麼還說我不對？」媽媽說：「你和哥哥吵嘴就不對！」這是弟弟對哥哥的最高道理，也不需要再說別的了。有了哥哥處處讓弟弟和弟弟時時尊重哥哥的大道理，吵嘴的小事就自然消失了。我們弟兄四個，就是這樣從小學習彼此相愛的。媽媽怎樣教我們，她自己也不會總記得。後來鄰居問媽媽：「你家四個公雞頭（男孩子），怎麼從來不吵架呢？」媽媽也回答不出，只說：「我也不知是怎麼回事，他們生來就不愛吵架。」

在媽媽看來，最重要的是做正直的人。我剛上初中一不久，跟著同班同學去看「蹭電影」，就是在電影院中場休息後溜進去，不買票看半場。回家晚了，媽媽在廚房正忙著做晚飯，問我怎麼回家晚了。我就告訴媽媽是怎麼回事。媽媽一邊繼續做手上的事，一邊像平常說話一樣，告訴我，這樣做不對，不論做什麼事，一定要守規矩，要誠實。下次再也不要這樣做了。我本來覺得沒有什麼了不起的事，沒有想到，媽媽把這事看得這麼嚴重。因此就牢牢記住了，不僅不再看「蹭電影」，而且再也不做任何投機取巧的事情了。

母親關心孩子們的品質，對孩子們的工作，卻從不發表任何具體的意見。但是我終於獻身教會，她心裡是高興的，因為外公、外公的父親都是很好的牧師。母親曾說過。外公去世後，香港全城的人都來弔唁；她對外公很尊敬，這是我知道的。對我在外公之後五十年又獻身教會，她不說什麼，卻一直在關心地注視著，或許有一點「一則以喜，一則以懼」的心情，因為她深知信徒對牧師的期待和要求，做一個好牧師有多麼不容易。記得是五十年代，有一次和母親坐在一起，她問我：「你是不是有點孤僻？」我知道母親是用這個問題提醒我，推動我省察自己。母親說的是對的，而且比她所指出的更為重要的事：提醒我要時時省察自己。誰的話也沒有母親的話那種力量。

(2) 美的感染

在我記憶裡，母親年輕時，在家裡常常自己唱歌；其中我記得最清楚的事，在上海古柏里住的時候，那時我在小學二年級。傍晚回家，母親從樓上下來，一面走，一面唱著〈夕陽西下歌〉，歌聲那樣柔和。母親並不是唱給我聽的但是，我都聽見了；母親沒有教我，但是，聽她唱，我就會了。一直到現在，每次聽到德沃夏克的〈母親教我的歌〉，就會想起兒時是怎樣從母親的歌聲中學的，德沃夏克那首歌曲的歌詞，不知是誰寫的？我沒有特意去記，但它卻黏在腦海裡，不時湧上心頭：

當我年幼的時候
母親教我唱這支難忘的歌
在她晶瑩的眼裡
閃爍著淚光。

如今我教我的孩子們
唱這支難忘的歌
不知什麼時候
淚珠流下了我的臉龐。

德沃夏克譜寫的樂曲就像歌詞那樣單純質樸，但它的每一個字、每一個音符，就像刀刻的那樣，刻在我心上。年輕時，不懂得怎樣的音樂是好的音樂。家裡有浮爾第（編按：台灣譯名為威爾第）的歌劇《Aida》（《阿伊達》）的〈凱旋進行曲〉唱片，不知怎麼，每聽音樂的時候，好像母親總是在很近的地方。她對我放的唱片，一聽就知道，就說：「這是……。」記得還有一個她喜歡聽的樂曲就是浮爾第的另一歌劇《茶花女》中男女主角的二重唱。有的樂曲，她即便不熟悉，但一聽，就能說出她的感受。如Mascagni（馬士康尼）的歌劇《鄉村騎士》（*Cavaleria Rusticana*）中的〈間奏曲〉（Intermezzo），母親一聽就說：「這好聽。」母親的評論既支持了我去愛好音樂，又使我擴大了欣賞音樂的領域，知道其中有壯麗的美，也有清秀的美，還有最淳樸的（以自然音階表現的）美。後來讀到英國詩人濟慈（或是雪萊？）所說：「聽得見的旋律是美的，而聽不見的旋律卻更美。（Heard melodies are beautiful, but those unheard are more beautiful.）」《莊子》裡說：「天地有大美而不言。」「澹然無極，而眾美從之。」覺得很自然易懂，因為母親就是這樣的。

(3) 知識融化在生活裡

母親從不曾說過她是什麼學校畢業，她從不曾覺得這是值得一提的事情，對孩子們來說，媽媽就是媽媽，是獨一無二的一格，和社會其他的許許多多格子是不能相提並論的。但是，自己年紀越大越覺得，母親的知識算是驚人地廣博，而且都融化在她的生活裡，成為她的生活的一種味道。小時候，並不問媽媽，她多大年紀。有一次說錯了，母親就說：「父母之年，不可不知也。一則以喜，一則以懼。」然後解釋這是什麼意思，以後我就記住，父親、母親都是一八九二年出生的。「不亦樂乎」是她用作詼諧場合的口頭語，以後到初中一讀《論語》，讀〈學而〉章第一句，就覺得「似曾相識」，覺得《論語》、文言文都很親切啊！母親一生就是「相夫課子」，但是，她並不把傳統看作神聖不可侵犯的偶像。和她同年齡的夫人朋友們，幾乎都是纏小腳的。母親則給我們講，外婆年輕時（是十九世紀六十年代吧？），越是體面人家的女孩子越要纏腳，不然找不到「老公」（丈夫）。外婆被迫纏腳後，腳疼得不能走路，只能跪在地上，靠膝蓋走。她從那時發誓，將來自己如果有女兒，絕不讓女兒纏腳。因此，姨媽和母親才能保留天足。傳統裡有好的，也有壓迫人的；要分析，要區別對待。這些道理，在母親看，都是日常生活中的道理。

大概是五歲的時候，母親教我唱廣東的民謠：「月光光，照地堂⋯⋯。」還有廣東話裡許多俚語、幽默話，到現在還能記得。以後又學以英文二十六個字母編成的小歌，以後又學英語中的數目字，然後學英文的小韻句：「One, two, three, four, five; I caught a fish alive. Six, seven, eight, nine, ten, I let it go again.」、「Star light, star bright, I see the star to-night. I have a wish, I wish to-night.」還記得母親講到吝嗇的人時，就講從前有個吝嗇鬼借錢給人，借約上寫，到期不還，就要割借錢人的一磅肉還債。借錢的到期時真還不出，吝嗇鬼要割他的肉，為此上了法庭。法官同情那借錢的窮人，裁定吝嗇鬼按借約規定割肉時不准流血；因為借約上面沒有說，可以流血。母親講故事，我總聽得津津有味。以後讀大學時，才知道母親講的就是莎士比亞的《威尼斯商人》。

母親還是一部生活百科全書。廣東人是天生的烹調家，母親不但可以做一整桌廣東菜，還不斷學做可以較長期保存的食品，學做蛋糕點心。從南方到北方，她又學做各種麵食。除去全家一天三頓飯外，孩子的許多衣服，都是她自己做的；毛衣，都是她利用晚上的時間，一針一針結的。小時候不舒服，有沒有生病，只要媽媽摸一下額頭，就知道了。生了病，要緊不要緊，需不需要看醫生，媽媽都有數。連臉上生個癤，不需要抹藥，用唾沫一天塗幾次就會好，母親都知道。記得母親教我時說：「你看兩隻狗打架以後，狗都知道用舌頭舔被咬傷的地方，因為唾沫就是最好的藥。」從狗打架都可以學到對人有用的知識。大概也是因此，母親並不覺得孩子在學校每年考第一名有什麼值得重視的，只不過是每年一度的場合，提醒孩子不要驕傲而已。

母親結婚以前在學校做事，結婚以後，陸續有了三個孩子，從此一直是個家庭婦女。對於社會，她關心的是公眾的事業，而不是個人榮譽。在她嘴裡，廖仲愷、何香凝是她敬重的人，提到這兩位時，不知是否因為外公和孫中山先生的情誼關係，還有一種不言而喻的親切口氣。她的八個哥哥，有的做大官，有的是大商人，有的是醫生、工程師；她對為官、經商的哥哥偶爾說到，只是作為親人，平素也沒有來往；真正最親的是姨媽，以及姨媽一家（姨丈、表姐、表哥們都是醫生），還有九舅父（本來是醫生，後來專攻中國醫學史了）。這對我們弟兄四個有一種無言的、卻是決定性的影響，就是尊重知識，刻苦讀書，一步一個腳印，踏踏實實做事，憑自己本事吃飯，不靠任何社會關係。不知不覺地，這成為孩子們的知識觀、價值觀、道德觀，也是人生觀了：知識不僅僅來自書本，更重要是來自生活；知識不是只為了吃飯，更重要是為了做人；知識不是僅僅和物質世界連在一起，更重要的是和精神世界連在一起；知識不是裝飾身體的孔雀毛，用來炫耀的，是要融化在生命裡的。這些話，她都沒有說，但是通過自己的生活，她都教給孩子們了。

(4) 勇敢堅韌的榜樣

這次搬家，使我想起從前跟母親搬家的情景。一九三二年一月二十八日，日軍進攻吳淞，我的老家溫藻濱就是那次被日軍砲火夷平的。日軍飛機還轟炸上海，商務印書館的涵芬樓圖書館被炸起火，燒成灰燼的書頁，像雪片那樣，從天空落下來。父親還要去銀行上班，母親帶著我們三個孩子（那一年，大哥八歲，二哥六歲，我五歲），把衣服包袱放在黃包車上，人跟在後面，擠在潮水一樣的人群裡，從南市逃難。我們還算是幸運的，可以住到法租界去。一九三三年，父親被銀行從上海調往南京，全家又跟著搬。父親先去南京預備住處，又是母親帶著我們三個孩子搬家。一九三四年，又從南京搬往天津，又是母親帶著我們搬（那時四弟即將出生，正是母親最辛苦的時候）。母親彎不下腰，就教我們把鍋碗瓢盆，大件小件，用舊報紙包好，一一放進木箱。南京的夏天，又悶又熱，母親滿頭大汗；累了，挺直腰，在硬椅上靠一下，又接著收拾。晚上她躺下，叫我給她捶捶腰，這是我喜歡做的；捶得太輕沒有用，也不能捶得太重；捶到痠痛的地方，她會喊出聲來：「唉育哇！」第二天，又照樣接著做。就我記得的，母親從三十歲結婚，此後五十年搬了七次家。最後一次是她七十九歲時，在文革中因「黑五類家屬」，被迫搬到一間朝北的小屋。那時她腿已無力，在室內走路也要拄杖，搬家時又跌一了跤。從此只能臥床，再也不能起來了。人一天天消瘦下去，只有眼睛，還是那麼明亮、善良。

我常常恨自己，沒有把和母親在一起的最後日子裡，她對我說的都記住。只記得，一九六九年深秋，被從牛棚裡放回家，收拾行李，待命去河南五七幹校，有幾個月和母親相依為命地一起生活。那時，大哥已去世，母親已七十七歲，獨自一人已經過了三年。每次吃飯，我都注意著，不提家裡任何別的人，免得母親難過。有一次母親問我：「去幹校要去多久？」從小，母親就教我們「不可以講大話」（廣東話裡，「大話」的意思就是「謊話」），我只能低聲告訴母親說：「不知道。也許要一輩子在那裡。」母親默默地望著我，嘴唇動了動，彷彿想說什麼，又沒說出來；又像在問我，打算怎麼辦？那時候，一般人除了有去死的自由外，對於「生」，能有什麼自由，去做自己的打算呢？只能如實告訴母親：「我這一世，做人已經做完了。」母親聽我這樣說，難過地嗚咽起來。她一生，不論做什麼，總相信冬天去了，春天會來；相信行善必有善報；真如《聖經》所說「凡事相信，凡事盼望」。我真不對，怎麼竟對母親說自己做人已經做完，觸動母親生命中的確信和希望呢？我才四十三歲啊！這不是太傷母親的心了嗎？於是，趕快安慰母親，我會好好過下去，將來不論到哪裡，都會接她去的。其實，這只能說是我的心願，我也不知道前途會怎樣。但在文革那最黑的黑夜裡，只要心裡還能有一點願望，那就說明，心裡還是活的，還有使人得以生活下去的力量。母親要的就是這一點生活的力量啊！她是相信並且希望再看到許多個春天的，這是她終生的信仰。

從小，母親最愛看幾個孩子游泳或滑冰回來，狼吞虎嚥似的吃飯。從牛棚放出來，母親還是愛看我吃飯。有一次，她像是想起一樁大事那樣地問我：「你關在裡面，肚子餓時怎麼辦？」我沒準備她問我這個問題，只想不要叫她難過，於是就左手捏個拳頭，把豎起的大拇指塞進嘴裡，像小孩吃手指頭那樣說：「就自己吃吃大老哥（廣東話稱大拇指為「大老哥」）唄！」母親被我的模樣逗笑了。那是她從六六年文革時起直到一九七一年去世，唯一的一次笑。那不是普通的笑，我覺得一輩子虧負母親的地方，母親在她的那一笑裡都原諒了我。這是文革十年裡，我心裡最輕鬆的一剎那。常記得母親問的這句話，還因為這是只有母親才會想到的問題。她心裡大概想的是：「孩子沒有母親，餓了怎麼辦？」她時刻想的是，能為孩子做點什麼；即便在文革裡，自己被劃成「黑五類家屬」，什麼也無能為力的時候，還是這樣。一次，她遺憾地說：「我和你爸爸身體都這麼好，怎麼你們身體卻不好呢？」她已經七十八歲了，還想著，沒有能力把自己一切最好的都給孩子，引為她的遺憾。這就是母親的心。有不少次，我陪母親坐著，從下午坐到天黑。母親不說什麼，只是望著窗外的天空，彷彿在想什麼，大概她不明白，天和地怎麼可能顛倒過來？她也不明白，自己一生沒有做過一樁對不起人的事情，怎麼路越走越窄，日子越過越難呢？如果能叫她明白，她有什麼罪愆，她會俯首接受的。她會說，願全家的罪，都歸給她。但她的問題沒有得到解答，我也沒有力量解答她心裡的疑惑。我們能做的只是抓住能夠有的時間，偎在一起。她曾親眼看著心愛的忠厚的老二在三十九歲時為人民而死，她又親眼看著千辛萬苦撫育大的老大，在四十七歲時，在文化大革命裡不明不白地去世；但她始終默默地、勇敢堅毅地活著。文革時期，關在牛棚裡，我常心裡默默地唱韓德爾《彌賽亞》合唱曲中的一段女高音獨唱〈我知道我的救贖主活著〉。現在，我仍然在心裡唱這首歌曲，知道母親還和我小時候一樣地看顧著我。

天主教徒信奉聖母，我也有一位聖母，就是母親。我就告訴母親：她怎麼活，我也照她的樣子活。

二〇〇〇年九月十八日

2 祖國萬歲

離十二月二十五日只有一天半了，這裡家家戶戶都在忙著過聖誕節，這是家家戶戶，親人團聚的歡快節日；我們也一樣，為孩子們準備聖誕禮物，一份一份分好，一家一袋分好。在我心裡，聖誕還有另一個節日，那就是：這一天也是母親的生日。母親出生於一八九一年十二月二十五日，若沒有這一天，就沒有母親，也就沒有我這個人。如果母親還活著，今年她該一百一十六歲了。不幸她只活到七十九歲。更不幸的是，她付出自己的心血、生命，千辛萬苦撫養了四個兒子，大兒子才活到四十七歲，在文革中不甘被誣特務而自殺了，死時母親在他身邊；但那已是第二次，「白髮人送黑髮人」了。二兒子只活到三十九歲，一九四九年他從燕京大學畢業，志願到艱苦的阜新煤礦去工作，為搶救大躍進中煤礦瓦斯爆炸被埋的工人而犧牲了：那時，母親和二哥住在一起；那是一九五九年，她親自送走了為祖國人民犧牲的孩子。到一九六七年，文革「清理階級隊伍」時，二哥被定為「美蔣特務」，予以「挖墳碎骨」：把他的屍骨，從墳墓裡，一塊一塊挖出來，拋到牆外。那年，母親七十六歲；此後二嫂也酗酒自殺了；兩個侄女，都在稚齡，從此成了孤兒。一九七一年母親去世時，排行老三的我和四弟——母親的第四個兒子，都不在身邊（四弟自五九年珍寶島中蘇戰爭後隨工作內遷，斷了音訊）。那時我被定罪是「證據確鑿、長期潛伏的美蔣特務」，在鄉下勞改，繼續交代罪行；翻山越嶺，回到北京，媽媽癱在病床上，在告別時，母親把瘦得只剩皮包骨頭的手放在我的手心裡，用微弱沙啞的聲音，對我說的最後一句話是：「我想哭，但是我的眼淚已經哭乾了！」

那像是昨天，可是媽媽去世已經三十六年了。她還像從前一樣，活在我心裡，的的確確像從前那樣，還和我說話；和母親在一起，看媽媽的臉，好像瘦了一點，媽媽卻對我說：「你不要再胖了。」我們說的是廣東話。

晚上，坐媽媽身旁，我問媽媽：「你的生日到了，我能給你買點什麼呢？」媽媽說：「什麼都不要，只要你在媽媽身邊坐一會。」我說：「我不是就在你身邊嗎？」媽媽說：「我要你靜下心來，坐一會。」我說：「媽媽，我想做點叫你高興的事情。」媽媽說：「你也這麼大歲數了！我沒有什麼需要你做的。可是，我總想聽你說說，你這一輩子，忙過來、忙過去，到底忙了些什麼？」我說：「做事啊。」媽媽問：「看你天天忙，到底，你做了些什麼？」我對媽媽說，我接著太公和外公，做牧師，栽培年輕人，一心向善，一心向上；直道而行，愛人助人；和病重的老人一起禱告，預備平安歸天；為年輕的情侶主持婚禮，祝福他們成為一體。四九年以後，秉著太公、外公的心願，參加中國基督教自治、自養、自傳的三自愛國運動，把基督教從「洋教」變成中國基督教，為教會陪養中國人當牧師。以後，到科學院向中國知識界、文化界介紹：人為什麼信仰宗教？基督教和別的宗教有什麼不同？怎樣回答人心裡的問題？基督教和西方文化怎麼結合？基督教在西方的兩千年歷史、在中國一千三百多年歷史，用簡單的語言說出來……」媽媽說：「這些，別人不也在做嗎？我想知道，有什麼是你自己和別人不同的地方？」我說：「恐怕沒有。」媽媽問：「你是說，你對祖國沒有一點貢獻？」我說：「我是努力想做出一點自己的貢獻，可是，又不敢妄想能有多少貢獻。」媽媽接著問：「你說你不敢想對自己的祖國做點貢獻？」我不知該怎麼回答，心裡知道，媽媽問我時，多麼希望聽到孩子說出點什麼；可是文革裡批鬥我，說我不僅是圖財害命的「迷信職業者」，還是特務，我怎麼說呢？

就在我遲疑、不知該怎麼說的時候，母親追著問：「你說呀，和媽媽還不敢說嗎？」我遲疑地說：「為祖國，我做了一件事，就是站起來，對用人民解放軍出動坦克，亂槍殺害平民，鎮壓要求改革的和平學生的鄧小平說：『不！我不幹！』為此，中國全國人民代表大會常務委員會做出決議，說我違反中國憲法和法律。進駐中國社會科學院的當局譴責我，中國基督教三自愛運動委員會做出決議，開除我的職務。鄧死後，我四次要求重返祖國，都被中國當局置之不理。」媽媽說：「你不幹的是政府的事，可是，你為祖國人民大眾，就沒有做點什麼嗎？」我只好回答：「我按照小時候媽媽教導，為祖國做了按照良心該做的一件事。」媽媽說：「你只是消極地說自己『不幹』，並沒有做什麼；我要問的是：為祖國人民，你在正面做了點什麼？」我以最快的速度想來想去，只想到一個願望：我願望中國人多瞭解點世界，世界能多瞭解點中國。那是離國十八年，推動自己在大學介紹中國歷史文化，翻譯《歐洲思想史》、馮友蘭先生的英文著作《中國哲學簡史》、參加翻譯馮友蘭先生《中國哲學史新編》的動力。媽媽像是看透了我的心思，說：「你想做的，你並沒有做完啊！」我想，媽媽說得對，我不能停頓，應該繼續做下去。

我覺得，媽媽對我決心今後不停步、努力走下去，大概會有一點滿意，也許不會再問我什麼了。可是，媽媽嘆了口氣，像我小時候，她總說我的那句話，又說一遍：「奈哽懵蓋（你這麼傻）！媽媽問你，你向祖國貢獻了自己的什麼？」

我才明白，媽媽問我的，不是我做了什麼「事情」，而是問我，從自己心底最深處，獻出什麼來給祖國。我這才明白。望著母親，我說：「我把內心最深處、天天期盼渴望和祖國親人重聚的一顆心挖出來，獻給了祖國。」

這是今天，母親生日的前夕，望著母親，我所說的話。

二〇〇七年十二月二十四日晨三時半

八、回憶父親

從電子郵箱收到侄女們從國內、從美國發來，為父親節問好的信，使我想，我已經沒機會向父親問好了，只能以回憶來代替。做兒女的，通常對母親的感情深厚些，這是自然的，我也是這樣。但是懷念父親也同樣是自然的；想寫下來，是因為他或許可以作為二十世紀上半葉受西方文化洗禮的中國知識分子的一員，在近代中國歷史的長畫廊裡，留一幅風俗畫式的速寫像。

1　農民出身的洋派知識分子

祖父是長江口吳淞鎮溫藻濱的一個農民。小時候（三十年代初，我五、六歲的時候）還曾見過他，那是他到上海來看兒孫，身材和父親差不多，比較瘦，上唇上面留一點短鬚，說話有點囁囁嚅嚅。那正是一九三二年一月二十八日，日本海軍陸戰隊進攻吳淞，炮火把溫藻濱炸平燒光的時候。溫藻濱老家還有五叔陪伴祖父，經濟狀況大概不好，每次來，總是希望兒子給點接濟，還總帶一罈酒釀；我只記得坐在公公腿上玩。大了以後，讀魯迅寫閏土時，就會記起公公。

聽父親講，祖父本來是一戶中農。清末修建中國第一條淞滬鐵路時，把祖父的田徵購了。祖父得了一筆錢，跟朋友到上海去玩了一趟，把錢花光，還學會了吸鴉片。再回到吳淞，只能租田來種，當個佃戶。到生下四叔時，自己家養不起，只好送給人家；家裡常常沒有吃的。祖父到上海一趟，到底還有一個收穫，就是開了眼界，懂得了將來的世道，孩子不讀書，就沒有前途。

父親是老大，祖父一心支持父親讀書，也是很不容易的。記得父親說起，一次學校要收兩毛錢書本費，父親回家告訴祖父（那時祖母已經病故了，祖父窮，沒錢續娶）。祖父從床褥下面摸出家裡僅有的兩毛錢，告訴父親：「這是預備家裡買菜的錢，你拿去交書本費吧。」不到秋收，家裡哪來現錢呢？全靠養幾隻母雞，下蛋以後，存夠一籃，拿到吳淞鎮上賣給有錢人家，一塊錢一百個雞蛋。學堂離家有一段泥路，進學堂要穿鞋；遇到下雨天，就把鞋脫下來，夾在胳肢窩，打傘光腳走到學堂門口，把腳擦乾，穿上鞋再進去。

好不容易，讀到小學畢業，那時一九〇七年，父親十五歲。正好縣裡土地局招收丈量員，每個月薪水有十六元大洋。祖父要父親去報考做事，掙錢幫助家裡。父親卻一心想再讀中學，一個人跑到上海，到南洋公學（後來上海交通大學的前身），求校長收他在學校做勤雜工，半工半讀。校長姓黃，是個好心人，就把父親收下了。一九一一年辛亥革命，父親去參加革命軍，當了一名看護。沒有多久，革命又煙消雲散了。父親也就回到南洋公學，繼續讀到畢業，那是一九一二年。北京清華學堂辦留美預備班，父親去應考，竟被錄取了。父親在留美預備班學生當中，年紀大，又要從每個月公費裡省出錢，接濟三弟（我的三叔）讀書，生活拮据，窮學生只有苦讀書。當時成績好的學生多半讀工科、理科，父親數學讀得很好，想念土木工程；但是，工科不僅教科書貴，還要畫圖，需要專門的圖畫紙、筆、墨水，樣樣都貴；父親讀不起，只好改讀企業管理。一九一四年赴美，進了匹茨堡大學。一九一九年回國，正是五四運動的一年，父親到中華職業教育社辦的中華職業教育學校當校長，前後做了十一年。中間於一九二二年和母親結婚；一九二三、一九二五年，大哥、二哥出生；二六年我出生。童年最早的記憶是三歲半進幼稚園，父親的朋友陳鶴琴先生來看望父親時，送了一些他編的兒童讀物，圖畫為主，文字為輔，這是我翻得爛熟的最初讀物了。

當校長是清苦的，難以養家。父親最後還是靠中學同學錢新之幫助，一九三一年初進了上海四行儲蓄會（由所謂「北四行」的金城、鹽業、中南、大陸四家商業銀行合辦，總行設在上海），當個副經理，一九三四年調到南京（四弟在寧出生），一九三五年調到天津，一直做到一九四五年抗戰勝利。當時天津有八國聯軍留下的日、英、法、義等國租界，還有這些國家的駐軍，還有一批外國商人，如在天津管理經營著英國開灤煤礦、井陘煤礦的商人，還有外國人辦的電力、電車公司，外國洋行、銀行、商店、酒店、學校，教會等。住在日租借的還有清朝的遺老、遺少，住在英租界的還有軍閥時代的副總統、下台軍閥，靠洋人吃飯的買辦，經營一些麵粉廠、玻璃廠、水泥、毛紡等工業的中國商界人士等。抗戰前，家裡經濟比較寬裕；一九三七年日軍侵華，占領天津以後，尤其到一九四一年日本發動太平洋戰爭後，天津經濟凋敝，奄奄一息。在這樣一個社會環境裡，父親一無可資誇耀的家世背景，二無分文祖產，三是自己又清高孤傲、個性耿直，不是一個長袖善舞、會拉關係的人；即便在歐美留學生中間，也沒有見到他有一個經常往來的好朋友。每天到銀行上班，無非是想法囤積點麵粉、布匹，賺錢維持家庭生計，晚上在家裡來回獨步，不時嘟囔一句吳淞罵人的土話「儂隻豬玀」，大概日坐愁城，覺得沒有一件叫他順心的事，星期天就整天在家睡大覺。

抗戰勝利後，有一段時候，八路軍解放張家口，父親不知經由什麼關係，暗地去張家口訪問。據父親後來說，見到聶榮臻。當時主持華北城工部的劉仁，要他留在張家口，他說不行，因為還要養家，只答應掩護派到天津的城工部人員，住在天津家裡。後來的確掩護了一位李子方同志在天津家裡住了一年多（四九年春，父親到北京，劉仁還抽時間看望他一次）。抗戰勝利後，父親曾到東北做糧食生意，在瀋陽開過一個糧棧，自己當總經理，也當工人。但是他這樣一個留洋的銀行副理，國共內戰緊張時期，隻身瀋陽經商，引起國民黨「東北剿總」特務們注意，找他「談話」，叫他離開。他只好在一九四八年撇下那個糧棧，回到天津困居，直到天津解放。四九年，他已五十六歲，卻還希望進華北革命大學，因為已經超過五十五歲，未被接受；此後他沒有做任何的事情，直到一九五六年因心臟病去世。

有一次和三叔閒談，三叔說：「你父親是很想做一番事業的人。」但是，他求學時期艱苦奮鬥，以後當了十幾年校長，不得不改行從商，抗戰八年，內戰四年，家居八年，蹭蹬一生，除養家外，並無所成，這是「時也，命也」，只有為他扼腕而已。父親經常心情不好，於是脾氣也不好，母親總是首當其衝，全家都痛苦。等到自己年紀漸漸大些，比較能體會一些父親的心情，也懂得他的脾氣，是他那一代新知識分子和舊社會的衝突中產生出來的。那一代的人家庭，也隨著付出代價，這也是「時也，命也」，不必過多責備其中個人的。

2　父親怎樣教育我們

父親在事業上雖然沒有做出什麼，但是在政治上，經濟上是清白的，為教育孩子，他是殫精竭思、不遺餘力的。這裡舉的十樁事情，都是給我印象深的：

(1)　要從小學會用手勞動

記得二哥和我還在幼稚園的時候，有一次父母親都出去了，二哥把家裡的鬧鐘拆開，看裡面到底是怎麼會響的？等到拆開了，鐘也不響了，可是，父母親快要回來了。再想把拆開的零件裝進去，就怎麼也不會了。果然父母親就回來了，可是二哥並沒有挨說，父親倒誇獎了他，動腦又動手，說他將來能當工程師。我們上小學以後，父母親要求我們自己洗襪子，洗手絹；為了獎勵，洗一雙襪子給兩個銅板，洗一條手絹，給一個銅板（不發給我們，都是在媽媽那裡存著）。媽媽教我們怎樣可以把肥皂抹到襪底，然後用兩隻手搓。到底怎樣算搓好了，可以過水了呢？搓一會，就想拿給媽媽看，成不成？媽媽就說：「你可以自己聞聞，看它還臭不臭，還臭就是沒有洗好；幾時不臭了，就可以放到水裡去搓了。」在水裡又搓多久呢？又問媽媽，媽媽說：「你聞聞，還有肥皂味沒有，沒有肥皂味了，就是洗好了。」再大一點，父親買回家一批小木頭、小釘子、小榔頭，讓我們自己釘個小小板凳。釘子一敲就彎了，一不小心，榔頭就敲到手指了，好像總也做不好。但是，從此，我們家裡有了一套木工傢伙，成為我們孩子們的家當。到騎自行車後，又學修車，學理髮，學跟著母親縫被子，縫衣服扣子，補襪子，打襪底。二哥學安裝無線電，修理無線電，修理電鐘，以後自己學會修理各種家用電器；最後成了電機工程師，也幫助四弟走上學工這條路。母親還教會我踏縫紉機，做自己的襯褲；後來又學切菜，切肉，做飯。不管做得好不好，反正做什麼都不害怕，都願意學。若沒有小時候學過，現在我豈不要天天叫苦？現在呢？我天天感父母之恩。

(2) 要勇敢向前，膽大心細

小學三年級時在南京，那時我們三個大孩子身體弱，醫生建議，休學半年，父母親就照辦。這段期間，有一個星期天下午，父親帶我們去玩紫金山；起初路還好走，上到半山以後，山徑很窄，父親走在路的邊緣，一不小心，就會跌到山下看不見的地方。我們都不敢走到路邊向下看，父親卻一直走在路邊，若無其事邊走邊說話，越爬越高，到天暗下來，才想到該回家了。找路下山，走著又走迷了路；如果退回去，還要再上山。天色已經越來越暗，四周迷迷濛濛。山上有狼，據說天黑就是狼出來的時候。怎麼辦？父親走在前面探路，我們跟在後面，每人手裡還抓兩塊石頭，預備看見狼時就用石頭打狼。等到走下山，天已完全黑了。回到家裡，一邊吃飯，一邊聽父親對我們講：下山迷路時，退回去不如向前走，邊走邊辨方向，一定要膽大，又要心細。因為像是一次驚險的經歷，印象特別深，父親所講的道理也記得特別清楚。在自己一生的道路上，困難似乎不斷，一遇困難時，就會記起父親說過的話：堅持向前走，不要停步；膽要大，心要細。

(3) 學習離家過集體生活

小學四年級是在天津，一九三五年放暑假時，家裡送我們去參加基督教青年會辦的少年夏令營；那本來是為中學生組織的，母親特別去和青年會商量，才收了二哥和我兩個小學生。到煙台去兩個多禮拜，先從天津坐火車到塘沽，再乘船到煙台，在煙台住在一個中學。坐船，過集體生活，有幾十個大哥哥，會唱歌、照相、玩遊戲；在船上看海上日出，在山頂開營火晚會，這一切對我都是新鮮的；從夏令營回來，多了幾十個大朋友。一九三六年夏天又參加去威海衛的夏令營。這個夏天，南開中學的大哥哥們對日本侵略東北、華北，時常討論。我在他們中間，聽他們討論，有時還十分激動；雖然不懂更多，但是知道，日本侵略中國，我們要愛國、救國。到一九三七年七月七日，日本發動全面侵略戰爭，夏令營也不再有了，只是這個經驗，留在腦中，覺得家庭以外，集體生活裡有許多豐富內容，是可愛的。

(4) 到偏僻內地去過春節

通常家家戶戶過春節，總是在家暖暖和和，吃好的，親戚朋友串串門，大人打牌，小孩放炮仗。一九三六年春節，父親卻帶全家從天津坐火車到石家莊，再換閻錫山專在山西修的窄軌鐵路火車到太原；在太原觀光後又坐長途汽車到大同，然後坐當時叫平綏路（現在叫京包路）火車再回到天津。這條春節旅遊路線，既沒有好玩的地方，又沒有好吃的，又沒有好住的地方，純粹是偏僻內地；從太原到大同搭長途汽車，山路還很窄，司機駕駛一不小心，就全車滾下山去。坐一天長途汽車，晚間到雁北（那是山西最窮的地方）陽明堡，找到當地最大的旅館「陽明堡大飯店」，原來是一溜三間小土房；進門上炕，要飯店最好的菜，只有炒黃菜（雞蛋）。媽媽還暈車，一路又凍又累，又吃不好，睡不好，但是父親的興致卻很高，因為這是當時通都大邑的人很少去的地方。三十年後，一九六五年，我到晉中農村參加四清（農村社會主義教育運動）時，腦子裡不是空空洞洞，還有機會做一點三十年的對比，這時，父親已經去世九年了。

(5) 太陽不下山，不許回家讀書

這是整個中學時期，父親對孩子們定下的規矩，理由很簡單：身體第一要緊。放學以後，要在學校操場上玩，玩什麼都可以，如果我們放學就回家做功課，快到五點時，媽媽就會提醒：「快出去玩吧！爹爹就要回來了；看到你們趴在桌上做功課，他又要不高興了！」對孩子們的體育費用，家裡總是支持；父親的看法是：「這比花錢吃藥好。」所以，我們夏天游泳，冬天溜冰，春秋天打壘球；不僅喜歡運動，還喜歡看運動比賽，喜歡看運動員咬牙拚搏的精神，喜歡感染運動場上生氣蓬勃的氣氛；運動場像是有一種魔力，一到運動場，精神就來了。那時我完全不知道，這是古希臘人教育青年的重要部分；料想父親大概也不一定知道（因為從未聽他說起）。但是這不僅是體質教育，還是氣質教育，這是我越來越深體會的一點。

(6) 學好中英文，多讀課外書

考進中學時，錄取率是百分之五；讀完初一，我在初一的三個班裡，成績排第一。但是父親並不滿意，暑假裡請兩位老師來家裡幫我們學國文、英文。那時，日軍侵華已經一年，家裡經濟已大不如前。第二年暑假，我在初二的三個班裡，分數還是最高；父親又送我們到青年會補習學校去加強中文、英文。對我來說，中英文是靠中學（尤其中學前期）打下的基礎，開頭的基礎（中文，初中時從四書五經讀到唐宋八大家，既學了古漢語，又學了古代典籍著作，到高中再學白話文各種文體和中國文學史，這個次序令我很得益。英文，重要的基本功是字母發音準確，而後學常用短句，學文法，學修辭）；這些學得扎實一些，後面一路都省力氣。父親還支持我們讀課外的書，家裡一直訂的兩份刊物是上海的《科學雜誌》和《良友畫報》，此外還有開明書店出版的各種青年讀物，如朱光潛先生《論青年修養的十二封信》，夏丏尊翻譯義大利亞米契斯的《愛的教育》、冰心《寄小讀者》等。有時到商務買點古書，父親從未批評過浪費；大概他記得祖父對他買課本的傾家支持。

(7) 性教育

一九六六文化大革命，協和醫院裡，大哥的同事（過去政治運動中結成的冤家）寫大字報，攻擊大哥有所謂「十大罪狀」，其中一條是寫了一本《性的知識》，毒害青年。這事的由來或許要追到一九四〇年，父親請天津一所醫院的院長為我們三個大孩子講關於性的知識。那年，大哥十八歲，二哥十六歲，我十五歲。醫生所講的無非是根據醫學教科書介紹一些普通的性生理知識，我想，它所起的作用是破除了一些神祕感，把「性」放到科學、醫學的基礎上來看待。真正說來，兩性之間的關係，大概最重要的是心理關係。我們兄弟四個，沒有姐妹，所有的朋友都是男孩子，只是到了高中，才開始有和女同學的來往，非常拘謹，這是難免的。父親注意到這方面，他所做的當然有限，但在那個年代，注意到這方面的父母大概是絕無僅有的；只要看二十六年後，大哥在協和醫院裡還為此獲罪就清楚了。

(8) 要懂得社會

父親對孩子的將來，有一個定向培養的想法：大哥學醫，二哥學電機工程，我呢？父親知道我只能學文科，他希望我懂得中國社會。每星期日就是他對我講話的時候，他講的內容都是他自己的人生經驗，例如：自己由於出身貧賤，到處被人看不起，像是運動場上百米賽跑，他的起跑點比別人靠後二十米，再咬牙努力，也還是落後；只有看這場賽跑是接力賽，一代一代接下去，只要努力，總會賽過別人。再如：他所在的銀行裡，會計主任舞弊，被他抓到，但是會計主任背後有經理撐腰，經理背後有總經理撐腰；他沒有後台，只有吃癟。再如：他看不起商業社會裡，下屬向上司拍馬屁的醜態。我當時並沒有要和父親一起跑接力賽的想法，但是從父親所說的這些，使我知道，讀完書以後，要面對的世界是什麼樣子，也給了我一個思考社會的起點，對我以後的社會生活態度有很大的作用。

(9) 學做人的操守

在天津家裡有很多安徽芜湖米市場的調查資料，也不知是從哪裡來的，也不知是做什麼用處。直到有一次，父親對我說起，他和孔祥熙是留美同學。民國初年的留美學生有一個聯誼組織叫「成志會」（C.C.H.），我曾在父親床邊小抽屜裡看見過《成志會名錄》，從未在意；這時想起大概是留學生組織。父親說，孔祥熙曾要他到南京政府做官，他考慮之後沒有接受，因為「做清官養不了家，做贓官對不起國」。他只答應孔，如有事需要他做，他可以做，至於做官則非他所能。一九三六年西安事變，蔣介石答應中共聯合抗日。蔣回南京後，為準備打仗，要孔祥熙做資源調查，但不能對外聲張。孔就把調查米存量這事委託父親去做。當時天津南開大學經濟研究所所長何廉，也是父親留美同學。有一次何廉從天津南下，父親帶著我去火車站送行。這些事，他都不講；但他講的「做清官養不了家，做贓官對不起國」，做官不值得羨慕，這是我記住了的。

(10) 支持正義的社會運動

一九三五年，北京大學生的「一二九」運動震撼全國，那年我九歲。記得那段時候，家裡有的讀物是鄒韜奮出版的《生活三日刊》（合訂本）、鄒韜奮被迫出國後寫的《萍蹤寄語》兩冊和更厚的《萍蹤憶語》，父親都買來看，把書頁看得都捲起來了。天津還有一個專賣英文書籍的「法國書店」，不知父親什麼時候從那裡買來了《資本論》，紅色封面一厚本，但是沒有聽他說過什麼，他不去做國民黨的官，也沒有留在張家口解放區，看來不是政治性很強的人，只是正義性卻很強。一九四四年到一九四六年，我在上海讀書時，參加學生運動，父親所在的銀行居然有人從上海通知父親，要父親對我嚴加管教。暑假我從上海回家，父親把這事原原本本告訴我之後，關切地囑咐我要多加小心。這不是一般父親能對兒子說的話，他的傾向性是很清楚的。同時，記得更早些時候他曾提醒我，一個政黨，總是要求黨員絕對服從；言下之意，什麼時候也不要盲從。我體會，堅持正義性，把它和政治性區別開，這是他行事為人的原則。父親是一九五六年去世的，我有時替他慶幸，想他如果活到反右派鬥爭時，說不定會被指控為右派。

上面這十件只是我記憶中最清楚的一些事情。記得同樣清楚的是父親對我們絕不干預的四件事情：政治行動、宗教信仰、選擇職業和個人婚姻。他也囑咐母親，在我們的這些事上，不要發表任何具體意見，尊重我們自己的決定。還有一樣是他堅決不做的，就是從不向孩子提出任何要求。他似乎覺得，父母對子女只是給予和支持，此外沒有別的。說父親怎樣教育我們四兄弟，當然不是說，我們就已經被教育好了。回憶這些，只是說，八十年前，在五四運動以前成長的新知識分子，有過什麼教育思想，怎樣做父親。以自己和父親相比，我很慚愧，並沒有比父親高明的教育思想，實踐上更落後於父親。寫這些，只希望二十一世紀的父親們，能在教育思想和實踐上超過前人。

二〇〇〇年七月一日

九、反思與探索——書信、日記、手札

金山抒情——敬輓陳寅恪先生

跪輓觀堂追亡靈，甘伴神洲終生定；
一介偏迎風雨摧，青史歌泣唱癡情。
失明臏足留丹心，生死度外目未瞑；
宇內環顧得一人，寒椰堂前草青青。

這次讀《陳寅恪的最後二十年》是來舊金山三週的最大收穫。常覺詩有品，書也有品，其上品是滌人靈魂的書。寫陳寅恪的後半生，不能不予人這樣的感受。顛沛漂泊之中得讀此書，如同和風浪搏鬥的小舟得到了巨錨，心裡踏實安穩。在望之藏書中又發現宗白華先生美學論文集《美從何處尋》，喜出望外。回憶一九四一或一九四二年在天津商務覓到一本《華胥社文藝論文集》，其中有宗先生〈歌德之認識〉，使我從中被引領，由詩歌、哲學去探索人的心靈。這已是五十五年前的舊事了，從此心儀宗先生，只要能找到宗先生的著作或譯述，未曾放過。常感朱光潛先生的主要貢獻在於介紹西方美學，至於發展中國美學，恐還是宗先生披荒斬棘，做出更大的功績。宗先生和徐悲鴻先生等又都是陶冶於西方藝術，而回過頭來發展中國自己的藝術。這條艱辛的路堅持到底，需要多大的內心力量！馮友蘭〈論風流〉中認為風流的內含：一是「玄心」能置榮辱、禍福、生死於度外；二是「洞見」，對人生萬事有洞察、有創見；三是「妙悟」，有對美的感覺；四是「深情」，情深而意真，真而後癡，癡得不放，癡得不自知。宗白華先生真可謂盡得風流。中國儒道釋三家的人生態度，儒家主「入世」，道家主「遁世」，釋家主「出世」。陳寅恪先生得儒家文化精髓，又有史家洞察力，而矢志追隨王國維先生之後，一生悲劇，自己選定、鑄定，這是比Sophocles（索福克勒斯）寫的《Oedipus》（《伊底帕斯》）三劇更深的悲劇。吳宓先生以Oedipus及Antigone（安提戈涅）比陳寅恪先生父女，似猶有未足之處。宗先生則似集儒道釋三家於一身，形成嶄新的美的人生[……]（編者按：最末一行被傳真機切斷）

一九九七年六月六日

人一進入一個陌生的環境，不免會有一種失落感，因為自己和周圍沒有建立起關係。說「還未建立起關係」也不全對，一個人的經濟地位就在很大程度上奠定了他的社會地位，也就是他和社會的基本關係。這是一種最基本卻又顯得impersonal的關係，以致人會以為它似有似無，從而覺得自己像是有些自由的人。從根本上說，極不自由，而在眼前一天一天的生活中，卻又像是一片空白等待自己去填充，填塞什麼就是什麼，逛大街？看電視？嚼口香糖？睡大覺？……但我的正經事是找住處。這還得等十天，到七月初才能落實，心裡再著急也沒用。這就是來舊金山第三天的感受。看LG物質生活雖很簡陋，倒也安定：有一本書《孝經研究》寫，有自己的社會活動圈子。這就是他的生活。昨天去看表姐，她八十幾歲，獨自生活（兒子剛到Oklahoma州的Tulsa交響樂團任音樂指導），買菜、煮飯都靠自己料理；所幸的是經濟比較寬裕，住在很講究的公寓裡，那是兒子為她買的；前不久還到紐約去探望親人；身體也很好，就像六十歲似的。她也有教會活動圈子，keeping her busy還有閒情逸致種花，看《毛澤東私人醫生回憶錄》倒也自得其樂。由看別人很自然會自問：「Where am I ?」其中含蘊著的問題是：「我是誰？」「我現在怎樣生活才有意義？」只能從最小的做起，靜下心來讀宗白華的美學論文。宗先生引古琴曲〈伯樂水仙操〉的序文說伯牙由於在孤寂中受到的震撼，由於生活中的遭遇，而整個心境受到洗滌改造。我體會這個改造就是在精神上淡泊了，稍稍體會一點司空圖《詩品》所說：「落花無言，人淡如菊。」這樣做本來只是為了保護自己立穩腳跟，與外界保持距離，以免一個浪頭打來，就把自己打翻在地。但無意之中，使自己內心「空」一些，從而也「靈化」一些。陶淵明〈飲酒〉詩之五：「結廬在人境，而無車馬喧，問君何能爾，心遠地自偏。」陶淵明是自覺這樣做的，而我是不自覺地做的。它幫我多懂一點藝術，多懂一點禪宗的智慧；反過來，對悲劇的觀照。對禪宗的理解，也幫我能在現實世界中多超脫一些。藝術、宗教、哲學都是對人生的沉思。我現在就正在這樣的處境之中。

一九九七年六月二十一日

EL：

接六月二十六日信。我不記得在OKC時寫信說：「我不下地獄，誰下地獄？」（這是你替我歸納的吧？）我只記得文革當中關在牛棚裡，想起魯迅寫讀佛經中對地獄的描述，一層一層下去，先有惡狗、猛獸，而後刀山、火海、油鍋，越下到底層，陰魂的淒厲慘叫越使他讀得毛骨悚然。心想，不知到第十八層地獄時將是怎樣一種景象？誰知到第十八層地獄時，其中竟是一片死寂，聽不到一點聲音。三十年來這段描述是常記起的。但文革十年中常常倔強仰首問蒼天：這是為什麼？而近十幾年來卻日益看清自己的命運，無論到哪裡都是走同樣一條孤寂的路；但在我之前，多少人都毫無怨懟地走這條路，我又有什麼可怨天尤人的呢？因此越來越不想說什麼，而對Gustav Mahler（古斯塔夫・馬勒）的音樂則逐漸喜歡得多些了。

我好像沒有理由認為自己「下了地獄」。和LG比，他只比我小一歲，從清華到北大，一直是先進學生中的佼佼者。五七年被劃為右派後，打了大半輩子光棍。八十年代與X結婚，當時我為他擔心，不幸果然，現在X到新加坡教鋼琴，兩人實際上分離了。LG現住單身老人公寓，地段很好，外觀宏偉，但進到屋裡，一股濃濃的怪味撲鼻而來；兩週來逐漸明白，這是四股味道合成的：霉舊家具、書、衣物的味道，垃圾箱裡腐爛食物的臭味，洗澡間恭桶的尿味，還有長期不開窗，屋裡留下的飯菜味道。除此之外，桌上亂糟糟，碗筷、碟匙，樣樣都是油膩膩、黑乎乎的；澡盆的下水道，早已不通。這兩週來，一面趁LG出去時做清潔工作，一面不禁想，和他對比，我一直是在天堂裡啊！而LG對他的生活卻安然若素。或者他把自己和街上過夜的遊民比較，也覺得自己是在天堂裡。和被打成右派下鄉勞動時比，更覺得自由自在活神仙哩！

經過兩週，找房子一再落空，天天像倒懸空中；幸虧有書可讀，讀了宗白華美學論文集《美從何處尋》，這是一本淨化靈魂的好書。今天又讀完《陳寅恪的最後二十年》（陸鍵東著，北京三聯書局一九九五年版），它通過陳寅恪的經歷，寫了五十年來中國知識分子的苦難歷程；不是平鋪直敘地紀事，而是用陳寅恪的詩文來返照陳半生漂泊的內心淒苦，而且這是陳自知無可迴避的命運。但陳還幸運地有一位賢慧的夫人，還有一些美好的友誼，也有過一些歡愉的時光。陳不幸的是一九四五年雙目失明，那年他五十五歲。次年生日詩：「去年病目實已死，雖號為人與鬼同；可笑家人作生日，宛如設祭奠亡翁。」對比之下，唏噓幸福！陳死於一九六九年十月。他若早死幾年，就會少受許多折磨之苦，時也，命也！

復三　一九九七年七月二日夜

因讀偶記

黃庭堅〈書繪卷後〉：「或問不俗之狀，老夫曰：『難言也。視其平居，無以異於俗人，臨大節而不可奪，此之俗人也；平居終日，如含瓦石，臨事一籌不畫，此俗人也。』」世俗喜色彩濃豔，人喜特立獨行，不以濃豔媚世。要不俗，不俗在於表現「本色」，在「淡」。黃庭堅認為杜子美詩好在「平淡而山高水深」，平淡中得意境之高潔，是黃庭堅作詩論畫所求境界。

山水畫以寫景為主，其實是借景抒發畫家的胸襟與意境。畫家要不俗，其畫始遠，能淡能遠，方得真趣。多讀書，廣見識，養道義，求其遠與真趣，是境界的不俗。不俗則味有餘而韻無窮矣。

黃庭堅論畫說，初不知畫，因參禪而知。〈題趙公佑畫〉：「余初未嘗識畫，然參禪而知無功之功，學道而知至道不煩。於是觀畫悉知巧拙工俗，造微入妙。然豈可為單見寡聞者道？」

蘇東坡〈自題金山畫像〉：「心似死灰之木，身如不繫之舟；問汝平生功業，黃州惠州儋州。」

宋郭熙〈畫意〉：「更如前人言：『詩是無形畫，畫是有形詩。』哲人多談此言，吾人所師。」

清葉燮《赤霞棲詩集．序》：「畫者，天地無聲之詩。詩者，天地無色之畫。」

一九九七年七月月於舊金山

ＸＸ：

收到六月六日自廣東來信，《關於中國慈善傳統繼承問題，討論綜述》也讀了。你還到處奔走，調查研究，並以此為樂。我想，這是墨家精神，是自己創造的一種福分。現在許多人太愛講「實際」，如果都像你這樣堅持一點社會理想就好了。我也深有體會，一般說基層幹部比上層較好（這個現象使我困惑很久，按理說越上層的官員越應是「百裡挑一」那樣挑出來的，究竟是往往都挑選錯了？或是挑出來時本是較好的，到上層後往往蛻化了？無論哪一種情況，都是令人怵目驚心的。但現在似乎人們都明哲了，越大的問題越不要想，不要談，就這樣下去，大家天下太平）！另一個問題是：你說的「基層幹部一般比上層較好」，你認為好在哪裡？我的經驗裡，基層幹部裡，還有不少是想為老百姓做點事的，或者說，還有「為人民服務」的理想和熱情。但問題就來了！哪個上層幹部不講自己是為人民服務!?只是「位置越高越要考慮全面，做工作不是單憑一時熱情啊」！……等等。總之，位置越高的「理」也越多；老百姓說不出那麼多，也沒有當官的那種「官越大，嗓門也越大」，卻是心裡明白：當官的那套歪理不是那麼回事。究竟誰是誰非？或是像莊子所嘲，「此亦一是非，彼亦一是非」？或是有理不能混講？那就不是「理」的問題，而是「權」與「勢」的問題了。這又使人不禁要想：「權」與「勢」若不建立在理上，那麼是建立在什麼之上呢？問題越想越多。「想那有什麼用!?」對！沒用的甭想，連想都不用想，自然是更不用做了！你說，為老年福利，「有些機構和人也捐了不少錢。我不想讓這些錢耗費在少數有特殊關係的人手中」，可是，你的胳臂擰得過大腿嗎？你說：「也只是希望如此罷了，能否成功，誰也難以預測。」那不是成了酒鄉尋夢嗎？方其夢也，不知其夢也（這樣，人會快活些，若然，我衷心祝禱，所有睡夢中人都繼續留在夢鄉裡，像唐代詩人李群玉〈自譴〉詩中所說「浮生暫寄夢中夢」，只要快活就好）。

近日讀書《陳寅恪的最後二十年》，其實這書是通過陳描述一代中國知識分子的生命旅程。陳的悲劇是在執著於沒落中的文化傳統時，頭腦太清醒了。況又「丹心偏迎風雨摧」，這是他這個理想主義者的悲哀。

得知XX並未去世，很高興，不知他的女兒YY回京近況如何？代問ZZ諸老友好。

復三　一九九七年七月四日

LG：

今晨接你fax，你不能參加八月十八至二十三日的會，對我是一打擊，但我完全能理解，也將向其他與會人解釋。你對審稿會的開法意見及函C信的內容，我都同意。我這人遇到這類事，並不很自信，有依靠你的心理，這次你不去，我就非去不可了（本也估計，有可能因辦比利時居留手續，不能離比），而且有事沒法就近商量，是極大憾事。又接O函，昨天未得寄出，今天仍寄你。你如再想到什麼，盼告知。譯事前途多艱，自知力量很小；白內障一年來似比過去發展快，讀書不滿兩小時，就會眼花眼累；只盼譯事能早日告一段落，否則就只好請別位接替。這雖是後話，但到了這個歲數，自當未雨綢繆，不敢有絲毫自恃自是之心。

國內大局，朱出任總理比其他任何人都好，但趙已七十八歲，能否復出，我看不易。江已經營八年，根基已穩，羽翼漸豐，動他比動華國鋒困難。江是靠「六四」上台的，對江來說「六四」純屬政治足球，踢不踢這球要根據他的政治需要。江不敢輕易出這張牌，怕一放到檯面上，觸發連鎖反應，偷雞不成蝕把米，因此我的估計比你悲觀。天安門事件遲早要平反，但恐不在兩年內，而在五年之後，即江下台之後。接替江的一批人上台，可能要來一次掃除，才好顯身手。好戲恐在那時候。但政治舞台上走馬換將，中國社會的根本改革將是更長期的事。經過二十世紀的折騰。中國人的「國民性」令人看得很清楚。那變革又是更長遠的事。這似乎令人對政治舞台上走馬換將，以腐敗的權力反腐敗，不敢寄予多大的希望。偶讀明薛論道「雙調」〈水仙子〉：「翻雲覆雨太炎涼，搏利逐名惡戰場；是非海邊波千丈。笑藏著劍與槍，假慈悲論短說長。一個個蛇吞象。一個個兔趕獐，一個個賣狗懸羊。」

戲續一句：「原來四百年前和現在一個樣！」

後會有期，望多珍重！

多謝代借《宗白華全集》，當於十二月內寄到你處。宗先生的美學論文十分精彩，但他的哲學課講義，則較平庸。一個人大概只宜專精一樣。　又及

復三　一九九七年七月十九日

雨夜偶記

今天十一月十一日是第一次世界大戰停戰紀念日，放假一天。昨日下午起，秋雨連綿，雨點打在天窗上，時緊時慢，像是老天要傾訴什麼，卻又未說出來。靜坐聽雨，不禁想起前一天，倫敦大雨之中，幾千個一戰倖存的老兵，穿著褪色的當年軍服，胸前佩戴著

所得到各種功勳獎章，多數都已白髮蒼蒼，還抖擻起精神列隊走過陣亡老兵紀念碑，向死去的當年戰友致敬。走近碑前時，許多人把帽摘下，隨著口令一齊向左，對紀念碑行注目禮。可以看見許多人含著眼淚。看著電視屏幕上這個情景，想到許多亡友，淚下不能自已。死亡固然是個人命定的最終結局，但一戰中許多士兵相信，那是為制止戰爭，而進行的最後一次戰爭，在衝向自己生命的終點時，無所撼恨。同樣地，在中國革命的烽火歲月裡，多少志士是懷著「這是最後的鬥爭」的壯烈感情而死的。那是幸福的死去，現在的人卻得不到這種幸福了。

日前讀王國維自沉昆明湖前一日，為述學社社友謝國楨所書扇面無題詩兩首（原詩作者是陳寶琛弢庵，刊在陳的《聽水軒詩集》中），其一是：

生滅原知色是空，可堪傾國付東風。喚醒綺夢憎啼鳥，罥（掛）入情絲奈網蟲。
雨裡羅衾寒不耐，春闌金縷曲初終，返生香豈人間有？除奏通明問碧翁。

人只有一次生命，發現從中最得憩息安慰的竟然只是「綺夢」！而這時春已闌，曲已終，僅有的一次生命已將告終，已沒有再嘗試一次的機會了。天地如果無知不仁，那麼人間本無意義價值可言；天地如果有知，則為什麼令人從春夢中醒來，又把他投入無邊的徹骨孤寒呢？蒼天碧翁，你要說未說的是什麼？

復三　一九九七年十一月十一日

八年，八學，八戒——一九九七年回顧與前瞻

(1)

九七年前半年是在溫哥華Regent College教書中度過的。從教書的機會到住處、生活，都是靠溫哥華的朋友們熱情支持、大力幫助才解決的，使我得以安居樂業，充分享受溫哥華這山海環繞、美麗如畫的花城春光，沐浴在十分溫暖的友愛之中。這段時間成為八年教書生涯的最後高峰，留給我永遠珍惜的美好之情。能夠如此，不僅是溫哥華的老朋友、新朋友，還有遠方的家人親戚、四面八方老朋友的熱情關懷支持。想到這一切，真是衷心感激，若沒有這些支持，實在不知道自己怎麼度過這段時光；同時又心底慚愧，自己一無所有，得到這麼多，都是白白給我的，卻無以回報，甚至未能好好地一一當面道謝，這個感愧心情將會伴我終生。

二月間，為翻譯馮友蘭先生《中國哲學史新編》事，再到香港，在浸會大學支持下，開了一個翻譯小組的工作會議，把整個譯書計畫大致確定下來。六月中到舊金山，靠老友支持，住了一個月；中間回奧克拉荷馬一次，看望病後的校長、久別的同事們，接受學校盛情授予的榮譽學位，並看望大爆炸後重修的聖保羅教堂。離開教書、生活六年的大學與教會，重訪也是了卻一樁心願。美國人是善良友好的，社會問題，則怕積重難返，政治看

來已是「九六」之象；無論如何，旅美六年，對美國人和美國，我總是抱著最好的祝願。

七月底離北美飛魯文[……]（編者略）。

從九六年九月底到九七年七月，十個月裡，由奧城到西雅圖、溫哥華、舊金山，折騰搬家七次，學會了凡是生活裡一切不是生存所必需的，都用奧康的剃刀把它剃掉，凡是一年四季生活工作基本所需都放入隨身攜帶的行李之中。在魯文還要辦長期居留手續，不知要多久，希望一切順利。

(2)

九七年是八年雲遊的結束，也不禁回顧這八年，在巴黎、柏林、安阿堡、奧克拉荷馬城、溫哥華、新加坡、香港、台北、耶路撒冷，或教書或研究，或短期訪問，總是在學術單位，以探討中國文化為中心，同時在中西思想史領域補讀一些以前沒機會讀的書；翻譯了一部歐洲思想史；無心旁騖，沒想到八年竟這麼快就過去了。回想一生，其實所做的只是一件事：希望中國多瞭解些世界，世界多瞭解些中國。這是一百五十多年來，無數先行者早已在做的工作，但一百五十多年的進展，似還只是限在極小的圈子裡，少數「專家」中間。為中國真正進入世界，還有無數的事情要做，只有期諸將來了。不禁想起杜甫〈秋興八首〉之四：「聞道長安似弈棋，百年世事不勝悲；王侯第宅皆新主，文武衣冠異昔時。直北關山金鼓震，征西車馬羽書馳；魚龍寂寞秋江冷，故國平居有所思。」現在雖無兵戎干戈，但世界、中國都在轉變過渡時期，前途難卜，能不惴惴？

回首過去，無論是文革十年或雲遊八年，幫我度過踽踽獨行、徹骨寒寂的歲月的是靠書籍和音樂；一面從中尋求心靈和生活的棲止之所，一面提醒自己，「百無一用是書生」；一面為偶有一得而高興，一面又愧於自己多麼無知而且是個不懂現實世界、不會生活的書呆子。只好邊讀死書，邊讀生活這部活書。八年學了點什麼呢？靜想一下，大概不外乎：

學看歷史，學看人事，學看生活，學看自己。

學出處操守，學耕耘心田；學守身內，捨身外；學死生一如，至樂無樂。這算是回顧八年的一點感受吧！

(3)

由北美到西歐，換了一個新環境，要建立起新生活。一住下來就儆覺要克服生活懶散。九月中起，到大學的東方圖書館做義工，整理堆積在閣樓上的二十多架人文、社科中外文圖書，每天去工作半天。它使我不致完全脫離學界，脫離社會而精神老化，也經常提醒自己，還有多少應讀未讀的書；在書架中間爬上爬下，把成抱的書搬東搬西，還是極好的身體鍛鍊。每晨騎自行車下山，不論風雨或寒冷，都不影響我的興致。最近又找了一項事情：大學漢學系一位博士生，論文題目是〈馮友蘭哲學思想與他的時代〉，我們商定，每週兩小時，一半時間是共同討論與這題目有關的一些問題，一半時間是我學習荷蘭文。這為生活帶來一些生氣，還可以逼自己用心讀書，用心思索。

來魯文三個月，EL一家時時照顧，EY事事操心，幫我辦事，使我生活安定，精神放鬆。此外，還感到在這八萬人口的大學城生活，有三個好處：一是社會秩序好，給人安全感；二是民風淳樸，不拘束；青年學生多，可以感染一點朝氣；而且無論是銀行、郵局，或街上問路辦事，都可使用英語，與人交往沒有困難；三是城小坡多，城小則干擾煩心事少，坡多則練腿、練心臟機會多。自覺寫字手顫的情形比以前好，總的身體狀況也是好的。先前在溫哥華時，走路腳底疼，足科醫生從X光片中看出我的兩腳後跟都有骨刺。醫生並無治療辦法，但用小紅寄來的厚鞋墊和服用微量金屬元素後，現在已不再走路疼痛了。和同年齡人相比，大概身體算好的，由此帶來的問題是嘴饞：吃什麼都香，而為控制體重，又不能享受口腹之娛。附近有一個本篤會修道院，每天早晚禱見有老修士十人，就心情說，自覺也在他們行列之中。

來到魯文，不僅是換一個生活環境，自己知道，工作蹉跎逾五十年，已到了古印度人所講的人生第四階段。年齡使體力、精力、視力都逐漸衰退；自己努力，可以延緩老化的物質過程，但趨勢是無可逃避的，也無足懼。想到《列子．天瑞篇》，記孔子遊太山，見年已九十的榮叟，用繩子做衣帶，卻鼓琴而歌。孔子問他，何以這樣快樂？榮叟回答：「貧者，士之常也；死者，人之終也。處常得終，尚何憂哉？」這是中國古來的傳統，我現在豐衣足食，安居無憂，遠勝榮叟。繼承這個傳統，不能只是混吃等死，但也要順勢收攤了。估計自己可用的時間，大概還有五、六年，除參加馮友蘭先生《中國哲學史新編》外，還想再翻譯兩本有關西方思想史的書，兩書各五百頁。這些工作大概夠我至少忙五年吧？其實所做是無足輕重的，不過盡心而已。做完這些工作之後，如還有餘力，還想在哲學、藝術和宗教之間做點知識上搭橋的工作，大概是勞而無功的，那也無妨。有的朋友勸我寫點回憶錄或自傳；我想不出，海灘上一顆普通的沙粒，有什麼值得說的。看別人的確都比我聰明有為，自笑傻裡傻氣，本性難移，分明是八戒的呆兄弟。昔日追老孫，今知師八戒，因此也為自己訂了「淡出八戒」：

(1)戒我（遇事容易我字當頭，其實這「我」是一無所有的），為此要學「坐忘」。
(2)戒傲（自恃自是，忘了書生百無一用，自己一生就是例證），為此要學「自知」。
(3)戒妄（不甘寂寞，不服老；一遇人遇事就忘記老之已至），為此要學「謙藏」。
(4)戒癡（對人生總不免癡情，看不開，放不下），為此要學「虛靜」。
(5)戒執（服老又易倒向另一面，倚老賣老，又固執任性），為此要學「隨和」。
(6)戒言（人老話多，容易妄論人事，更易自誇說從前），為此要學「木訥」。
(7)戒懶（知足知止又容易滑入安逸懶散），為此要學「勤勞簡居」。
(8)戒饞（外孫女晴晴評論我饞是意志問題，一點不錯），為此要學「心齋」。了無大志，只剩一點對自己的要求，今後就叫自己「八戒」吧！

八戒在這壁廂遙祝

新年好

一九九七年十一月二十七日

X，Y：

你們兩人的信，內容各有側重，我都愛看，唯獨Y信末說「很亂」之後蹦出的一句「請原諒」，叫我一怔，咱們在一起的詞彙裡沒有這個詞兒啊！我體會，中國也好，世界也好，都是在亂糟糟中往前Gu-go，老天爺也沒跟咱表示過什麼歉意說：「很亂，請原諒。」中國有幸，出了個孔夫子，把人的社會關係歸結成君臣、父子、夫婦、昆弟、朋友這三綱五常。於是中國社會就成了一張大稿子，上面密密麻麻的都是格子，每個人就趴在一個格子裡，井然有序，賴有這張帶格稿紙，中國社會維持了、穩定了，幾千年。革命過後是不是該換張稿紙了？對大多數人，還是回到自己的格子裡趴著；經濟發展了，是不是該換張稿子了？也還是叫大多數人回到自己的格子裡繼續趴著。可是這張舊稿紙用了幾千年，早已被人趴爛了。於是有些不老實、不安分分子，就想伸伸胳臂、動動腿，一動就出格子，這裡、那裡都「不合格」。像我吧！一出格，就出到比利時來了。可是這裡也是一張大稿紙啊（比中國的那張紙新一點），我現在就正在趴「長期居留」的格子，幾時趴進這個格子，就理當在裡面老老實實趴著。等我再伸胳臂、動腿時，就該跌出「生」這張稿紙，到另一個世界去了。那裡還有沒有帶格稿紙呢？還是像唐朝人想像，畫在敦煌山洞那樣，一個個都成「飛天」啦？可是天上若都是飛天，上下四面八方亂飛也不行啊！若都是「飛天」不知那是什麼光景？是不是像敦煌壁畫上那樣美？或者飛天們也得為很亂而致歉意？Y嫌自己寫得很亂，我則乾脆亂想小時候讀周朝開國之君（文王、周公，哪一個不記得了）說：「朕有亂臣十人。」經學家註解說：「亂者治也。」這個心有靈犀的經學家竟然悟出「治」和「亂」意思一樣，只是換了個說法！

來比利時四個月，許多事情都覺得有趣。昨天到郵局寄兩張賀年片，郵局職員抱起一厚冊《郵局規章》，翻到其中有關信封尺寸規定一節，把我的信封放上去一比，短了一公分多，因此郵資要多近一倍（寄美國航郵三十四比朗，我的要六十四比朗）。我問：「為什麼？」窗口裡老職員回答：「因為你這信封不合格！」我一聽，樂了。原來寄信也要爬格子，而且不該問：「為什麼？」問，就是出格！凡事能不問問題的人真幸福啊！

這方圖章是請四弟幫我在北京刻的，特意要它不方不正！

蓋章　一九九七年十一月三十日

*編者註：趙教授所蓋之章——「天涯過客」，他的信件很少有加蓋圖章的。

LG：

收到九月五日Fax信，杜友良先生的馮著第三卷譯稿在收到你信之前已經寄出給你。我只怕壓在我這裡，如我突然有個三長兩短，豈不誤事？早晚要寄給你，那就不如早辦，了卻一樁心事。你忙就先把它放一邊，反正這不是急事。

來歐一年，自己回顧，除為大學圖書館、漢學系教師們幫點小忙，建立一點友誼外，借譯馮著第七卷之機，讀一點中國現代哲學，補一點課，只此而已。現在關於第七卷譯稿，我能做的，大概已經做了，剩下要靠Lauren Pfister了。這就算一年來做的一樁事吧。

檢討一下，從一九九五年起，在沒有可靠財源、沒有出版社支持的情況下，建立起目前條件下可能算較好的。譯事小組，譯了第七卷。萬事起頭難，這三年算是開了個頭，以後的許多工作，如你所說，就要靠年富力強如費樂仁為主去承擔了（我看他的名片上已經印了「馮友蘭《中國哲學史新編》翻譯計畫聯繫人」一項，說明他是願意承擔的[……]（編者略），有浸信大學的依託。香港現又成為國內外聯繫的一個樞紐點，他做是目前最佳人選了。這樣，對宗璞也能夠有個交代吧？

你在六月會上提出前六卷由譯者包幹，這是總結前段經驗而提出的好主意，譯文各自負責，人事上比較切實易行，時間彈性可以較大，有經費，船就走得快些，沒經費，船就走得慢些，大部頭學術著作的譯作出版，恐也只能這樣。

壓在我心頭的還有一樁事，八六年全國社科規劃會議上，汪子嵩硬要我承擔「歐洲中世紀哲學史」項目（不知是否受了我的老師徐懷啟先生影響）。這事談何容易，劍橋版《歐洲中世紀後期（一一〇〇—一六〇〇）哲學史》（一九八二年初版，到一九九六年已印七版），集十國四十一位學者之力，用五年時間寫了八百五十頁，還只是一本專題史論集，因為史料尚在發掘整理中，我自覺學力不夠，八六至八九年只做了資料收集方面的有限工作，也都撂在北京了。這事也可以一推了之，但心裡總覺欠了筆債。為國內學術界著想，國內這方面資料太少，有興趣坐那冷板凳的人更少，出國學人，匆匆來去，也難安下心來啃這酸果。按道理說，應有一本哲學史（其實我的興趣是思想史）、一部好的「資料選集」、一本「史論」，再能有一套「歐洲文化思想史叢書」，這樣將來想讀書的人，總算有幾本書可讀。我不認為自己有子嵩兄寫四卷《希臘哲學史》的能力，中國人寫歐洲中世紀哲學史，恐怕在相當一段時間裡，也寫不過歐洲人；勉強寫出來，只能貽笑方家，不如老老實實做點翻譯工作，為國內或更有用。如自己確有所見，可用論文表達。魯文大學有人文學的古典傳統，圖書館僅Peter Abelard著作有一百多種（可惜多是拉丁文，不敢擅動）。我想，我的體力、視力，大概還能用四、五年，上述這許多工作也不是一人之力所能及。我既在魯文，應該集中精力，充分利用這機會，把大學圖書館裡這方面的書爬梳出來，如能輯譯一部《歐洲中世紀思想史資料》，一部《歐洲中世紀哲學史資料》，其他方面，推薦些好書，請別位來翻譯，哪怕只是「書目」，也可為後來國內學人有點用處，這就算是我今後的五年計畫吧。從心情說，自*六二年心肌梗死後（參閱：如是我聞〈復活的天使〉），我總是兩手準備，既準備只能活一天，也準備還得活一千天、一萬天；不知不覺，已經多活了一萬天有餘；前面還有多久不知道，也不重要，重要的是自己朝什麼方向活著。私願從明年起，萬里關山從頭越，但願天假以年，可以多走幾步，以慰先人，以報後人。涸轍之鮒，相濡以沫，相呴以溼，願能相忘於江湖。一良先生不但教我讀書，也教我登學山，更教我做人，終生難忘。

復三　一九九八年九月十三日

讀《Odyssey》

整部Odyssey都是寫Odysseus漂泊二十年後，返回故國的故事。第十三章寫Odysseus返回故國Ithaca，第十七章寫他喬裝返回王宮，以後各章描述他返回後的各種經歷。整部史詩的故事是圍繞「返回」而展開的，但「返回」的意義，卻不僅是情節的內容而已，它要表達的是一種對故國的深情。這為中國人來說，並不陌生。《漢書》記班超畢生在西域，垂老時，上表武帝說：「不求還長安，只求生返玉門關。」從前讀時不禁心酸。蔡文姬被異族擄去，是曹操把她贖回國的。蘇武牧羊北海，是兒時熟知的故事。返回不是一個簡單的行動，而是以生命為代價，去向命運搏鬥。我想，這是《Odyssey》這部史詩的真正意義。

原著第二十三章第二百九十六行處，是否Homer原著的結束？這是自古以來，就有爭論的問題。兩位古代評論家認為，與Homer原著到此結束，後面七十三行和第二十四章五百四十八行是後人添加的。有些現代評論家同意此說，舉出後面行文與Homer文字風格不同，敘述的情節也有與前文不一致的地方。有些現代評論家則認為，後面的文字風格與前文並無大異；在幾個重要主題上，都有令人滿意的交代。

我讀來的感覺，史詩全篇在二十三章二百九十六行結束，似更有味道。Odysseus對妻子說：「我們的考驗還沒有結束。需要看到，在我前面還有許多艱險。這是我從前下陰間，為自己和隨從尋找回家的路時，Teiresias的靈魂早已向我預示的。」

Penelope（Odysseus的妻子）回答說：「你說的新考驗，也出自神意。既然你已經提到，何不現在就說給我聽呢？」

Odysseus說：「你這個女人好奇怪：這麼急切要我說！我就一五一十說給你聽。Teiresias叫我扛一支槳，走遍各城鎮，直到最後有一處，那裡的人們，從未聽說過大海，也不認得這槳有什麼用處。有的路人以為它是揚麥的傢伙。這時，我就可以把槳植入地中，向（先前我得罪的）海神爺Poseidon獻一隻羊、一頭牛，還有一隻懷孕的野豬，好好地上一個肥供。然後我才可以回家。到家以後，還要向天上永存的大神們按次一一獻祭。至於我的結局，他說，我將不致死在海上，將得享壽考，周圍百姓五穀豐登。據他說，這一切都必實現。……」

在古希臘人看來，要不斷向天上眾神獻祭，才能晝夜運行，春秋有序，婚喪嫁娶，生兒育女；就是說，有正常的生活。這是Odysseus返回故國之前，在陰間得到的預示。從這個預示裡，又使人看到，Odysseus返回故國，並不是故事的結束；前面還有征途，還有艱險。但丁的《神曲・地獄篇》二十六節寫Ulysses永無歇腳機會的「生之途」。荷馬的史詩裡，雖有返回故國的主題故事，但那只是「生之路途」上一個歷時二十年的片段；Odysseus返國之後，還要繼續走生之路途。這似乎是荷馬這部史詩的更深一層意義。

一九九八年十二月二十六日晨

這一年在魯文，環境靜一些，心也靜一些，這才得以開始一點以前未曾想讀的《周易》。如果這是戰國中期以前的一種中國思維總結，則它所關注的中心是歷史中的變易。從《周易》中體會到的一點是它教人學習動和靜的結合。越是外界在動，則越需要心靜。「萬物靜觀皆自得」，萬物自得是在動中「自得」，而眼裡看歷史和命運的「動」，心裡先要虛靜，這樣才能看到「動之微」。「知幾其神乎」，要得這個「神」關鍵在於「持虛守靜」。虛靜中會破除許多頭腦裡的幻想、幻覺，然後才能看到真正的變動，和它們的意義。

由此展望一九九九年，七月之前，基本是守靜，希望盡快翻譯完《歐洲中世紀思想的發展》。八月之後的一年裡，將或要有所動。怎樣動？現在不知道。機者時也，要把握時機。又要「志毋盈求，事毋過用」，把握分寸。時機和分寸，不僅是客觀條件，也是考慮到我的身體狀況這個主觀條件。這是一個新考驗，要提起全副精神，玩乎不得。

這兩個月在溫哥華，與現實世界、與人的接觸又多起來，生活內容變換一下，精神上是個調劑，也是迎接新的一年的準備。回到魯文後，要認真鍛鍊身體，繼續節制飲食。六月裡，還要去巴黎一趟。已經盡量使生活簡化，安排生活瑣事，還不得不花費時間。有時怪自己，擺脫不了一些閒情：昨天到附近的公共圖書館去，看到賣舊書，不由得流連，買了一本《漢姆雷特》、一本《巴哈小傳》、一本《勃朗特三姐妹小傳》。回憶起一九八〇年在英國訪問Haworth山村Bronte牧師的故宅，那是一個天陰的傍晚，站在陡峭的山坡上，聽松林在風中呼嘯；想起Emily Bronte在《呼嘯山莊》中描寫的冬夜……。人的頭腦不僅是一片汪洋大海，海洋經歷過波濤或靜謐，不會去回憶，人卻總會不由自主地回憶過去！這是幸呢還是不幸？

「往事不堪回首」，還是要努力展望未來！

一九九八年歲末

一頁日記

九日下午兩點半回到魯文住處，粗粗打掃一下，把行裝打開，衣服、書、文件等，各從其類，各歸其位；打兩個電話，然後騎車（幸好車胎還沒癟，又幸好天氣）去採購食品；回來後直到晚間，看兩個月間的許多來信，有些是要辦的事，有些是要盡早答覆的，有些是可以遲覆的。第二天，寫星期三講課「人文網絡的漢語社會語言」提綱，打算分三節。

一是理論：中國人愛說，君子動口不動手；現代分析哲學則認為，說話就是行動。制定一種語言規範，推行一種規範化語言就是權勢的應用。古今中外都如此。

二是歷史：從西周推翻商朝，七百年後，到戰國時期，孟子還要費力去論證：「聞誅一夫紂也，未聞弒君也。」這是中國歷史傳統的一部分。

三是當代：說話就是為人、為事情定性，納入一定的框架；有的要明確，有的則要含糊；各種人有自己的語言，規範化的語言表明權力，不規範的語言，表明曲折的反對，它是西方所謂「文化」和反正統的「反文化」的表現；等等。寫完提綱，接著寫給溫哥華友人的幾封謝函。昨天星期一上銀行、房產公司、大學去辦事。晚間覆急待答覆的信。今天下午則要開始譯書的工作了。

獨自過著像地板下的老鼠般的生活，也會出現意想不到的插曲。[……]（編者略）我告訴她，一位在哈佛神學讀書的中國學生，前幾星期剛在電話裡告訴我，他到哈佛一年多以後，深感失望，覺得美國的基督教已經市場化、世俗化，並沒使他學到真正基督教的道理。這位X說，她也想懂得神學，覺得文學和宗教分不開，而現實世界的潮流，卻只是追求物質，追求享受，使生活失去真正的意義。〔……〕（編者略）想起在飛機上翻閱倫敦《經濟學人》一九九九新年特大號的特寫文章說，影響今日世界的最大問題是世界人們普遍的「沮喪症」（Depression）。過去，我只把「沮喪症」看作是西方心理醫生耍的把戲。聽X講身世感受，彷彿體會一點它的真實性。但誰能治這病呢？藥要到哪裡去求呢？我也陷入了茫然。

一九九九年一月十二日晨

一良老師：

【美慧，接你電話，體會你的心情，也不免傷懷。寄上一封給老師（今年八十六歲，日前接到病後用左手寫的來信）、一封給學生（現在哈佛神學院）的信，是為了希望你在困難寂寞之中，不要被壓低了頭，而是堅強抬頭，看廣闊的生活、廣闊的世界。復三　一九九九年二月一日】（以上是趙師手寫附加的字）

您要受業說讀《畢竟是書生》後的評論，敢不遵命。但讀得不細，更重要的是沒有歷史知識，沒有學術功底，只說一點零碎粗淺的讀後感。

最令我敬佩的是您的「君子坦蕩蕩」的精神。陳寅恪先生因您解放後的思想轉變而不願把您列為學生，文革前期您受盡迫害，後期卻被「徵」入梁效寫作組當掛名顧問，文革之後又受審查的坎坷遭遇，這都是二十世紀後半葉中國翻天覆地大變動中，知識分子的特殊經歷，也是您一生中的重要事件。您把這些都寫出來，無論同時代的人或後人都能理解，並從中體會，在這歷史性時刻，一個正直知識分子的操守，忠於人民，又忠於自己，又嚴以律己，是怎樣艱難體現出來的。陳寅恪先生有他令人敬重的操守，您有您的同樣令人敬重的操守，讀者和後人都能懂得，並因此肅然起敬的。您治史，而又治於史，這兩者在二十世紀中國翻天覆大變動中是怎樣半自覺、半不自覺地糾結在一起，後人在讀這段歷史時將會在感慨萬端中多懂一點歷史，多懂一點中國「士」的傳統是怎樣不絕如縷吧？

令我深有所感的另一點是在您身上表現的師友之情和師友之道。您寫的三篇懷念陳寅恪先生的文章，和紀念吳晗、楊聯陞的文章，都寄以深情，因此才寫得那樣細膩感人。尤其是在對陳寅恪先生謹守師道這一點上，在讀書人中也是很不容易做到的。從中體會您一生溫良敦厚，像程灝所講「以誠敬存之」那樣；還有提到翦老，傅孟真先生，和許多史學前輩的地方，提到近年來在魏晉南北朝史研究中年輕學人的成就，都同樣持一種誠敬的態度。這是為人，也是學風，都是我一生學不完的功課，希望這也能成為中國學術界的風範。

您的苦學精神（進中研院史語所，用一年的時間，仔細點讀八書二史；在哈佛咬牙拚命學梵文等），更是令學生汗顏低頭，嘆息自己等閒白了少年頭。也想到現在美國的所謂「快餐」式高等教育，為有志學術的年輕人太難了。

您的書只寫了萬一，粗淺體會到的，更是萬一中的萬一。只有慚愧。

恭請您和師母闔府春節安好

受業趙復三叩拜

一九九九年二月一日

DF兄：

多謝您在年三十百忙中為我事分心，抽時間來信，告知各種信息。希望這沒有耽誤您辦年貨，早回家團聚，吃年夜飯。到底，這是家庭一年一度的大事。

劉兄信中說：「看來此事比較複雜……，主要是沒有一個人願意表態。誰都不清楚此事應該如何辦理。」統戰部的副局長說：「實際上許多海外人士寫信，上面從不答覆。」這給我一個glimpse，似乎看見一點轉型時期的中國政治文化，這是十分有趣的一點。清朝雍正皇帝閱臣下奏摺時，有一種批語：「知道了。」皇上情緒好時，可以理解為：已備案，事情可以就這樣。但以後，皇帝可以因另一件事觸發什麼情緒，又另批一條，下面「體會」聖上的意思，又可以把前面已備案的事，翻出來從嚴處理（下面體會上面的意思，總願意過頭，寧過之，無不及。這是為官之道，是從魯迅〈買《小學大全》記〉這篇極其有趣的文章裡懂得的）。我們這幾十年又發展一步，有一種「圈閱」的辦法。在若干領導人之間傳閱時，所有次要領導人都只在自己名字上畫個圈，等第一把手表態。如果第一把手表了態，再傳閱時，其他人才好表示「補充」性的意見。若遇到棘手的事（有其他

implications.，其實，辦任何一件事，都會有連鎖反應，這是佛家兩千五百年前就說了的。這其實也就是，做任何事情都要擔責任、付代價；不做事也要付代價，但那代價不是直接頂著腦門。歸根結底，是負責人想不想做事，願不願為此付代價），第一把手也不表態，這事就存檔了結，也可以不了了之；也可以在此後任何時候，在某種情況下，翻出來一併另行處理。若是又屬待辦的事，辦公廳批發時，前面加註：「此案已經某某、某某、某某同志圈閱。」意思是：照辦文單位的意見辦理，任何時候查起來，責任在下面。這就看下面辦事單位的主管人敢不敢伸出頭去（stick out his neck）了。從社科院現在情況看，「是沒有一個人願意表態」。從統戰部副局長的經驗看，現在又有一種新的辦事辦法；不答覆。個中奧妙，盡在不言中。就是說，對一件事，誰也不曾說過一句負責的話，這就利於隨時成為黨政各部門間的政治足球，玩踢來踢去的遊戲；或者是說，主管人覺得政治氣候還變化難測。就是劉兄所說：「可能會在許多領導和部門之間，批來批去。」原以為朱鎔基上任近兩年，可能帶來一點辦事新風氣；看來，並非如此；積重難返，這就是當今（或說兩千年來）的中國政治文化了。人們（包括我在內）總希望看到歷史裡多有一點階級性，也就是多有一點新氣象、新希望，但往往所看到的只是歷史的延續性。這不是歷史對人的一再無情嘲弄嗎？

說到具體問題，我不可能在上面不表態的情況下，試試回去，因我現在有美國、法國、比利時的長期居留證，卻沒有中國護照。如對比利時中國使館申請護照，使館恐要請示國內（比利時使館在此間華僑中以「推事」著名）；我不可能在目前情況下「試試」入境。這不是會鬧出事來嗎？這事我只能慎重，不能冒險的考慮。想您能理解。看來，如江不具體表態，就是說時候未到，那也就是說，我還是去美國為宜。這似乎是合邏輯，來自現實的結論。

請替我向元化兄表示深深的謝意。

祝春節好

復三　一九九九年二月十五日

誠如社科院劉兄所說：「估計即使進入程序，也會在各單位和領導間轉來轉去，除非有一個很權威的人先定一個調子，事情才好辦一些；估計即使是李也不會在這個問題上輕易表態。」劉兄真是一個很認真、很仔細的好人，幫助弄清了社科院環境氛圍；至少目前，他那方面恐難再做什麼。我事已到最高層，其他層次只能等最高層表態。到了最高層，一切人都「非人格化」，變成事了，如何表態，主要也不是取決於某人如何、對他如何；更重要的是考慮，如何處理、將引起什麼反應。對反應的衡量與相應的決定則將反映對國內局勢是否穩定的估計、對知識界的估計和信任程度。對政治民主的態度，是否有再前進一步的打算，也反映最高層的自我感覺、自信到什麼程度、高層內部合作關係如何（如田紀雲說：「等我問問。」就此泥牛入海），等等。想來，等四個月，如無回音，這也就是回音了。今晨散步時想，Brecht的戲劇理論，主張舞台和現實生活之間保持一個距離。人如果把現實生活像舞台演出那樣看，就會另有一種領會，Balzac寫《人間喜劇》不就是這樣嗎？在《人間喜劇》裡過去也曾參加過片段演出，這次彷彿是以自己為題材，編了個喜劇，沒想到，竟得到這麼多響應，現在是敦請名角演出了。無論怎麼演，都是難得的；像五十年代看梅蘭芳、俞振飛兩位演《遊園驚夢》，其精彩使我這完全不懂京劇的人都在聽看之中，頑石點頭，感到終生難忘。但那齣戲，主要是生、旦、淨、末、丑，都會自動來參加會演，多麼難得！因此，我現在就聚精會神地看，也請關心的好朋友一齊看。這樣，事情本身不一定要放在中心位置，那只是劇情發展的「帽兒戲」，可看的是在後頭，這樣，大家的精神就都可以輕鬆愉快了。《文心雕龍》序言之後，正文第一點說「停中樞以玄覽」，是說創作前的精神狀態，想來，這也是講整個人生態度吧？不知能否這樣理解？這或許也是我這個人「可氣」之處，總不自覺會把所有的事還原為人，然後從演員位置轉入後台，溜到觀眾席裡看，說認真也可，說不太認真也可，這就不免台上一心願演主角的演員失去襯角而生氣罵街了。

可是，昨晚看了部英國電影《Shakespeare in Love》，又叫我不由自主流下不少眼淚。這是在溫哥華時一對藝術家夫婦推薦過而未能看成的電影。寫的是一五九一年的倫敦，莎士比亞在劇團裡當演員時，厭惡流行的，只為哄腦肥腸滿的達官貴人們傻笑的鬧劇（當時的肥皂劇），創作《羅密歐與朱麗葉》悲劇的故事。穿插其中的是青年莎士比亞的情人被一個貴族，在北美的大莊園主搶婚，最後只好訣別的生活悲劇。片中描寫青年莎士比亞對藝術和生活、愛情的純真，最後，心愛的姑娘在父母之命和女皇命令之下，只能屈服；一對年輕情人只好訣別。舞台上的悲劇和生活中的悲劇交織在一起，令人分不清舞台和現實生活的界限在哪裡。影片中的青年莎士比亞不曾流下一滴眼淚，嘴唇總是僅閉著，可是在他眼睛裡卻像是看見了整個世界和人生。現實總是很快便進入了歷史，而人們對生活中一切美好的東西的執著追求卻永遠成為動人的故事。

在這座國際公寓裡一位不相識的美國工程師好意借我一盤錄像帶，告訴我其中是中國電影，看了令他落淚。昨晚看了，片名《活著》，是根據一九九二年六月《收穫》上余華的同名小說改編的，由張藝謀導演，葛優、鞏俐主演。故事是寫從四十年代到八十年代初中國一家破落人家的生活遭遇，非常樸素感人。尤其因為這是自己生活過的年代，更不免引起許多回憶；但現已學會「看戲」，也包括看戲中的自己，所以前些日子寫了〈憶生平事〉：

錦瑟無端降凌霄，聲聞無何緣難超；
青山他年應笑我，天花著落白雲飄。

由此也想，自己一生也像一部電影。現在這電影已經演完了，但影片還不結束，只在那裡重複每天吃喝拉撒睡的鏡頭。演員早已煩了，觀眾之煩，更不消說。以後不準備寫信打攪人了，也是這個意思。

近日除此之外還有一點覺悟：人固不能無情，對自己卻要無情，學做自己的牙科醫生。牙總疼，牙醫自有辦法，把那根痛的神經殺死，就不再疼了。譬如，本來想回北京，想得心疼，現在就把這根痛的神經殺死，也就不疼了。本來，想念朋友，現在開悟，知道人人忙累，哪有功夫顧閒人閒事！這是當然之理：遠隔萬里，說人家的事是自說自話，有誰愛聽⁉說自己的事，誰有閒工夫聽⁉說其他事，更是風花雪月不著邊際，人家聽這閒扯淡幹什麼⁉這都是「無明癡心蹈紅塵」；把說話這根神經殺死，也就不疼不說了。原來想做這做那，現在開悟，知道這只是小孩搭積木，自己玩「過家家」，哄自己，大人看著好笑；於是把這根神經也殺死。本來，一天兩次跑下樓，走到前門外信箱，看看有沒有遠方來鴻，現在把這根神經也殺死，就不用伸長脖子盼望了。果然心裡輕鬆，頭腦清醒，好過多了。這就是日前〈偶窺天台〉說的：

霧裡眼花花似花，流水洗月月剪月；
塵沙舞風風捲風，無聲聽心心無心。

蘇東坡寫了首〈卜算子〉：

缺月掛疏桐，漏斷人初靜。誰見幽人獨來往？縹緲孤鴻影。
驚起卻回頭，有恨無人省。揀盡寒枝不肯棲，寂寞沙洲冷。

我比他幸福，每晨可以到附近曠野聽十八世紀教堂的鐘聲，漫步教堂旁的墓地，訪問在那裡等待我去的地下朋友們，向他們一一問好，聽他們述說無聲的故事。這是我的幸福。但願人長久，幽明共嬋娟。

一九九九年五月十日

昨晚剛寫下，以後少盼信，可以少寫信。今天就收到來信，寄上昨天日記一頁，不過切不要就此以為我有多麼悲觀消極。譬如說我為減少做飯時間，主食吃麵包，省得煮飯；而且麵包按片算，飯卻論碗，為減肥計，也是吃麵包最好。但飯後卻不免吃一小塊巧克力，這是我的生趣。昨天讀朱光潛一九七九年所寫〈關於人性、人道主義、人情味和共同美問題〉，其中寫：「人們也許責罵我的這種想法是要求文藝『自由化』，也就是說，要社會主義文藝向資本主義國家的文藝投降。……如果把衝破『四人幫』極左思想的桎梏理解為『自由化』，我就不瞞你說，我要求的正是『自由化』。」（那年朱先生八十二歲）讀後躺到床上，彷彿看見這可愛的小老頭兒衝我做個鬼臉，還吐了吐舌頭。我忍不住一個人格格地笑起來了。

翻譯馮友蘭先生《中國哲學史新編》全書緒論，其中幾處引了中國古詩來說明形象思維，實難翻譯，卻也是樂趣。《離騷》：「長太息以掩涕兮，哀民生之多艱。」怎麼翻？以前見牛津學者David Hawks譯《楚辭》為《Songs of the South》，尚可。但Hawks書中把〈天問〉譯為〈Heavenly Questions〉，太豈有此理！明明是屈原在「問天」，其中大部分是問人間的問題，順理成章應是〈Questioning Heaven〉。嚴復講：「譯事三難，信達雅。」朱光潛先生認為，這三條標準，歸根到底，「信」字最難。原文達而雅，譯文不達不雅，那還是不信。手頭沒書，連本好字典都沒有，只能搜索枯腸。《離騷》先譯為《Parting Sorrows》，覺得意思不夠清楚，改譯《Sorrows on Parting》。「長太息以掩涕兮，哀民生之多艱」，試譯作：

「So often, I sigh to keep to tears from welling up;
So sad to find my people toiling and moiling, yet can hardly survive.」

陳子昂〈登幽州台〉詩：「前不見古人，後不見來者；念天地之悠悠，獨愴然而涕下。」試譯作：

「Trying to look back, I can't find any of ancients.
Trying to look beyond , I can't envisage any of the late comers.
Only Heaven and Earth keep company with endless ages
In untold sadness, I find myself in tears.」

李商隱：「身無彩鳳雙飛翼，心有靈犀一點通。」試譯作：

「Unlike the colorful phoenix, I have no pair of wings;
Yet, there is, in my heart, a tender sport that responds to a single soft touch.」

李商隱：「春蠶到死絲方盡，蠟炬成灰淚始乾。」試譯作：

「Like the silkworm in spring time, spinning silk till its life's end;
Like the candle with tears only exhausted till it's totally burnt into ashes.」

李商隱：「永憶江湖歸白髮，欲回天地入扁舟。」試譯作：

「Remembering always the expanse of rivers and lakes,
Waiting in silence to greet my white hair someday;
While trying to turn myself towards heaven and earth,
I bring them with me into a tiny boat.」

曹操的〈短歌行〉試譯作〈A Ballad〉，「老驥伏櫪，志在千里；烈士暮年，壯心不已」，試譯作：

「The old stallion in its stable,
Still ambitious to gallop another thousand miles.
The gallant warrior in his final years,
Still with a heart beating as strong as ever.」

馮先生選這些詩句，當然是他喜歡的，同時也是自況。讀的時候，覺得他是把自己放進這些詩句，又都放進他的哲學思想裡去。我想，他這樣做時，大概心裡是很高興的；彷彿看見了老先生瞇著眼高興的樣子；於是我又不禁笑了。馮先生講，哲學是為自己受用的（試譯作：「Philosophy is for one's own enjoyment.」他說自己是用馬克思主義觀點寫《新編》，可是，馬克思主義講，哲學是階級鬥爭的工具。他這是差到哪裡去了！），我翻譯新編，也是自己的一種受用。所以，天天啃酸蘋果，天天得受用。人有情，寫的書就有情；翻譯也須有情，這時，樂趣就來了。

佛家稱一切動物為「有情」，但我想自己比禪宗和尚多一層樂趣。有樂就同時有哀。這一個半月裡，從電視上看到Kosovo躲避戰火的難民、飢餓的難民、哀傷的婦女、茫然的老人、焦慮的壯年男人，一張張臉，真叫人看了難過。克林頓對難民們說，聖誕節時，就都能回家。連BBC評論員都說，政客們是信口開河。看來，二十一世紀的世界，還是戰國時代。亂世而又有情，這日子是我們這代人的命運！

一九九九年五月十一日

上週劉X從香港來，說起北京一位以前朝夕共事的老同事。劉X說：「他到處赴會，到處講話，也到處吃飯；我在北京沒多久，就遇上好幾次。」生活方式，各有所好。以前在北京時，也不得不過整天開會忙忙碌碌的生活方式。但經常提醒自己：「淡泊明志，寧靜致遠。」反問的是：「瞎忙一陣，到頭來，不要只是混了場熱鬧。」話雖這麼說，回顧七十多年，有幸的是生為二十世紀中國人，前六十多年見證了從舊日中國到今日中國的大變化。但命裡注定，五十年未曾怎樣好過過，過得很吃力，做的則無非是因緣際會，跑跑龍套，吆喝熱鬧而已。從前在學校即將畢業時，自己覺得不想做的就是只敲邊鼓那種事。哪知，五十多年後回頭一看，做的正是自己當初最看不上眼的事情。彷彿歷史和我開了個玩笑！以前，三嬸的母親，一位杭州老婆婆，經常愛說一句口頭語：「笑刹夸！」挨三嬸一通說之後，像是自我解嘲，嘟囔一聲：「笑刹夸！」然後自己跑到一邊待著去了。我現在看自己受累活著的樣子，也是「笑刹夸」！看有的別人，也是「笑刹夸」！看有的事情，不管人怎麼掂量，怎麼做也好過不了，也是「笑刹夸」！但看別人那麼認真，有滋有味，也不敢笑出聲了。

「笑刹夸！」之後，就如實地接受生活了。這裡房產公司要求一年期滿前三個月決定續租或退租，我估計要續租，但又無法確定。今年二月初，曾將ＹＬ退我的錢的五分之四，用銀行支票匯往美國（因歐盟經濟不振，規定的銀行統一利率極低，銀行費用卻極高，比利時政府還要從銀行利息收入中徵收一半的稅）。哪知到了五月底，美國那邊還說未曾收到我的掛號信，是被人冒領了？還是郵局弄丟了？鬧不清楚。上週接美國回信後，立即通知銀行凍結那筆匯款，幸好還未被人取走。立即把款招回。損失利息和銀行手續費，只好認了，匯款未丟，算是萬幸。那段時間好像也不著急錢的事，覺得「是福不是禍，是禍躲不過」，聽天由命吧！也許我命裡沒那筆錢。這輩子丟下的東西太多了，也就無所謂了，當作精神考驗吧。好在這根神經不是我的主神經，能扛得住。這算達觀？算悲觀？隨人去說吧！

昨天，大學漢學系兩位主任請吃飯，要我擔任我曾輔導過的那位博士生論文（〈馮友蘭思想及其時代〉）審查委員會成員，十月份舉行論文答辯。我想對學生總應有始有終，就答應了。如能回京，就把日期放到論文答辯後吧。大前提未定，一些具體事情卻必須定；這個滋味就像身首異處，真叫難受。生活中的現實就是如此，那就如實地接受吧。這種人掛半空中的事，年輕人似乎承受力較強。就如十天來，比利時因一家飼料公司產品有致癌毒質，所有比利時的雞、雞蛋、蛋製品、豬肉、牛肉、牛奶、奶製品都遭歐盟禁止銷售。文老先生的女兒、女婿經營的雞肉批發公司，每月五十萬比朗（一萬四千美元）的生意，說垮就垮了；餐館也趕緊裁人，在那裡打工的中國學生也一下子無工可打了。但他們還得維持下去，而且指望不久就可以東山再起。我現在發現，人年紀大了最怕煩心，事情一多就顧不過來。可是「黃鼠狼單咬病鴨子」，人老了偏偏事多。生活就是這樣，那就接受事實吧！再想想Kosovo和南斯拉夫的艱難命運，他們看我多麼幸福！於是自己心情也平靜下來了，該幹什麼幹什麼，盡人事以待天命；別的不再多想，連感覺也沒有，日子就這樣打發著。我知道自己還是很幸運的。

復三　一九九九年六月十二日

六月三十日從巴黎回來。在巴黎一週，主要是辦延長居住證和旅行證件，同時利用在法醫療保險，檢查一下眼睛和心臟。半年來視力無變化，這是好事：體重七十二公斤，比一月份減了三公斤，也是好事；膽固醇仍高，醫生開了降血酯的藥，Aspirin和硝酸甘油，都是老生常藥。內科醫生過去開防止前列腺肥大的藥，我沒有堅持每天吃；這次醫生強調要天天吃，那就照辦吧！

抽空再到羅丹美術館徘徊了半天。以前看羅丹創作《上帝的手》，沒注意在這手掌裡亞當和夏娃的初型，彷彿表現出人性的朦朧初醒。羅丹創作《魔鬼的手》有兩次：第一次是魔鬼用手掌托著人，人彷彿還有一點自己的活動空間；第二次是魔鬼的手緊緊抓住了在掙扎的人。人從神的奇妙創造是可以跌到魔鬼的掌心裡去的，在魔鬼掌心裡的感覺也會有不同的。從中彷彿看到羅丹對人生的思索過程。羅丹另外還創作了《一雙手》，兩隻手不是握在一起，而又是那樣契合無間，似乎是對人的創造能力的驚嘆和謳歌，又像是一對愛人互相吸引的雙手。這次還看到羅丹的一個大型作品《抹大拉的馬利亞張開雙臂，撫摸在十字架上死去的基督》。聖彼得大教堂裡，米開朗基羅的《神聖哀傷》（*Pieta*）是耶穌躺在母親的懷裡，耶穌的臉是平靜的，馬利亞低垂的臉上，是忍住巨大創痛的神聖哀傷。羅丹雕刻抹大拉的馬利亞，跪在十字架下，只有背後，看不到臉，但那張開的雙臂，像是傾瀉出語言無法表達的無限感情。這是把神聖哀傷和人的感情都融在一起的passion，比聽巴哈的〈耶穌受難曲〉，給人更強烈更集中的瞬間激情。令人聯想到羅丹的另一件作品《The Prodigal Son》，浪子遊蕩多年之後，感到痛悔的一剎那。羅丹刀刻下的浪子，跪在石頭上，高舉雙臂，仰望蒼天：表現了痛悔中的希望，卻同樣不需要靠臉部來表現這一切。和羅丹的另一件作品《Agony》，只表現一張臉，同樣感人。在兩層樓十個展室裡一看再看之後，走到庭院裡，在《地獄之門》前熙熙攘攘的人群裡，獨自坐了些時候。以前總納悶，歐洲中世紀哥特式教堂，常常以最後審判作為教堂大門的主題，從大門的浮雕上，表現得非常清楚。而羅丹的地獄之門為什麼除門框外看不出線條？這次才體會，羅丹所見的地獄和人間，是同樣波濤洶湧的海洋，這就更突出表現了但丁在《神曲・地獄篇》扉頁的詩句「Abandon all hopes, ye who enter!」所要表現的地獄，在於其中喪失了一切希望！徘徊在羅丹美術館裡，想起朱光潛先生在〈中西詩在情趣上的比較〉中所說，西方詩的長處在於思想的深廣，這是得力於哲學和宗教向詩歌提供的肥沃土壤。我想，不僅是詩，其他西方藝術珍品裡不是同樣反映出這個特點嗎？以前對西方古典藝術的特點，只是朦朧地感覺，多謝朱光潛先生把它點了出來。人感覺到的，常常不一定理解，只有理解了的，才更深地感覺到它。

今晨進城，本想趁半年一度的商店降價期間，買一雙涼鞋。盤桓之後，還是進了書店，買了三本書：一本是A. C. Graham英譯的《晚唐詩選》，他所譯的《莊子》比哥倫比亞大學Watson的英譯本高明百倍。記起在倫敦他家中做客的往事情景，現在他已作古，看到此書，有一種「他鄉遇故知」的心情。還買了一本Jose Bracons教授著《哥特藝術簡介》，包括建築、雕刻、繪畫和教堂的染色玻璃飾畫等。一本是圖文並茂的八開本古埃及《死者之書》，曾在慕尼黑博物館見過斷頁。這是替代涼鞋，給自己的一點精神享受，也是一種安心待在魯文的心情吧！以慰遠人。

一九九九年七月三日

【美慧，寄你兩信，一是通氣，二是聽你的評論。】——這是趙師手寫附加上的字。

CY、SM：

看到寄來的耀華同班同學聚會照片，忍不住哈哈大笑起來。笑的是老同學，怎麼一個個都變得和自己腦海裡、記憶裡的面孔不一樣了！若不是你在照片背後註上姓名，走在街上我一個也不敢認！我現在最愛看的是小孩的臉龐，個個可愛，好看得不敢碰一下。其次是看年輕人，覺得個個英俊，前途無量，自己再也擠不進那隊伍了。平常說「滄海變桑田」時，不會聯繫的自己；現在面對這兩張照片，每個人的眼神裡、每一張面孔的皺紋裡、每一根白髮裡，都有說不完的故事吧？難得的是，當年同學們歷盡滄桑，居然還能聚在一起！如果有個有心人，把大家的生平故事寫下來，大概會湊成我們五、六十年的一個時代側影吧！平常說，歷史是人民寫成的，但在形成文字的歷史裡，往往看不見組成歷史的、有血有肉的人民大眾，多麼可惜！前昨兩天，到荷蘭Rotterdam回訪荷比盧華人作家協會主席。她把老人的幸福概括為五點：一要身體健康，二要經濟不必發愁，三要有個情投意合、相互照應的老伴，四要有幾個能談得來的好朋友，五要有點情趣；並認為五者缺一不可，五者之中，最重要的是老伴。我想，按這個標準，你們可以算是十分幸福的一對了！看來信講，獄中犯人的孩子們，到處流浪，受社會的歧視，以至於不斷犯罪，淪為乞丐、盜賊，我想想都覺得心酸。過去歷史政治運動中挨整的人，哪一家沒有這樣的事呢？由此聯想到前些日子，一位年輕（四十幾歲）朋友說我，總在那裡憂國憂民，自尋煩惱。他們這一代就不這樣。我說，我這代人，是在憂患中長大的，好像改不了似的。來信說，現在社會上最時髦的一句話——「心理不平衡」，也許年輕人當中就沒有這種「心理不平衡」了，這算不算時代進步、我們落伍的一種表現呢？年輕人看，這是老人把自己的「失落感」反投到社會；「心理不平衡，應該去看心理醫生」。這麼說，這是心理病症了？不免有點啼笑皆非的感覺。這也是我常常提醒自己「戒言」的一個原因。

上週去巴黎，火車上一個中年溫州人，據他說，是持中國護照、荷蘭居留證去義大利米蘭，過瑞士境，被認為沒有簽證，把他的證件扣留，打發到上巴黎的火車。他已沒有任何證件，又不會說一句外文。看見我是中國人，就要我幫他到巴黎下車後，打電話到比利時，請朋友到巴黎去接他。我看他，身處異鄉，語言不通，兩眼漆黑，舉目無親；幫他在火車上找個法國人，讓他用手提電話，在火車上打通比利時的電話，和朋友聯繫上；並勸他快回荷蘭原處，辦個證件。下次出門，一定要有個通外文的朋友同行。前天在荷蘭聽說，那裡溫州人很多是非法入境；有的婦女被人蛇集團由中國經東歐拐到西歐，賣為娼妓，十分悲慘。不禁想，人都有家鄉父母，離開家鄉父母，到異國他鄉，想找個出路，這是多麼渺茫的闖蕩！而這種人，大使館也不管，由他們自生自滅。到巴黎，YL認為我已經管得太多，下回少管閒事。我卻不能不想，這類事在美國，在西歐，到處聽到。最簡單的辦法就是認為都怪這些人自己，一推六二五。但心裡悲慘的感覺總是打發不掉，這又怎麼辦呢？莫非這是我的感情太脆弱？應該學會鐵石心腸？YL說，世界就是弱肉強食，弱者就該被消滅！是否在未來的世界裡，我這種人也該予以消滅？

復三　一九九九年九月七日

昨晚在電視上看國慶節天安門前的慶祝場面，把能找到的歐美法英四個電視台轉播北京中央電視台拍攝的境頭都錄下來。CNN和德法聯合Arte電視台關於二十世紀中國歷史的兩部歷史紀錄片也錄了下來。耶魯的Kennedy教授把一五〇〇至二〇〇〇年作為世界歷史的一大段落。Jonathan Spence寫中國尋求現代化的歷史從明末算起，那也有四百年了。二十世紀在近代世界和中國歷史上，都是翻天覆地地劇烈變化的世紀，彷彿是幾百年歷史演變進入高潮時期。中國在這世紀裡，可能又是文化社會經濟政治變化最大的一個。能參與這個世紀後半部的變化，真是難得的機遇。個人在歷史長河裡不過是一瞬，但歷史長河本身真是令人嘆為觀止的。看「十一」天安門城樓上的鏡頭，最放鬆的是董建華，可以看出他興奮的樣子；其次，顯得悠閒輕鬆的是田紀雲，側身扶著欄杆，鏡頭越移向城門樓中央，特別是最中間十個人左右，每個人都搭拉著臉，挺著身子，看不出一點為建國五十週年高興的神情，甚至沒有一點安詳的樣子，至於風度，更是做作不出的。這和從前那些國慶節場面相比，是很突出的不同畫面。不由得想，為什麼是這樣？十五屆四中全會剛開過，就國營企業這個拖延多年的問題做了決議，明確了方向方針。看來，這方針既由於穩定國內的需要，又有國家安全的必要，但經濟上則將是大難題。政治上，台灣問題怎麼解決？已經非擺上議事日程不可了。在世界經濟大格局裡，中國現已嚴重依賴外國市場，卻面對嚴重生產過剩的世界，和其他發展中國家的激烈競爭。中美關係在台灣問題上會不會破裂，導致軍事衝突？即便國內風平浪靜，上述這幾大問題都是關係國家命運的難題。怎麼辦？過去講依靠群眾，現在如何呢？天安門前看不見群眾。過去，群眾是國慶慶祝中的主體；這一次，除了彩車隊伍、小學生組織隊伍外，少數民族沒有出現，廣大幹部、工人、學生、市民似乎都只見站在馬路邊看熱鬧，這是電視片給人的第二個突出印象。從前慶祝國慶最壯觀的是群眾隊伍，現在壯觀的是新式武器、彩車隊伍、晚上的焰火（這些都是可以用錢堆起來的）；團結的各族人民不見了，群眾站在路邊瞧熱鬧了，令人不能不深思。

儘管如此，從國慶四十週年時的專體片，和舊的紀錄片裡還是深深感到我們民族自強不息的無窮活力。這般力量從昨晚到今天一直推動著我想今後一年自己要做的事情：粗粗一排隊，要做的事情已經排到明年七月底，而且時間要排得很緊，毫不敷裕；還要保持體力，集中精力，不浪費時間於非必需的事情，不插進計畫外的任何事情。這次五十週年國慶對我是一個Wake-up Call（警鐘），不要為不可能實現的幻想浪費時間。自覺像傍晚趕路的行腳僧，不敢旁騖。以前讀孔子講的「毋意，毋必，毋固，毋我」，佛家講的三毒「貪，嗔，癡」，自省最難擺脫的是癡：癡心回北京是一例，癡心追求「無過」又一例。這一年不斷在學功課破癡，或許又會被看為「冷漠」了。從自己說，盼能「傻而不呆，有情不癡」；同時也漸醒悟，事情總有兩面，如果從另一面看，不癡不執就是無情了。有批評總是好事，可以反省，但自己該學的功課，還是要學，也不必因破「癡」破我，又怕被認為「無情」，「獨」，那還是執著於我，怎能向前行呢？

一九九九年十月二日

日記一頁

如果有人問我，有什麼特長？我覺得自己確有兩個特長，一是善於自尋煩惱，二是善於在矛盾中討生活。譬如在魯文，完全可以安居樂業，偏偏要想萬里以外的北京；想這有什麼用？一點用處也沒有，卻還要想。拿今天來說，難得趕上一個秋天裡的春天，晴空萬里，風和日暖，聽聽枝頭鳥鳴，看看母親帶著兩個三、四歲的女兒，拿麵包餵教堂外面幾十隻鵝鴨雞鴿，一個女兒伸手去摸奔來搶食的鵝頭，另一個嚇得躲在媽媽身後，看得我哈哈笑起來。兩個小女孩都抬頭看我這陌生人，我們就這麼傻傻地互相望著笑。孩子大概不再想別的了，我卻不禁還要想：在這裡，每天看見母親帶著孩子來教堂外面，拿麵包餵鵝鴨；在非洲，千百萬兒童卻赤身挨餓，骨瘦如柴，只有頭和肚皮，大得嚇人。想這有什麼用？可是兩個世界都在眼前，能閉眼不看嗎？過去一週裡，電視裡報導雅加達學生和警察衝突，學生追悼被警察槍殺的同學，這情景沒法不引起思索。昨天巴基斯坦政變，軍隊執政，伊斯蘭堡的市民卻很平靜，因為政府的專制腐化早已引起民眾的強烈不滿，看得令人心驚肉跳。問自己心驚肉跳些什麼？發展中國家經濟、政治上都脆弱，文化變成商場，社會問題成堆。從去年東亞金融風暴，到今年巴基斯坦政變，印尼在二十多年經濟高速發展後從去年金融風暴蘇哈托下台到今年東帝汶成了西方國家俎上肉，能不叫人心驚肉跳嗎！可是，印尼、巴基斯坦有他們的國情，又遠隔萬里，瞎操什麼心？操那心又有什麼用？我都回答不出。這不都是自找嗎？一點不錯，就是自尋煩惱。

按我本心，是想讀書；在倫敦找了本舊書《Celts》。從歐洲的考古發掘看，公元前七世紀，在多瑙河上游，現在的奧地利、巴伐利亞、波希米亞地區的居民是一種游牧民族Celts人的發源地。當時被希臘人稱之為野蠻人，但還互通貿易。Celts和希臘人以及當時在義大利半島的Etruscans人（後來被侵入義大利半島的羅馬人消滅）成為既對峙又互通貿易的三個世界。Celts人因游牧戰爭而從中歐向外擴張，進入西歐，又渡河到了英倫三島，成為現在所知英倫三島最早的居民，比盎格魯人、撒克遜人都早。羅馬人把法蘭西的原居民稱為高盧人，其實，Gaules就是Celts。Celts和羅馬人戰爭不斷，最後被羅馬皇帝Caesar戰敗，Caesar時代的《高盧戰紀》就是這次戰爭的回憶錄。《新約》中的加拉太人就是Celts，到公元四世紀還被看作是一種民族文化。在英倫三島，盎格魯人、撒克遜人、諾曼人不過是在島的東南部稱王稱霸，至於愛爾蘭人、威爾士人、蘇格蘭人、英格蘭西南部Cornwall人，都是Celts。法國和西班牙邊境的Basque人，也是Celts後裔。向愛爾蘭朋友打聽，愛爾蘭人幾時接受基督教信仰？這位愛爾蘭朋友不是研究歷史的，只知道St. Patrick（到現在還是愛爾蘭的保護聖徒，就像St. George是英格蘭的保護聖徒，St. Andrew是蘇格蘭的保護聖徒）到愛爾蘭傳教是公元五、六世紀之間。作為一種獨特的Celts文化，它早已被羅馬人消滅了，但是，Celtic十字架卻作為文化遺物，留存到今天。這就是Celtic十字架的來歷。

如果問我，知道了這些，又有什麼用？我也瞠目不知所答，無非是一種文化興趣。文化興趣有什麼用？中國人自己的事情還顧不過來，管什麼外國文化歷史？中國人，我也沒話說。也許文革時的「文化無用」論，到今天還有理，我也沒話說。這就是我在矛盾中討生活的自尋煩惱。關心現實，也是無用；關心文化歷史，也是無用。要改造自己成為既不關心現實，又不關心文化歷史，那我算是什麼玩意兒呢？

迎接二十一世紀的宣傳已經開始響遍世界，我也不得不想，自己怎麼迎接？為了安寧，我應該學Oedipus，把自己眼睛戳瞎，而且也把耳朵戳聾，這樣就得到安寧了。但是，中國人愛喜劇，不愛悲劇的。也許更合國情的是學自我催眠術，像《伊索寓言》的狐狸，不停稱讚自己吃的檸檬真甜，這就皆大歡喜了。不過已經聽人說我是玩世不恭了，做人真難啊！

這幾年來，聽到多少位講自己生活的不幸經歷，我曾對一位說：「為了生活下去是要咬牙的。」

這其實是從文革到現在，三十多年不斷對自己說的話。上星期四去看牙醫，因為右下臼齒掉了一塊。醫生敲敲我的牙說：「你的牙很結實，怎麼臼齒會掉一塊？」問我：「疼不疼？」我說：「不覺得疼。」醫生問我：「你愛吃酸的東西吧？」我說：「我的胃和牙都不能吃酸的東西。」醫生說：「那麼，that is because of too much stress.你睡覺總咬自己的牙吧？」大概是這樣的。可是沒想到，醫生會對我講這話；更沒想過，咬牙會把牙咬碎。怎麼掉的我也不知道；掉的半顆，早嚥進肚子了。聽人說我是性格軟弱，這話不錯，連牙都不堅強，就足以證明了。

一九九九年十月十六日

CW兄：

收到《萬象》第五期，甚感。拙文〈讀古代基督教史〉是為向徐懷啟先生盡弟子之心，蒙刊出，署名尤見用心之處。這都令我十分感激。文中「餬」字已簡化為「糊」，這是無可奈何的了。若按以前，就算錯白字，要打手心板的。解放前的老師，為生活擔憂，有甚於今日，但「敬業之心」似勝今日。時代不同了，文字上的要求似也放鬆了。曾聽大學畢業生問：「中國成語說，『過橋拆……』，那是拆什麼？」我私心想，那只好是「過橋拆河」了。還曾聽一位我尊敬的、沒機會受完整教育而十分刻苦努力的記者作家說，劉備為請諸葛亮，三顧茅房。把古代成語譯為現代漢語，自然是可以的。「廬」的意思是「房」，概念上也沒錯，但「三顧茅廬」變成「三顧茅房」，不免給人一種痛苦的滑稽之感。文字工作者有一種「校讐」的習慣，若說和刀筆吏有什麼不同，大概只在於一點仁義之心吧？

這些都是小事。小和大，大概也是相通的。曾讀全國第一大報社論標題寫「統一思想」，不禁納悶：且不說，思想在人人的腦袋裡，如何統一法？即便真的做到了這一點，也就取消了思想的辯證運動，那不是要上下人人思想靜止不動，不是成唯心論了嗎？起草社論的總不是等閒之輩，到審稿、發稿、印發全國億萬人讀，這不是提倡唯心論嗎？（當然實際上，能統一的只是「口徑」，就是口按什麼途徑說話，這是人人都心領神會、照辦不誤的）。前些日子讀批判法輪功文件，提出「批判唯心論」。同一出處，一面鼓吹唯心論，一面號召批判唯心論，又不禁令人有一種痛苦的滑稽之感。由此聯想到從前讀英國歷史學家Lord Acton的名言：「權勢會腐蝕人，絕對的權勢就絕對地腐蝕人。」總以為他所說的僅限於有權勢的人，後來慢慢體會，這種腐蝕作用是無遠弗屆的，它可以腐蝕文化，腐蝕人們的頭腦，還腐蝕心靈。現在人們到處叫嚷「千年蟲」給電腦帶來的威脅，但還有腐蝕人腦、侵蝕人心靈的「千年蟲」，又該怎麼辦呢？不禁茫然。

本意只是要道謝，哪知手不聽腦袋指揮，信手寫成胡話；原諒則個。秋深，望多珍重。

此請　撰安

弟　復三　拜上

一九九九年十一月六日

CW兄：

接奉一月三十一日手書。並多謝惠寄網上評慎之兄及《先聲》兩文。評慎之兄一文，既匿名而見其怯懦，又謾罵而見其水平之低。要論戰，也得拿出點像樣的人來；弄隻吧兒狗出來汪汪兩聲，狗的主人不覺得丟盡臉面嗎？評《先聲》，硬說當年白紙黑字寫的幾十萬字都不代表中共中央，想一手就遮盡天下人耳目，把老百姓當白癡；這種伎倆怎篡改得了歷史？只暴露了作者及其後台同夥的徹底背叛人民而已。這樣的奇文多出一些，讀者有正反兩面文字足資比較，就像四十年代當時有兩種相反的聲音一樣，教育大眾將更加有效。從這點說，奇文也起了它們的歷史作用。歷史重演，第一次是悲劇，第二次成了鬧劇。莫非我們只能在這樣多次反覆中才能前進嗎？過去，我總把歷史中的偶然和必然分開來，現在才漸悟這偶然大概就是必然；它們不是兩齣不相干的戲，而是一齣戲。讓它在二十世紀都登上歷史舞台吧！這樣，對二十一世紀還能多抱一點新希望，這新希望的實現只能寄與後來者了。由此對您們各位的工作，也不由得從心底產生敬意。這也是讀《隨感》今年第一期和《讀書》去年十二月號和今年一月號的一點感想。

近月寄奉幾小篇，都是隨感，壓迫心頭，不得不吐。為新生代著想，近年來，一直在物色一本擺脱「西歐中心」的，較好的《歐洲文化史》。美國、英國學術界談歐洲，終令人有隔靴搔癢之感。不如歐洲大陸的學者自己來寫，較有深度。去年找到荷蘭Nijmegen大學文化史教授Peter Rietbergen於一九九八年出版的《歐洲文化史》（正文四百七十頁）。這書有兩個特點：(1)注意歐洲文化和世界其他各地區各不同文化的相互影響；(2)注意歐洲社會發展過程中，文化自古至今的延續和演變。文化史和政治史、經濟史雖有關聯，但我總覺得它還有自己的特點，就在於文化的延續性貫串於時代性之中，比政治史、經濟史更突出。過去，國內這方面的書籍，只講文化是政治、經濟的反映，容易抹殺文化自身的特點。我與Rietbergen教授通信告他，計畫翻譯他的這本書。他回信表示十分高興，願經常保持聯繫；同時提醒我，最好先與出版社聯繫。這是很好的提醒。隨函附上此書目次，可以看到全書框架。能否煩請老兄便中與有關出版社試行聯繫，看有無興趣。我的計畫是今年把它譯完。但有一個影響進度的因素是我的白內障日漸發展，現已使我眼花，容易眼累，看書要比過去湊得近。眼科醫生認為，今年將需要開刀，這會影響工作多大，我無經驗。這是要先講清楚的。勞牘之處，衷心銘感。

此請　近安

復三　二〇〇〇年二月十二日

JE、YY：

【美慧，《十五世紀義大利文藝復興史》另外寄上，其中有不少章節可看。　復三

二〇〇〇年三月五日】——這是趙師手寫加上。

過去這一冬，聽來，魯文、香港、北京、加拿大……，全世界到處都鬧流感，而且一家裡有一人被感染，很容易就全家就躺倒。我倒是一冬平安，連傷風咳嗽都沒有。你們常掛念我的身體，看來，我的體質還可以。另外，自己也(1)經常注意減少生活雜事，頭緒要少，不叫自己煩心；(2)經常鍛鍊，(3)吃得清淡，寧少勿多而多喝水，睡眠、作息有規律；(4)衣著保暖，特別是冬季；(5)再加一些補充營養（藥物很少吃）。中醫常說，「帶病延年」，「三分靠藥，七分靠養」，我體會這是結合身體實際，而重在發揮主觀能動性的實踐經驗總結。北京比我年輕的人，常聽說有這病、那病的，大概煩心的事多，生活環境、生態環境都影響健康。使我想，你們體質比我差，過去工作比我累，現在操心的事比我多，又過了六十五歲這個老齡門坎，恐也得全面估量一下身體狀況；既已退休，就得把保持健康放到首位來安排其他一切，這也是為完成自己的社會使命。就個人說，生命現象是

自然運轉的一部分；順其自然，無所遺憾，不貪生而要全生。這是我現在認識所及的程度。結合我現在的具體情況，覺得現在真是我生命的黃金時代：身體沒大毛病，能吃能睡，能活動，在同齡人中，比上不足，比下有餘；經濟上豐衣足食，不必發愁；不必為孩子操心，家事、國事、天下事，參透而不煩心；有自己感興趣有價值而無壓力的工作，有想讀的好書，覺得生活有意義；還有家人、朋友，可以經常通話談心。真體會這是一生少有的幸福時光。昨晨飄雪，早出散步，回來得句：

春雪

去冬少雪，今晨補足。踏雪行古寺外，如在梵谷畫中。歸聽貝九，得句。

迷濛春雪遲，陌野迎一癡；

乃知夕陽好，正是發奮時。

這裡所說「發奮」，是因返京事，十有九不成而指自己要精神發奮。寫這幾句，藉此問好。

復三　二〇〇〇年三月五日晨

又，如見有一卷本《四書》煩你幫我買一本，註解不是我所需，只是正文不時要查核一下，這事不急。

說來叫人難以相信比利時這樣一個有兩千年歷史文化的傳統天主教國家，在魯文這樣一個古老的大學城，各種書店裡，除了庸俗可厭的生日卡以及供應遊客的風景片之外，竟然難得看見一張有藝術性的Greeting card。前兩天，在這裡僅有的天主教藝術品商店覓到德國雕刻家Egino Weinert的《慈父》雕刻照片，高興得像久渴的旅人飲到一滴甘露。

這《慈父》像是以《新約聖經・路加福音》十五章浪子的比喻這個家喻戶曉的故事為題材的。中國人都熟悉「浪子回頭金不換」的諺語，古代基督徒則記得這故事是耶穌講過的一個比喻。羅丹曾取材於這個故事，雕刻了《痛悔的浪子》像。那是一個年輕人，跪在曠野的一塊石頭上，高舉雙臂，仰頭望天的有力雕像。羅丹的雕刻中，除了加萊市民們向英國征服者遞交城門鑰匙的痛苦行程，和情人親吻外，還有醜陋乾癟的老婦人（據說是他的淪落為妓女的姐姐的老年像），有劇烈創痛、咧著雙唇、正將嚎啕痛哭那一瞬間的婦人頭像，有老人離開人間之前，舉起乾枯的手，搭在眉上向遠方少女做「最後一瞥」的無限深情。每個雕像都表現出人的最強烈感情的一瞬間。任何人的生命終將消逝，他的一切歡樂和哀傷，也將隨之而去。短暫的人生偶然切入了永恆的時間，能留下什麼痕跡呢？在老年羅丹的畫像裡，他的上身傾向前方，瞇著垂老的眼睛，努力在看，所要尋索的大概也就是比任何個人生命更長久的一點什麼吧。他所看見的大概也就是他在雕像中所表現的，人對生命的感情吧。這彷彿使人懂得了一點藝術上法國浪漫主義的追求。

Weinert對浪子回頭的故事是從另一個角度來表現的。《慈父》像裡父親和孩子擁抱在一起，整個雕像的線條少到最少限度。孩子撲在父親身上，把頭深深埋在父親懷裡，連頭髮都只看見後部，他雙手抱著父親，所有的表情都是以雙手來表示的。老邁的父親，臉上似乎看不出有什麼特別的表情，他只是彎著身子，把頭貼在孩子的頭上，袖子裡伸出粗大的雙手，摟著孩子，這是無言的瞬間，是一切語言都不再需要，只是兩個頭、兩雙手、兩顆心貼在一起，是剎那即永恆的瞬間。原作是銅像，但是它卻散發出熱，使每個看到的人都能感到它在向外散發的熱。這動人的親子之情使人不由得感到，任何人，當自己歷盡一切生活心酸之後，返身投向萬有的一瞬間，不也正是這樣嗎？凝望著這雕像，比讀《路加福音》的故事感人更深；最深的感情從來不是以語言來表達的，在借助語言時，語言往往把人心靈的最深處掩藏了。這座雕像所要表現的正是人的無言與無限的心靈。無限並不僅僅遠在宇宙的深處，還在人自己內心的深處，這兩個無限其實只是一個；而這一切卻常常被人們遺忘了。這個令人想起六十多年前，德國思想家E. Kahler在《歐洲歷史上的德國性格》（蘇黎世，一九三七年）書中所說的一段話：「德國人重視絕對完整而無限的內在心靈，勝於外在的宗教形式；這和他們生活裡有一種奇特的虔敬心情而又容易輕信外部世界顯得是平行相成的。」和羅丹的作品並列來看時，這座雕像又使人能夠更具體感到，德國藝術上的浪漫主義風格和法國浪漫主義風格的不同，而它們對生命的深情和對無限的嚮往又是相通的。

不僅雕塑是這樣，好的音樂不也是這樣嗎？這種對生命的熱情到無限的嚮往，不正是人內心最深的無言的追求嗎？這種心靈的覺醒，基督教稱之為「靈性」，這個追求，基督徒看為「生命」，這個終生追求的生命道路，基督徒稱為「天路歷程」。古代以色列人認為，神是無名無相的實在，基督徒從猶太教繼承了這個傳統，看神是靈（《約翰福音》四章二十四節），所追求的是與神同在的不可說的忘我經驗，這是基督徒信仰與生活的中心。後來歐洲人想用語言的概念表達這信仰時，把它稱作「religio」（本義是聯繫），而把人內心最深的無言的追求套用另一個詞，稱作「奧祕」（mystery）。中國人從來是被理性主義思維統治的，對此沒有一個相應的詞，便「religion」譯為「宗教」，從中文「教化」（倫理道德）這個詞轉化而來的；「奧祕」則被劃到另一個「不可知」領域，成為「神祕主義」了。「不可說」和「不可知」從根本上來說是「為學日益，為道日損」（《道德經》四十八章）的兩回事；失之毫釐，繆之千里。《莊子・外物篇》講：「言者所以在意，得意而忘言。吾安得夫忘言之人而與之言哉！」可惜的是，今日理性時代，無論西方或中國，走的是「得言忘意」的相反道路，以致連Thomas Merton這樣一個正統的天主教思想家也發出「一個無神的基督教？」這樣的感嘆了。

由此想到，今天我們對此怎麼認識的問題。印度人對西方人所稱的「Hinduism」，認為根本不是什麼「ism」。認真的穆斯林也認為，伊斯蘭教不是一個「教」，只是信真主的人的生活樣式。這是不少中國人區別不清，於是連問題也予以抹殺了的。研究基督教的學者對於基督教，同樣也有一個認識的問題。西方人，從古希臘思想傳統，把人分為身體、頭腦、靈魂三部分，論到基督教時，也很容易首先講它的組織和形式，即可以觸摸得到的部分，然後再講它憑理性可以說明的部分；這兩部分，從歐洲中世紀直到今日西方，也被不少人（包括今日所謂「現代派」基督徒）認為就是基督教的全部內容。而認真的基督徒則認為這是閹割了基督教的靈魂，即其中超越理性語言，被稱為「神祕主義」的部分，因此有了「屬靈派」的名稱；另一方面，標榜理性主義的基督徒則被看為「不信派」、

「現代派」。這是西方基督教歷史上一個古老而又於今為烈的爭論。近代西方基督教傳入中國，把這個爭論也帶到了中國基督徒中間。而在今日中國，由中國人自己的傳統理性出發，看一切都是「學」（儒學、道學、佛學、玄學等）。有的學者也容易把西方現代派基督徒對基督教的解釋稱為「基督教學」，這個命名值得仔細斟酌。中國人的民族思維習慣是「循名求實」、「析名辨理」，Christianity的含義是「基督徒之所以成為基督徒者」；它雖包括知識，即「學」，那只是「小學」，遠遠不是它的中心；從本質說，基督教並不是與其他各種學問同類的「學」。稱「基督教學」對廣大人民很容易誤導，對政府從事宗教工作人員則會誤事，對國內外基督徒則不僅傷害了宗教感情，而且會認為學者是強不知以為知，招致輕視。「基督教學」如譯成英文，大概只好譯成「Christianitiology」，就連西方所謂現代派基督徒，大概也會為之哭笑不得；在海外的中外學術界，會認為國內學人太輕率。這不是個人問題，是一個時代學風的問題，是關係後代的嚴肅事情，不敢掉以輕心；庶幾在國內不致誤事，在國外不致貽笑大方。感想太魯直，且未必對，能蒙君子見諒嗎？

復三　二〇〇〇年四月一日晨

JF、YY：

收到三月二十二信，並另寄三本《健康指南》，內容為我很有幫助。得知YY胸悶已見好轉，恐還要經常注意。我上次說到一冬未得感冒，全靠自己當心。真正講養生經驗，我現在體會，首先是定志。床頭就是媽媽的照片，我想，我得叫媽媽看到我高興；這是指導我生活的方針。結合自己情況要「三少一多」：(1)生活中的頭緒要少，就是簡化生活內容，生活規律化，什麼時候做什麼事，都有一定；翻譯工作也控制時間。(2)少煩心，沒有家事，只有國家、天下事，事情不能不關心，但不要讓它煩心。將來行止，我是立足於此，終老於此。媽媽晚年怎麼過的，我也以她為榜樣，不必三心兩意。(3)少吃。每天早上一片麵包、一個蛋白、一杯脫脂牛奶。每週買一斤瘦肉末，加洋蔥，炒好放冰箱。你給我電飯鍋後，我現在經常煮菜飯。米下鍋後，加豌豆、青菜、胡蘿蔔塊，再加一小匙鹽、一茶羹湯料、些許素油，煮的菜飯再加點現成肉末。一鍋菜飯可吃三、四頓，第一頓是菜飯，以後是菜粥。味道不下於從前媽媽做的菜飯，還更有營養，又省事。每頓飯再吃一小碗生菜，有時加半個蘋果。基本不必起油鍋。有時換花樣，自己攤個麵餅或炒點麵條。(4)一多，就是人要自覺多磨練，任何別人看是麻煩的事情（例如白內障），其實對自己是磨練，都有好處。身體同樣也要磨練。活動量的掌握，只能靠自己摸索。總之，以活動後，身體覺得舒服為準。現在春花都開了，到野外走，真覺得與天地一體，心情舒暢。

你問我的各點：

(1)我的房間朝南，只要出太陽，屋裡就暖洋洋。屋頂也許有點漏，不嚴重。

(2)白內障開刀，醫院排隊已預約到明年，現把我排在六月，用什麼技術，沒打聽；也不操那個心，一切順其自然。

(3)我覺得自己應當減肥，現在體重多少不知道，也不操那個心。

(4)鍋子之類，我現有的已經夠用；再多，沒處放。我的方針是東西夠用即可，物多為累。所以你也不必替我打聽。

(5)范之龍雖已退休，大概六月裡要到歐洲訪問，我約他到我這裡住住，可以陪他到荷蘭、比利時、盧森堡、德國各地玩玩逛逛。請你幫我買點板藍根、感冒清熱沖劑，請他帶我。他的電話號碼，朱傳一知道。

從你來信看，北京的同齡人好像身體都不怎麼樣，時而這個報銷了，時而那個也撒手西去了。大概北京的整個環境不利於人長壽。我在這裡安安逸逸的模樣，不想長壽也得長壽；而且覺得我已經很長壽了，本不該活那麼長的。這問題上，我好像比你看得開些。你比我嚴肅，我則是自找輕鬆。因為憂慮無用，所以就不憂慮了，這也是我的養生術。今晨還勸朋友，學會自己給自己吃寬心丸。這味藥，只有自己炮製；別人炮製是沒用的。就寫到這裡，趁太陽未下山，該出去散步了。問好。

復三　二〇〇〇年四月二日

湖南新開出版社的《書屋》雜誌今年第三期（深藍色封面）很值得一讀。

JF、YY：

我體會，年紀大的人，有一個比較平靜穩定的生活秩序，為保持身體健康很有好處。當然XH一家回京，你們高興，對身體健康也有好處。只是精神體力，收支能夠平衡就可以了。前天（五月二十四日）美國眾議院通過給中國貿易最惠國待遇，贊成的二百三四十票，反對的一百幾十票，差額很大。下一步六月裡參議院表決，只要不發生意外事件，參議院也會通過。從五三年朝鮮停戰到一九七二年初尼克松（編按：台灣譯名為尼克森）訪華，歷時近二十年；從中美建交，到貿易真正正常化，用了二十八年。這顯示出中美關係的一種「模式」，從中可以看見將來的關係，也不會因貿易關係穩定而一切順利。從二〇〇〇年上半年看，美國經濟仍有發展，但高科技股票波動極大，福特關閉在英轎車廠，歐美大工業、大銀行、大公司還在繼續合併，美國以至西歐、日本的經濟前景，都搖搖晃晃。正是這個不利形勢迫使美國給中國貿易最惠國待遇，以換取美國在中國爭奪從農產品到好萊塢電影的一大片市場，壓日本、西歐一頭（從中國人身上賺錢更不消說）。打開市場與貿易能否擴大、經濟能否穩定發展是兩回事，這是半年來西方經濟專家對西方經濟前景都含含糊糊、不敢吐大氣出狂言的緣故。從中也可以看到，以為加入ＷＴＯ，對美貿易正常化就可以保證中國經濟發展前景「穩拿糖瓜」是沒有根據的。中國現在大局繫於經濟，如果經濟遇到困難，國內的社會政治穩定，恐怕就要受影響，而且變化會很快。對此，國內的人們，感受會比我更多。就我說，擔心這個比擔心自己身體多得多。但歷史自有它的發展道路，我擔心不擔心，全然無用，因此我就來個「關心而不煩心」。從前象棋盤上都有「觀棋不語真君子，落棋無悔大丈夫」兩句話，這是寫給認字的人（讀書人）看的；偏偏中國讀書人最不懂得這條。西方哲學史上，十四世紀初葉英國有一個William of Ockham在講學中被控異端，逃到教皇的政敵巴伐利亞國王路德維希那裡，相傳他對巴伐利亞國王說：「你用劍保護我，我用筆保護你。」讀書人居然和皇帝談「互助」，這在中國歷史上是從未有過的。中國是「普天之下，莫非王土，率土之濱，莫非王臣」。讀書人歷來有兩條道路：一是做魯迅筆下的奴才，於是「書中自有黃金屋，書中自有顏如玉」。我們生於二十世紀上半葉國家生死存亡之秋，自然走上另一條路，就是學北宋范仲淹說的，「士當先天下之憂而憂，後天下之樂而樂」。反右到八九，年輕人關心國家民族命運而碰壁，退而求其次，只好求「做一番事業」，在做人上，「獨善其身」；再不能見容，再退而求其次，只有「隨大流，別冒尖」，「好漢不吃眼前虧」；再等而下之，就沒法說了。我們家的傳統，從爹爹到三叔，到九舅，到我們弟兄，都好像以「傻」為安身立命之本；認清這一點，種瓜得瓜，夫復何求？我以做好如你說「快快樂樂」再不管哪裡安度餘年的精神準備。

從中美關係多變考慮，從政治安心、經濟安定、生活安穩考慮，我想能在歐洲多留些時候，就多留些時候。如去美，前提是我身體不好，無法料理自己生活。現在我準備在此久居，就是說認為我還能保持幾年現在的健康狀況。來此兩年多，第一年租自行車（租費一年一千比朗），第二年租費要漲到一千七百比朗，改向朋友借，心裡總是不安；星期一去舊貨店買了一輛舊車（新車要一萬三千至二萬三千比朗一部，我花兩千比朗），這是在此所騎的三輛車中最輕快又最結實的一輛。今天還買了一個半新舊的暖水瓶（原來也有一個小的），喝水沏茶可以方便些。置這些「小家當」，就是打算盡量久留的意思。我已經活到進入二十一世紀，而且知道前面大致是「只道天涼好個秋」的模樣，這就可以了，完全不必事事躬逢其盛，多兩年，少兩年，有什麼差別？我看不出。死時躺在床上，或蜷縮牆角，只是無足輕重的形式。我不操心的，你也不必操心。

至於我於國家、民族，過去做過事的地方，或於別人來說，大概「有我不多（不算多餘），沒我不少」。這就算很寬厚的評價了。一直有朋友問我或建議我寫點回憶錄之類，我沒有這打算。從前錢鍾書先生勸我編個文集之類，我想錢先生是在開我玩笑。錢先生當然知道《莊子・天道篇》所說：「語之所貴者，意也，意有所隨；意之所隨者，不可以言傳也，而世因貴言傳書。世雖貴之，我猶不足貴也……。」錢先生當然更知道，我算不上做學問的人。從前寫的各種東西，只是應當時具體需要而作；並不是我自己自發要宣傳什麼道理，更未想過要放諸四海，垂之後世。中國文人論所寫文章有句老話——「敝帚自珍」，我是恰恰相反，對自己過去寫的東西，只要再見到，就臉紅，就想再改，時過境遷，連修改的意義都沒有了。近十年寫的東西，自己知道，說什麼都於實際無益，只是記一時一事的感受，給少數親友，報個平安，表明尚未老年癡呆而已。

寫了之後很快又想到別的，先前寫的就忘了。馮友蘭先生說他寫《中國哲學史新編》時，拿起筆來，不知寫出來的是什麼樣子。這個體驗，我倒是有的，但覺得這是毛病，不足為訓的。中國人太重現實，沒有「彼岸世界」的盼望，所以有了「雁過留聲，人過留名」的說法。我則覺得，一個人死後，三十年內還有親友知道這個是何許人，過了三十年，隔了一代，這名字就只是一個符號而已。為這而費事編東西，不過在圖書館塵封的千萬冊書裡再擠一本進去，給圖書管理員增添一分麻煩，未免不值。你留有我寫的東西，像我們從前存舊郵票那樣存著，將來孫輩有人有興趣翻老箱底，翻出來，看著玩，或者從裡面看出什麼，那是他們的事。總之，你不要為想給我編個什麼而背包袱。你還是做你喜歡做的事，看見好青年幫一把，平時讀讀書，養養花，爬爬山，釣釣魚，頤養天年。這不是很好嗎？我寫的東西，收件人也是很分散的。我覺得於誰有緣就寄，有所不便的，就不寄。G牧師那裡，已有一年未收到信，相應地，我也沒再寄信，以免不便（凡是現在還在工作崗位上的，我因不知情況，都是收到來信再回信）。我死以後，別人要拿我怎麼看，還不是只好聽之任之？管那麼多幹什麼？你說是不是？

匆匆寫來，沒好好想，你就得其意而忘其言吧！

復三　二〇〇〇年五月二十六日

清晨在田野散步，想我雖不寫回憶錄，對編文集也不積極，但整理思想還是需要的。這十年（包括在社科院二十五年）來的內心歷程，大概包括四方面：

（一）直道崎嶇：張岱年先生曾請學生為他刻「直道而行」四字的閒章。馮友蘭先生說，這不是閒章，是張先生的「立身之道」；又說，中國傳統讀書人，生平所事有兩大端，一曰治學，二曰立身；又說，立身為學，初非兩橛，只是一事，一事者何？誠而已矣。這也就概括了我一生的功課。直道並不是康莊大道，而是崎嶇曲徑，走這條道路是要付代價的。但人做任何事情，或不做任何事情，總是要付代價的。取予之間，就是各人自己的立身之道了。譬如文革剛開始，宗教所年輕人要打倒黨支部書記。所裡老一點的幹部，都有政治運動的經驗，先要看風向，不到必要不表態。我卻按捺不住自己，在大會上對大眾表示，我看支書是人民內部問題，不是敵我矛盾，只能按「團結—批評—團結」原則辦事。年輕同事不同意，我還是不放棄自己的意見，結果大家先把我打倒。後來當對所長、支部書記開批判大會，說《世界宗教研究》上載文反對斯大林（編按：台灣譯名為史達林），所長、支部書記在會上互相推諉責任。我當時只是站在台上「陪鬥」，卻忍不住抬頭向大眾說：「那文章是我寫的。」專案組長限我星期六日寫一萬兩千字「罪行材料」，我沒得可寫，但也要寫一萬兩千字交差，然後氣得他對我連吼帶罵街。文革期間，我在牛棚裡寫了幾百份外單位來要的，涉及別人的材料；我獨對蒼天，沒有寫任何迎合我的專案組或外調人員的文字，因為知道那是關係別人終生的事情；我寫的每個字，到最後審判時都會和我對證的。我知道年輕人不瞭解情況，沒有人生經驗，不能怪他們。關牛棚，掃廁所，看見年輕同事衣服破，沒人補，就悄悄收來，在牛棚裡為他們縫縫補補，再悄悄掛到洗衣繩上。文革中，對我最凶的是基督教研究室兩位年輕同事；文革後，恢復工作，我幫他們也最多。一位到福建去，來信要我寄《聖經》，我就寄他。在編《宗教詞典》時我是副主編之一，鄭建業也是，但他是客卿；我們倆反對宗教所長任繼愈要在「宗教」詞條裡寫「宗教是人民的鴉片」，因那只是一個學派的意見，詞典要提供讀者的是穩定的基本知識。當然大家都知道，爭論的實質在於我們不同意以那句話說明宗教本質，我認為宗教是各民族精神文化的儲存所；也不同意以那句話作為馬克思對宗教的權威解說。從七九年爭論到八八年，我在《中國社會科學》雜誌上寫〈究竟怎樣認識宗教本質〉，把問題擺到學術界大家討論；為此也得罪了中央統戰部（趙樸老在此後一次私下談話裡對我說「佩服，佩服」，還告訴我佛教界反應強烈。我體會，他贊成這篇文章，只是他在統戰部管轄下不便說）。對於鄧大人提的「發展生產力是衡量一切工作的唯一標準」，而且這理論要管一百年，我也是不同意的，為此寫了〈盧森堡公園漫步〉（後來錢鍾書先生對我說，他認為這是我文章中最好的一篇，令我汗顏慚愧，知道寫了許多沒有價值的東西）。六四前一年，我在社科院正副院長生活會上提出辭職，因對中央的生活方針「不理解」——如不提出意見，是不忠於職守；提出意見，就成為和中央不一致——我沒法幹。會後，又找胡繩院長繼續談；他不同意我辭職。這是六六年到八九年之間的幾件事。接下去就是六四了。

（二）對時代和歷史的反思。我這代人從年輕時期，聽慣的一句話是「領導指示」。只要有了「領導指示」，就立刻停止思想：這叫做「覺悟」。我就是因為學不會停止思想，差一點成為右派。這是從四九到六六年文革以前所學的第一課。文革裡的革命造反派到處拿「小紅書」打「語錄仗」，迫使人不得不面對現實，自己去思想。本來要樹立毛澤東思想絕對權威的文革，結果倒訓練了人要自己思想。這是我付出家破人亡的「學費」，用十年時間學的第二課。八九年是第三堂課的開始；這堂課已經上了十年，學費是四句抒懷：「蒼浪江上一葉舟，風雨四時任飄流；莫道無家卻有家，白雲深處沉沉求。」八九年到九〇年夏，搬了十次家，而比身體要在顛沛流離中建立生活秩序更費力的是心靈在被摧毀後怎樣再建？從哪裡入手呢？很自然地，從反思過去開始：不僅僅是想四九年以後，也想四九年以前；不僅想自己的一生，也想前代人；不僅想中國，也想蘇聯、東歐、美國、西歐；不僅想二十世紀的世界，也要努力看看二十一世紀。十年裡寫的這類文字，就是記載這個反思的過程。

（三）在藝術、歷史、哲學、宗教間的探索。十年裡對過去的反思，不能不是一個批判性的反思。那麼，這個批判的武器是什麼？恩格斯說，馬克思主義的實質是一種批判性的學說。馬克思在沒有馬克思主義的時候，他靠什麼來思想呢？如果馬克思在十九世紀對過去的世界進行了革命的批判，那麼，經歷了二十世紀的人們，是否也需要、是否也應當、是否也可能對包括馬克思的思想進行批判性的反思來驗證呢？這個反思的武器又從哪裡來呢？首先是，用什麼心來做這件事呢？只能對人民的「情」，靠人民之情作為我的支撐點，「緣情以求道」。這「道」在二十世紀億萬人的實踐之中，也在人類（包括中國人）過去的物質和心靈生活歷程之中。這就迫使我要到藝術、歷史、哲學和宗教裡去探索，為此留下了一些文字。這雖然是四個領域，但人是一個整體，一個整體的人能在四個領域中出入，總是這四個領域之間有相通的地方吧？這相通的地方是什麼呢？尋求它們的聯繫也就是尋求我自己的生命。反思過去，不能不像割開自己的肉那樣痛苦；這只有當得到生命時，才能以生命來補償那痛苦。

（四）在親人和朋友的關懷中間。我知道，在前面所說的一切之中，我所經歷的也是千萬人的經歷，在我所走過的每一步裡，也有多少和我一樣的人的腳步。他們——首先是親人和朋友，關注著我走的每一步，只怕我疲乏滑跌。他們的關注給我寶貴的力量，若沒有這力量，我的生活將無法想像。我也知道有恨惡我，只盼我跌入萬丈深淵、萬劫不復的人，這些人有的過去還對我笑過。也還有躲在陰暗角落裡，想勾引我滑跌的人；他們使我的心靈警醒，不要瞌睡，也有作用。

先賢臨終囑咐家人「啟予足，啟予手……」，意思是請先人後世，檢查自己的一生。首先是向母親交代自己。寫的各種東西，分這四個題目編目，作為檢查、交代我後半生的索引吧。

二〇〇〇年五月二十七日

楊醫師、夫人：

收到五月十六日來信和Rachel的相片，她都長得這麼大了！看她笑得多甜！Queen Elizabeth Park櫻花盛開的照片以及教會的《Newsletter》，上面也有照片，都把我帶回Vancouver去。大概和年紀有關，我現在特別喜歡孩子。看孩子們，不分男女，個個都漂亮。無論在食品商場或教會路上，只要一見小孩，就不由自已地高興想笑。我想，笑是一種人在天地之間的universal language，不僅大人懂，連最小的小孩都接受笑的信號。最小的小孩，看見有人對他（她）笑，會目不轉睛地望我：大概在把我的image和腦中儲存的人像對照，這要很長時間；然後或許他（她）也笑，而且同時手足舞蹈。再大一點的孩子會偷偷看一個在笑的陌生人。再大一點的男孩子，會自己做點獨出心裁的淘氣事來引起別人注意，不論怎麼做，都是可愛的。最可愛的地方，我想就在於孩子從眼裡告訴人，他（她）的心像泉水那樣清澈；再有一點，就是他（她）對無論什麼都想知道，想碰碰摸摸，願意交新朋友。這就是從人性流出來的愛心吧？神照自己的形像造人，但神是無形無像的，神的形像就是指神的愛吧？主耶穌要我們像孩子一樣，才能進天國。究竟像孩子的什麼地方呢？是不是指：心裡像泉水那樣清澈透亮，又像泉水那樣不斷湧出無私的愛心？

這三週來，五月二十日陳水扁宣誓就任台灣總統的講話，北京沒有什麼強烈的反應，隨後美國眾議院通過美中貿易正常化，不須每年Review一次（估計參議院也會通過）。使我鬆一口氣，知道華盛頓、北京、台北三方都做出努力，達成諒解，不會打起仗來，海峽兩岸老百姓可以免去再吃戰爭之苦；這局面即便將來陳水扁下台以後，也還可以保持一、二十年不成為大問題。而且我想，一百年後的歷史家會看這次台灣民主選出陳水扁為總統，不僅關係台灣將來發展，而且是對中國走向民主化的一個貢獻。這是我樂觀的看法。

台加協會對Vancouver community做出貢獻，也是海外各地華僑人組織的一個inspiration，不要只顧華人自己，這對各國僑民的組織也是一個inspiration。寄上St. Francis of Assisi的一篇禱告，是我很喜歡的。古教會相信，基督的門徒，不論古今中外，都受一個聖靈感動，聖靈降臨節剛剛過去，聖靈在地上的運行，則是常在的。祝主的靈常與您全家同在。

復三　二〇〇〇年六月五日

JF、YY：

【美慧：你看，我此是苦惱於忙而無成！】——這是趙師以手寫附加上的。

中學、大學老同學，老范夫婦八月二十二日到。我先聽說這班飛機下午五點三十分到布魯塞爾，準時到機場，等在出口處，結果飛機是晚八點三十分到。接到他們後，他們的主人住在Antwerp，在魯文西北，有四十分鐘的火車路程。把他們送上火車後，回到住處，接你電話，說他們需要好好休整一番。第二天和老范商量後，第三天他們來魯文，一起去朋友在鄉間湖邊寬敞舒適的別墅住了一週（中間還到阿姆斯特丹去了一天，到魯文瀏覽大學東方圖書館、書店、商店，在樹蔭下吃飯，看過往行人，談天說地）。今天早晨他們回Antwerp，我回魯文。下週他們到德國去一週，然後由德國去巴黎一週。在這兩週裡，我收拾東西搬家。他們回Antwerp最後一週，我已搬完家，還能再見面，九月二十四日還可以送他們上飛機。在湖邊這一週，天氣特別晴朗，不冷不熱。我們有時坐在湖邊，看野鴨、水鳥在水面划游；看湖對面的森林，上面的藍天；有時到樹林散步，看蘋果園，看古老的水磨坊，聽淙淙流水聲。主人還發起大家一起包餃子，真是其樂融融。經過這一週休息，老范覺得好多了。前兩天半夜，寫幾句「一週紀實」送他：

因緣

老夥伴的眯笑雙眼和灰白頭髮裡，
藏著時代的甜鹹辛辣和酸苦。

一朝又一朝，一夕又一夕，我們歡樂地把時代和歷史細細嚼咀，
然後在雲海關山的兩端，
再把這濃縮的日子慢慢反芻，
踏進家門時，別驚醒鞋上的異國塵土，讓我多享受一會它們的幸福。

今天早晨，老范也送我十六個字：
動亂幸存，往事無悔；
身心尚健，志在千里。

我告老范，這十六個字是我要學子張「書諸紳」的。你託帶的複方單參滴丸和白菊花、朱傳一託帶枸杞子都已收到。老范帶我從漢魏晉六朝到元曲的五本詩集。每一樣都令我十分感激。你們的信，我託老范帶去回信，你收到總還要有一些日子。

明天開始就要收拾東西了。寫完這封信，明天電腦、電視要裝箱了。準備用一週收拾東西，再下去就要跑市政府、電話公司、銀行、郵局、醫藥保險公司、社會福利處等辦理遷移手續。十五日搬。這還不能一步到位，因我的房間二十五日方能騰空，搬入後還要幾天才能就緒。九月份只能忙這一樁事。

翻譯《歐洲文化史》只得拖下來。今年翻譯工作進展很慢，五百頁的書，到現在只翻譯了五十七頁。還有馮著審稿的事，也要拖後很多。心裡不安也沒法。這信就寫到這裡。

祝好。

1月：遊Florence、Paris
2月—4月：補譯《歐洲思想史》註釋一百七十頁。
5月：開始譯《歐洲文化史》同時審馮著譯稿。
6月：為學生[……]。（編者註：[……]六字為手寫無法辨識）
7月：準備[……]稿（編者註[……]字跡無法辨識），赴維也納。
8月：譯書、找房、老范來。
夜裡數算一下日子真是「日計有餘，月計不足」！奈何？

復三　二〇〇〇年九月一日

Y兄：

日前讀《萬象》上〈酷斃帥呆〉一文，捧腹大笑。知道一定是老兄寫的，別人寫不出來。昨天Carine Defoort教授由北京歸來，攜來老兄惠贈的《秋天裡的春天》一書；雖是盜版書，老兄的短簡，把商奸的黑心都壓倒了。捧在手裡，沉甸甸的。尤其高興的是老兄的兩段手書，睹字如接故人音咳，如見故人心緒（抱歉，我現在寫字手抖，如用手寫，難以辨認；只好借助電腦打字。大不敬）！尤其高興的是，老兄說到，以色列歸來，「日夜聽Max Brush的〈Kol Nidrei〉大提琴曲，為之神往，找回了自己的靈魂」。回憶小時候聽

〈Kol Nidrei〉只知是希伯來人的禱歌，卻完全不懂，也聽不出味道；大了以後，越來越喜歡它；文革以後，每次聽它（Max Brush還加上了樂隊的伴奏），就覺得被它把魂都勾了出來，和希伯來人三千年的靈魂接觸，被掰開揉碎，沖洗一遍，那感覺不是用語言可以形容的。我以為Max Brush一定是猶太人，後在柏林Wissenschaftskolleg zu Berlin（編按：柏林科學學院）和一位以色列學人談起，他告訴我，Max Brush自己不是猶太人，真是不可思議！他怎能譜出這樣的神曲！因覺得這是神曲，我不曾和任何純「物質主義」的朋友提過，怕惹人不快，還褻瀆神聖；哪知老兄和我同感，這種「他鄉遇故知」的愉快，也是十年來絕少的經驗，快何如之！Max Brush的〈Violin Concerto No.1〉也是我極其心愛的，尤其是它從第一樂章轉人第二樂章，如歌如泣，如訴如慕，彷彿靈魂在顫慄，真叫人受不了！今年七月從維也納專程去Salzburg的Mozart故居朝聖，一直記得老兄邀我到府上一起喝你的好咖啡，一起聽Mozart音樂的盛意，不知何年何月得同享此樂。Mozart作品中，好的太多。在他的二十七首鋼琴協奏曲中，我最神往的是〈第二十一號協奏曲〉，尤其是第二樂章，真覺「此曲只應天上有，人間更能有幾回」了。不管在什麼心緒下，一聽它，心就被撫平，「萬緣放下只低眉」了。今年一月，從陰冷的北歐坐一夜火車，來到陽光明媚的佛羅倫薩，在驚喜中，Mendelssohn《義大利交響樂》一開頭的第一樂句立刻來到心中。難道Mendelssohn到義大利也在一月？否則，他怎麼也那樣驚喜呢？現在我正聽的是Mendelssohn的〈Songs Without Words〉鋼琴曲。法文稱「歌」為「Romance」，似乎更傳神；這是讀曹操〈短歌行〉時，未曾體會到的。朱光潛先生在〈中西詩情趣的比較〉中說，中國詩在神韻高雅方面為西方詩所不及，但在詩的深度、廣度上，卻不及西方詩。朱先生認為這是由於西方詩歌的哲學和宗教土壤所致，而未對此更多發揮。我覺得西方文化裡，對宇宙的奧祕、人生的奧祕、人心靈深處的奧祕，有很深的體會，是中國文化裡經常泛起的淺薄理性主義所不屑懂得的。西方古典音樂和西方詩的道理是相通的。是不是這樣？老兄有以教我。請鍾鳴旦教授帶上點咖啡，佐您聽音樂時的情趣，臨穎神馳，書不一一。即此問好。

復三　二〇〇〇年九月三日夜

日記一頁

搬家是個磨練，首先是精神上要振作起來，準備掉一層皮，但這就像蟬蛻一層殼一樣；然後根據情況下決心。年輕人，搬個家也許不算一回事；到失去勞動力以後，單是收拾東西就成為一樁大事。然後怎麼搬？求人幫忙？誰都忙，而且萬一朋友扭了腰，不能上班，怎麼擔當得起？下決心，包括下決心自己解決搬的問題。下決心後，要計畫全部工作，計算時間，安排日程，各種步驟要穿插銜接好。到具體收拾東西，一切靠自己一個人，開始做時還要振作精神再下決心；還要特別當心，蹲下不行，彎腰時間長也不行，太用力也不行，還不能扭傷腰；從前一、兩天可以做完的，現在要均開，每天做一點。這都是新經驗，只有迎頭去學。

一邊做，一邊想：現在國內的許多朋友比我還要難。兩個月來，和我住同院的華東理工大學一位工程師，老家在江西，他從網上看到，江西兩萬農民上街，打電話給母親，問家鄉的情況。母親告訴他，鄉下各種稅重得難以負擔，又要準備出門去討飯了。他是黨員，聽了心裡很不是滋味。北京的老同事們來信，也反映了前景渺茫的心情。對比之下，我的心情還單純一點，迎頭走去就是了。

書都捆起來了，只留出陳原老送的散文集《秋天裡的春天》。今天上午整理東西，下午讀書；雖然只一百多頁，其實是他的讀書雜感和生平回憶。這位老文化人、老前輩，六十年來，從抗戰時期轉戰到處，抗戰勝利後到上海，後到香港，然後到北京五十年。收入這本書的都是近二十年寫的，歷盡滄桑，回憶的人和事、情和思都很深，讀得我放不下手。他說到羅曼・羅蘭一九三五年訪問蘇聯的日記，羅曼・羅蘭在日記扉頁上寫「五十年內不得發表」。當時，羅曼・羅蘭已觀察到，十月革命後僅僅十八年，這個新型國家的新統治階層，已經形成了：「表面上同群眾一樣生活」，「一無所有」，而實際上擁有了一切，因而自己構築成一道又一道圍牆，斬斷了跟老百姓聯繫的繩索。羅曼・羅蘭認為，高爾基以他的敏感力和洞察力，實際上已察覺到，新政權正孕育著一種毀滅自己的危險物品。他筆下的高爾基，那時正經歷著巨大的悲劇性煩惱。羅曼・羅蘭在《日記》的後記中有這麼一段寫高爾基的話：「……他還徒然地希翼，在他所參與的事業中，僅僅見到宏偉、美麗與人性，而別無其他（雖然這個事業的確宏偉壯觀）。——他不想看見，但他分明看見這個事業的錯誤和痛苦，有時甚至還失去了人性。……於是，他的內心痛苦不安，使視線從這個場面的景觀轉移開去；用惶恐不安的目光，向那些迫使他直面真相的人們請求寬恕。但這只能是徒勞：日落黃昏時的慘淡景象，任何時候也不會離開像高爾基這樣的人的意識深處。」

一九八九年，莫斯科出版了羅曼．羅蘭的這本《莫斯科日記》。陳老從記事內容和文筆風格和其他方面推斷，這確實是羅曼．羅蘭當年寫下而不讓發表的日記，這是出自一個十分嚮往社會主義新社會的文學家筆下。陳老說：「也許，實際情況比他描繪的還要嚴重些。」文革時在牛棚裡，我私心為魯迅慶幸，幸虧他死得早。但是魯迅沒有看到的，我們這代人卻都看到了。這是我們的「幸」還是「不幸」呢？陳老在一九九四年寫《秋天裡的春天》最後說：「春天會來的……」是的，我們是歷史的樂觀主義者。

二〇〇〇年九月六日

年紀大了，總是少點操心的事，以便活得輕鬆，走得痛快。我現在住的一間單元房，離市中心很近，到大學圖書館、書店、超市、郵局、銀行等都很方便；在五樓（有電梯），窗戶很大，光線很好，望出去很開闊，心情很舒暢，譯書的工作可以安靜進行。但即便按這裡的公寓收費標準來說，還是貴的（比上一個公寓便宜，上一個公寓比住女兒那裡又便宜）。上星期週末，一位教授說起，天主教會和政府合辦養老院，我藉機會問問情況，知道那有點像美國的高級老人公寓，費用很高。另一位教授說，進政府辦的養老院還很不容易，要早早登記。我體會，這是關心我的一個好心提醒，十分感激。

回來後想，按目前情況看，五年內回京無望；五年後身體狀況當然不如現在，如果回去，自己不能料理生活，對別人也是增加累贅。在這裡「退隱南山」，其實比在美國好。

唯一的問題是，如何安排生活？搬這次家，自知體力差了。一年來，身體不如以前靈便，記性漸漸衰退，工作效率不如以前，這是身體趨勢。發展下去怎麼辦？這是我最可能的前景（當然還有另一種前景，就是突然急病死去。突然急病難以預防，能做的只是把後事及早安排好）。去年曾經登記老人公寓，但那只是房租比較便宜，生活還是要自己料理操心，也還只是中轉站，不是最後的解決辦法。看來，關於養老院的情況，也須瞭解，及早登記。星期二去市政府社會福利處詢問，負責人聽我講情況和考慮，知道我沒錢住高級老人院；他們那裡就辦有養老院，立刻介紹我去看。那是一座大樓，很像醫院；裡面也像醫院的單間病房，除單人床外，有一張中等大小的桌子、一把椅子，有洗臉盆、自來水；廁所、洗澡間公用。有餐廳和看電視的大廳。有工作人員，還有醫生和護士，飲食起居疾病一切都管。因我已是接受政府補助的單身老人，每月還給兩千七百比朗的零用錢。對我來說，很省心。如需要我自己另再交些錢，這對我也不成問題。最主要是省心，可以專心做譯書的事。有兩個缺點：一是房間太小，我的書、電腦、電視、衣服等不夠地方。主管人很熱心說，可以給我兩間房，一間做書房，還可以給我一個書架；另一間做臥房。這個問題就可以解決了。另一個問題是：總吃外國飯，我會不舒服，但到那時候，也可以將就。世上哪有十全十美的事呢？主管人甚至替我想到，住那裡的老人都只說荷蘭文，我會覺得孤單；但這是十一年來已經習慣的，而且我有自己的事情想做、有書可讀，這是自己可以想辦法的。我向主管人徵求意見，她認為我怎麼做好？她建議我再等一等，明年，那裡的條件可能好些，當然現在無法保證。她把我的情況、地址、電話都記下來，等於掛號登記，囑我明年夏天再和她聯繫。做了這番調查研究和聯繫，心裡比較有數，並且有了方案。現在想，明年夏天（七月裡《歐洲文化史》可以譯完寄出）可以通知房東，九月十五日，一年租約到期，不用續租。進養老院，電話自然就撤；撤了電話，也就取消了E-mail，生活可進一步清靜，真的入深山，不再出了。看清了前面「順乎自然」的路，現在就覺得輕鬆，對一切世事，如同〈齊物論〉所說的「存而不論」，自然而然，就走到了像李德倫所說的老僧，「不看」而「得大自在」，大家也都自在了。這是我的「為無為」，一大解脫。

二〇〇〇年十月二十六日晨

JY、YY：

收到十一月十八日信。你似乎覺得我進養老院就是進了深山老林，十分可怕。看得我哈哈大笑。我正是要進深山老林，一年以來，正是一直在醞釀這事。現在無非是具體化到明年，具體化到魯文養老院，具體化到入養老院辦法而已；覺得很好，想不出有什麼可怕。

我過去在社科院時，以裴頠說的「志毋盈求，事毋過用」為座右銘，說白了，也可以說是一種「有限目標戰略」，總方針就是「收」緊拳頭，而不是好高騖遠地「放」。在收的總方針裡，一段時候裡，目標是有限的、明確的；不做無把握、走著瞧的事，又稍稍留點進退寬鬆的餘地；見好就收，有坡就下，絕不戀棧。譬如說，八五年，我接受行政院副院長職務，並不是因為自認很行，而是和相知的同事商量，我如不做，結果是不好的人上台，對社科院不利；不管別人怎麼說我「想爬會鑽」，也只能硬著頭皮幹。同時自己心裡知道，我這個基督徒怎麼能做社會科學院的負責職務！為社科院，我只是過渡，不能做長，越快下台越好。我上任時，就有人射暗箭，我還是和他很好合作。到我推薦比我好的人接任時，院內外又有人不理解，以為我另有什麼「宏圖」；其實，我的「宏圖」就是盡快請出比我合適的人來接替我。到天安門事件後，罵我的人又用另外的種種說法了；但也虧得我八八年便辭了行政院副院長職。做一件事如此，對整個人生也是如此。七十五歲開始一生最後階段，這不是說著玩玩的。我曾嘆息，毛如在一九五六年死去，他會被看作像胡志明、金日成在越南、朝鮮那樣的英雄。鄧如在一九八五年死去，他的功勞比毛還要大；兩個人都是多活了十幾年。我看到別人這樣，看自己時的原則也是一樣的，而且更該不要戀棧。我現在該說的說了，該做的做了，已無所憾。此後，主要是澈底的退休生活（就是入深山老林，少社會交往）。計畫中除馮友蘭《中國哲學史新編》還有六卷要參與譯事，此外還有三本西方思想史的書要翻譯；由於體力、精力、視力漸漸衰退，手顫可能影響在電腦上工作效率，一年譯一本，怕來不及。初步計畫要幹到八十歲，但就性質說，不過是現在的繼續和掃尾，現在就是我沒事找事，有我不多，沒我不少，可有可無。因此可以活得從容，大概也因此減少了心臟病發作的機會；我既已定了「淡出」方針，就像地板下的老鼠，被人關心越多，就活得越累。這個道理，是無可奈何的。

你的好意，我是十分體會的。但你在思想上是自相矛盾的：你也知道我活得累，卻希望我累得越長久越好；你也怕我被捲進政治漩渦去，卻又希望我走進美國這塊是非之地去；你也希望我鬆心，卻認為我到熟人越多、事情越多的地方就越鬆心。這不是說，你想的全無是處。只不過是說，世上沒有十全十美的事。有一得，必有一失。取什麼，捨什麼，只能顧大的，不可能樣樣好事都要抓住。這是一個人自己的信念和價值觀所決定的。而信念和價值觀，除非證明過去統統錯了，是不可能變來變去的。再譬如說L「……」（編者略）有自己的人生哲學，若沒有共同語言（是所謂「話不投機」），我怎麼辦呢？不往來，我只有「不往來」這一條錯；如果往來，我一無精力，二無時間，三無錢，尤其老人本來就是多餘的人，我就會有一千條、一萬條錯，連死後也不得安寧。這是從過去長期經驗裡悟出來的。我能不接受經驗教訓嗎？這種種話，以後也不想再說了，就算最後一次吧。

我現在可以說是「藏身人海，萬事簡單；豐衣足食，安居樂業」；又找到「三管」（管老來生活，管病，管死）的地方，一切就都齊了。如在美國，這「三管」是無底洞，我能安心叫小紅或任何別人「三管」嗎？世上沒有這個道理。美國經濟不是一帆風順的萬年紅，小紅也不能保證將來的工作永遠穩定，這是美國商業公司的特點。要保證他們有最大的機動性，才能在美國不管遇到什麼情況，都能生活下去。你說這兒養老院飲食不調、醫藥條件差、對外聯繫少、生活孤單，等等，都可能沒錯；但一個人有多少錢，說多少話，沒有錢（我也還不是絕對貧困戶），我不想空談。由此想起德國藝術歌曲裡Robert Schuman寫的名曲〈漂泊者〉（Die Wanderer，德國文學藝術、音樂、雕刻，都有「漂泊者」這個形象，似乎是德國從中世紀到二十世紀的一個心愛主題），歌詞不知是誰作的，現已記不全，只記得末尾部分，漂泊者呼喊：「幸福，幸福！你在哪裡？」一個微小的聲音回答說：「喏，就在那裡！——你還沒有到的地方，一切的幸福都在那裡！」歌曲到這裡戛然而止。通常說，學人文學科的多半是理想主義者，學技術科學的多半是現實主義者。這回似乎倒過來了，你很有點德國主義者的味道，而我則謹守中國現實主義的傳統，一步一個腳印，不敢寄希望於還未到達的地方。我對生活從來要求不高；現在到了一生最後階段，自然更加精兵簡政，目前這樣就可以過下去了，比國內的許多人已經好過多了，不要求再好了。而且說老實話，我也沒有精力再遠途搬家了。

大學東方圖書館訂閱的中國報刊有增加，《讀書》雜誌、《中國青年》、《南方週報》都有，以後你不必再寄《讀書》了。過去兩年多，都靠你買、包、寄等，事情不少。你鬧腸炎等，都說明體質不強。你也已六十六歲，到了要縮短戰線的時候了。明年起，我也打算減少寫信，這樣也可以減少收信朋友的負擔。總之，大家都著眼在「收」的大趨勢就對了。

不免會有人說：「不必這樣吧。」這樣說的，多半是關心的朋友，也許多半是自己沒有這種需要的朋友；有這種看法，我還是感激的。但也許也會有人說別樣的話。從文革被批鬥時起，我真正體會，彎著腰說話和直著腰說話不同，不必奇怪；你如聽見，也不必奇怪，世界本來就是這樣的。

這裡沒有寒流，只是有雨。房間裡，暖氣溫度達到攝氏二十六度，我汗流浹背，得穿背心短褲工作；這使我覺得很舒服。

問好。

復三　二〇〇〇年十一月二十六日

一五三八年在羅馬：米開朗基羅談義大利藝術

一五三八年，葡萄牙的微形畫家（Miniature，古代波斯一代繪畫，以彩色鮮豔的細小工筆為尚，形成獨特風格，後由穆斯林傳入伊比利半島——譯註）佛朗契斯科・德・霍蘭達（Francesco de Hollanda）曾參加米開朗基羅的幾次談話。霍蘭達的筆記保留了米開朗基羅對藝術的看法，成為寶貴的資料。粗聽之下，給人的印象似乎米開朗基羅有一種狹隘、沙文主義的觀點，仔細讀後便能領會，米開朗基羅是為一種藝術風格的辯護。這是古代希臘繪畫在義大利保存下來的獨一無二的風格。德・霍蘭達紀錄中的其他地方記載了米開朗基羅對佛蘭德斯繪畫的評論，其中這位藝術大師流露出他對義大利繪畫的理解，重要的不在於它的現實主義精神，而在於它從現實中的昇華；米開朗基羅認為，這才是真正的（即義大利繪畫所代表的）繪畫。米開朗基羅還談到了畫家的性別、出生和他的美學思想及藝術風格的關係，下面是米開朗基羅的談論：

唯有義大利的作品才能稱得起是真正的繪畫，因此我們把好的繪畫叫做「義大利式的」，就如同這幅佳作是某個外國的，我們就以那個外國或它的某個省份來命名一樣。至於義大利的繪畫佳作，所表現的乃是無上的崇高和虔誠。對智者來說，與神同在、融為一體是最高的完美，也是最困難達到的。好的繪畫只是對這神裡面的完美地再現，提醒觀眾注意：這是神的繪畫。最後一點，好的繪畫乃是一首樂曲、一個曲調，人憑著智性去領略是十分困難的。

我再進一步說，……在各國的各種氣候裡，只有在這裡，才能產生好的繪畫。其他地方也有有才能的畫家，最好的作品卻只能在這裡產生，其原因就是我在下面要說的。從任何別處找一位大畫家，請他以他最心愛的題材畫一幅畫，再找一位次等的義大利畫徒，命令他畫一幅畫。……如果你真的懂畫，你就會發現，在義大利畫徒的畫作裡有更多的內涵。……如果請一位外國的畫家，即使他像是阿爾伯・丟勒（Albert Durrer）這樣的大師，畫一幅作品，我一眼就能看出，它不是在這裡畫的，也不是一個義大利人畫的。我還敢說，除了一兩位西班牙畫家以外，也沒有人能模仿得好義大利作品（即臨摹古希臘風格）。……如果有一個外國人能創造出這樣的奇蹟，人們也會說，他畫作就像義大利人畫作一樣。因此，義大利繪畫要求畫家更嚴肅，又更揮灑自如。我們把好的繪畫稱為義大利繪畫，即便那是佛萊芒或西班牙畫家的作品（西班牙畫風最接近於義大利）；因為這種高貴的學問不屬於任何國家，它是自天而降的。即便從古代說起，它保留在義大利多於在任何其他國家。我想，如果在義大利絕種，它在全世界就絕種了。……佛蘭德斯的繪畫，一般說來，比義大利作品更適合虔誠觀眾的口味。義大利繪畫不會令觀眾掉一滴眼淚，而佛蘭斯德的繪畫卻能使觀眾掉下很多眼淚。這不是由於畫作的力量，而是因為觀眾，特別是婦女、老人或很年輕的觀眾，特別容易受感動。至於修道士或修女，以及耳朵分辨不出和聲的貴族也一樣。佛蘭德斯的畫作只能取悅於人的外在的耳朵，使你說不出它有什麼不好。佛蘭德斯的畫，畫了物品——磚頭和灰沙、田野裡的草、樹的陰影、小橋與河流，以及其間的微小人形，這是他們所稱的風景。這一切似乎娛人眼目，但那不是真正的藝術，因為它不重表現時的對稱和比例，也不注意一件藝術作品中應有的取捨；最後，其中沒有實質的東西，即沒有神韻。

這兩天翻譯《歐洲文化史》，接觸到米開朗基羅的這段話，很受觸動，覺得十分值得玩味。就佛蘭德斯繪畫來說，從美術史角度看，歐洲中世紀繪畫是以《聖經》人物和故事為題材，是為教會對不認識字的大眾傳道服務的；後來畫主教等教會顯貴，後來畫王室宮廷，這是藝術世俗化的開始。十四世紀以後，義大利城邦經濟繁榮，畫家被新興的商人雇傭去畫這些新貴和他們的生活。在北方，佛蘭德斯也由於經濟繁榮帶動了繪畫藝術的繁榮，那裡的畫家，除被富人雇傭外，還首先畫普通老百姓的生活，這有它的時代意義。但是，每次看佛蘭德斯的油畫，總覺得沒有味道，像是照相未曾發明前的拙劣替代品，我也不明白是怎麼回事。看了米開朗基羅的評論，覺得說得非常中肯。這段引文的最後一句，英譯是：「without any substance or never.」這末一個字「never」是什麼意思？畫家說「沒有神經」是什麼意思？繪畫要有什麼「神經」？神經又怎麼表現出來？從昨天想到今天，才恍然大悟，米開朗基羅強調一切繪畫藝術有一個共同的衡量尺度，就是要有活力，有生氣，有神韻。這也解決了我過去看佛蘭德斯繪畫的困惑。

從這裡再翻回去看，米開朗基羅說，一幅風景畫，什麼都有，那不是真正的藝術，因為它不懂藝術表現的對稱和比例，不懂藝術作品創作中應有的取捨，不是要求鉅細不捐。這是真正藝術家才去細緻體會的地方：不是僅僅看畫面上出現的，還要看畫面上沒有的。這就不僅是佛蘭德斯繪畫的問題，而是要看一切繪畫得失的一把鑰匙。

這不僅是看繪畫的入門鑰匙，看一切文學藝術作品，其中都有同一個道理。中國詩講「神韻」，不就是這個意思嗎？也不僅文學藝術如此，做人也一樣，看人也一樣。回想前兩週讀追憶和解析陳寅恪的兩本書，其中很多資料都是很珍貴的，但僅僅羅列了資料，讀來還是死文字，因為沒有把陳寅恪先生的神韻表現出來。這是米開朗基羅所說「最困難的地方」。

做人，貴在有自己的一點脫俗的神韻。從前西南聯大學生把陳寅恪先生作為儒家代表，馮友蘭先生作為道家代表（馮先生的思想也不能僅以道家來概括），湯用彤先生作為佛家代表（這也未見準確），思想概括未必準確，但這三位先生都有自己的神韻，這是可貴的；現在這種做人的神韻似乎不為時所重了。

二〇〇〇年十二月十六日

Y兄：

我的心情也是覺得和朋友寫信，不用手寫，不成樣子；但手顫，寫出來像畫符，難以辨認。今天就讀讀畫符吧。橫不平，豎不直，原諒則個（右手寫，還要用左手托著）。

收到手書、照片和《走過的路》，一口氣讀完，讀得心潮澎湃。曾把你的散文集介紹給一位學數學的朋友，他讀了一遍又一遍，說覺得如見其人，比讀錢鍾書先生的書有味道，愛讀。我說，Y先生比錢先生多出來的是真情，區別就在這裡。

稱你「兄」實在僭越，你是救世運動哺育的一代；我生也晚，救世運動時還在讀高小，跟著南開大學的大哥哥們，剛剛啟蒙，讀《生活》三日刊連載的《萍蹤寄語》、《萍蹤憶語》；而那時你已捲進漢字簡化運動了。你是長輩，所幸的是在思想、感情上還是銜接的，這種感情實在不由分說。十二月三十一俄國恢復使用一九四二年制定的國歌（填新詞），聽得我淚流滿面。我對自己說：「喂！祖國是俄國！」也說服不了自己的眼淚，它不聽話。哭的不僅是社會理想的破滅，而且是我們民族又不得不重走歷史的彎路。人在什麼時候會禁不住流淚？你說：「一向就為語言、音樂、雕刻、繪畫、建築，彼此是相通的。」我也深深感到這一點，而且想它們和哲學、宗教也是相通的。它們既是人對歷史的反思，又是對未來的嚮往，〈Kol Nidre〉不就是這樣嗎？

Jacqueline Dupr'e，我覺得她是Pable Casals以後最好的大提琴家，比她的老師Rostropovich好。好就好在她更體現了恩格斯《反社林論》中所說的，事物的本質就是人，而人的本質就是人自身。她的感情投入，標誌了這是她的演奏，不是任何別人的。可惜英年早逝。世界上越是美好的，似乎就越短暫；而文革的流毒卻壽命很長。這是否黑格爾所看到的「惡成了歷史動力」？但這要踏入人性論的地雷陣了，住筆，問好。

……老兄孤寡一人，還志在千里，又不得不分心料理生活事物（我在此經驗，差不多要一半時間），艱苦可以想見。鳳x女士在生活上能照顧一些嗎？我從來相信女士比男士聰明，腦細胞多，能幹。自己笨頭笨腦，只會像劉鶚在《老殘遊記》書末那樣私心祝願。

復三　二〇〇一年一月十八日晨

DF兄：

接八月二十四日信。因去巴黎一行，遲覆為歉。您建議將前寄論翻譯一文給台灣一藝術期刊，如真有點意思的話，發表也無妨。因這是學術性文字，用我真名也可。文中論到馮友蘭先生《中國哲學史新編》的馬列引文，我想可在文末加一段註，如下：「馮友蘭先生於一九八〇開始寫作《中國哲學史新編》時已經八十五歲，當時，四人幫的極左思想影響還很大。」這是未曾在中國大陸親身經歷的海外讀者們，不大容易體會的。看來，馮友蘭先生有迫於形勢的地方，因此他說在十年寫作過程中，越到後來越感到精神自由。同時，我以為也可以看到，馮先生還有一層哲學上的考慮，認為二十世紀的中國哲學，是在尋求東西方思想接觸中發展起來的。二十世紀傳入中國的西方思想，主要有以杜威為代表的新實在論、以羅素為代表的邏輯分析，和由俄國傳入的馬克思主義。前兩派都僅限於哲學上的方法論，而馬克思主義則是綜合哲學上的本體論、道德論、方法論與社會革命理論的一元論。三種西方思潮在中國思想界「逐鹿中原」，最後馬克思主義壓倒了前兩派，其中主要由於社會政治運動的原因，也可以看到中國政治歷史傳統和中國傳統一元論哲學思想的影響。中國哲學史家，不可能閉目無視二十世紀中國的馬克思主義文化影響，不可能繞著歷史走。馮先生早年曾以新實在論方法來闡述中國哲學史，在國內外都有巨大的影響；那麼能否運用近代西方哲學中的另一派，對二十世紀中國思想有巨大影響的馬克思主義的一元論哲學方法來說明中國傳統的一元論哲學思想呢？這兩種思想是必須一個消滅另一個呢？還是可以相互闡發呢？馮先生並不自認就是一個馬克思主義者，對馬克思主義的辯證唯物論和歷史唯物論都有一些不同於中國一般馬克思主義者的，自己的看法。他說，他是「試圖」用馬克思主義來解釋中國哲學思想的發展。這為一位早已建立了自己哲學思想體系的高齡哲學家、哲學史學家來說，無論嘗試的結果是否做到人人滿意（或令馬克思主義者和非馬克思主義者都不滿意），他的孜孜創新的精神是難能可貴的；這種嚴肅嘗試的努力也是二十世紀中國學術思想的一份重要遺產。而馮先生治中國哲學史近七十年，對中國哲學思想、中國文化的精湛理解，和要言不繁的概括論述，則始終是貫串全書，引人入勝的。

這話囉嗦一點，但或能有助於海外讀者。您以為如何？

日期佚失

在魯文，春節只有中國人（也還得有錢有閒）才去注意。這一週裡，國內、美國、加拿大、荷蘭和這裡的朋友發來的信、E-mails、打來的電話、寄來的書，加在一起，至少幾十件吧！想不過春節都不可能。親人、朋友的熱情，加上房間裡的暖氣，使我裡裡外外都「熱」，房間、時間都塞得滿滿的。昨晚被一對年輕的夫婦約到他們家去吃餃子。閒談中說起，國內有位有心朋友，在中央國家機關已官到七品，說他只希望忙，一閒下來，心裡就覺得空。主人（他的父親是山東老兵，後去台灣，自己是藝術家，夫人比利時人，在安特衛普做十四世紀奧祕思辨神學家John Ruysbroeck文獻研究，有兩個可愛的女兒）說：「這裡的人就是這樣！怎麼中國現在也這樣？」我回答，也不都是這樣多愁善感。不過，我的朋友有限，而且以年紀大的多。自己心想，說也奇怪，我的老人朋友，都已退休，倒是都生活得很充實！這對夫婦看我大概也覺得我活得很忙很開心。其實我像運動場上的老人，是被運動場的氣氛感染，被周圍的人帶動、推動的結果。

帶動我、推動我的人多得數不過來，只舉兩個例：一個是老朱，春節寄來一本社科文獻出版社出版的《二〇〇一年中國社會形勢分析與預測》；三位主編都是老熟人，都是有頭腦而歷來穩健、絕不過激的，因此選編的文章，我覺得可以信靠，只可能不足（有各種考慮），卻不會過甚其詞。拿到書後，迫不及待，先從中挑出〈中國農村狀況及存在問題的原因〉和〈二〇〇〇年的中國青年〉兩篇來讀，希望糾自己偏處海外一隅的思想之偏；哪知糾偏不成。然後讀「附錄」中的「綜合評價」，也是糾偏不成；但倒學習了社會科學研究的新詞彙，如：「社會秩序和社會穩定指數出現負增長」、「在刑事案件和貪汙腐敗案件中，大案和要案比例上升，各級官員貪汙比例上升，貪汙金額越來越大」，還由此形成「貪汙受賄率」這個新詞（同書最高檢察院文盛堂的文章〈二〇〇〇年反腐敗鬥爭〉第一句話則是：「二〇〇〇年的反腐敗領域，工作力度加大，成就斐然。」不知誰是誰非？抑或兩個都對？只是放在同一本書，應打編輯的屁股？抑或這正是編輯的曲筆幽默之處？）發明「負增長」這個詞，和使用它的人真聰明！教育經費「按改革開放二十一年累計，經費增長慢於GDP增長；與國際可比口徑比較，比一百二十國家平均百分之三，約低三個百分點。國家教育發展綱要提出，到二〇〇〇年（！），應達到百分之四，還有一半的距離。國家對文教科衛社會福利事業建設的投資占基建投資的比例，近九年呈下降趨勢。……」不過，我已決定按〈齊物論〉辦，「六合（！）之外，存而不論」。儘管被書吸「引」，卻不「發」了。

另一位前輩朋友，寄來一份雜感集、一本學術論文集。雜感集中有一篇〈當人變成分子的時候〉，文章第一句說：「人——不是一生下來就是『分子』的。當人變成分子的時候，是一個非常淒苦的過程。讀懂『人』變成『分子』的過程，就會很容易讀懂中國現代社會史。」我還來不及細讀中國現代社會史，倒是由此懂得了自己一生何以有這樣的歷史，還未成年，已成需要家長嚴加管教的思想不良分子；四九年成為小資產階級知識分子、右傾分子（也有一說是左傾分子），還有一說是形左實右分子，總之是「分子」，最後落實為受警告的右派邊緣分子。以為已經到頭了，哪知文革一來，又連升了三級。現在還（至少）被看為不安定分子，不得回國。不由得想起老杜的〈茅屋為秋風所破歌〉，只要國泰民安，「吾廬獨破受凍死亦足」。

二〇〇一年一月二十八日　辛巳元月初五試筆

WZ吾兄：

正月初四，接奉德國寄來小盒。正值一位共同翻譯馮友蘭先生《中哲史新編》的香港浸信大學教授從波恩來訪，共同討論對馮著第六卷翻譯中的問題。他看郵票，說是德國來的。我心納悶，不知怎麼會有德國寄來的郵包。拆開一看，有老兄的信，還有沈志遠先生惠贈的印章。當時把來信一讀再讀，印章一看再看。這位美國教授（他祖籍奧地利，是中國文化迷，在夏威夷大學跟成中英讀中國哲學，得的博士學位，常到北大參加學術討論會。夫人是菲律賓人）對中國印章，從未接觸過。於是我們放下馮著，談起三方印章來了。客人走後，繼續再讀信，再玩味曾元超先生詩和印章，其樂陶陶。

胡繩是我從年輕時代的私淑老師，讀他的書，覺得比讀楊獻珍、艾思奇兩位的書親切（也許是他的語言比較不教條？），但直到八十年代下半期才有機會在他的領導之下工作。這是回憶起來覺得愉快的一個時期，大概因為他最不擺領導幹部的架子，而且在理論工作領導幹部中，思想又比較開闊。我也同意您所說，胡老一生謹慎。自己過去長期在基層，和高層幹部接觸很少。聽說，老幹部中，有工農出身和知識分子出身兩種類型。我的印象，黨政機關老幹部和業務部門老幹部又有點不同的風格，前者政治（鬥爭）敏感而謹慎，到反右鬥爭以後，更加如此，這是我尊敬而未多接觸的；後者似乎比較思想開放，但栽跟斗也多緣此。我敬佩的一位是羅竹鳳（老兄的山東老鄉）。八十年代的中期，有一次在西安偶住同一賓館，晚間去看望他。閒談中他也搖頭，皺眉噘嘴，用一口山東口音，沉重地說：「現在，不知怎麼，大家都成兩面派了！」沉了一會，他又補上一句：「我也是！」當時給我的觸動很深。羅老是性情中人，他敢講的，我不敢講；但羅老嚴格解剖自己，讓我看到真正的革命派是什麼樣子的，自己要學的是什麼。後來他在上海擔任辭書出版社主編，自己主持了《漢語大辭典》十幾大冊的編輯工作，讓我看到他的學術造詣和虛懷若谷的胸懷。還有一位是宦鄉，作為外交戰線老戰士，他的嚴謹作風是當然的；但他對國際情勢和問題獨立思考、認真調查、深思熟慮又敢想敢說的精神，和有些外交官怕犯錯誤、哼哼哈哈，或者激昂慷慨講空話，迥然不同；他那毫放熱情、嚴於律己的性格，在駐歐共體大使期間，夫人請廚房買瓶辣椒醬，他認為這是搞特殊化，和夫人吵，真是可敬可親。還有一位是陳原老（和胡繩老是同輩人，經歷也有相似之處），經歷七十年烈火錘鍊，還是一片童心。八十五六還志在千里，那心、志、才、情，使我只能像看一幅好畫那樣，望著出神。還有一位就是胡繩老，在他領導下，讓人願意竭盡全力，而他畢生淡泊明志，治學嚴謹，理論聯繫實際；為人嚴以律己寬以待人，是我親身體驗到的。但面對前輩我是後生小子，所見太淺，不敢動筆輕說老師。李翺、李漢不曾輕論退之，二程不曾輕周濂溪（編按：周敦頤，號濂溪，二程兄弟之師），正是為尊師重道；只能放在心裡自己常常反芻，領受教益。胡老在滬仙逝，陳原老來信說當天接到上海電話告知，自己都不知說什麼好了。來信說胡老晚年思想大解放，成了敢說敢為的人；可惜我已知之太少，再加自知是陰陽界上人，自以三緘其口為是——想老兄當能見諒也。臨穎神馳，遙祝安好。崧兄並此不另。

復三　二〇〇一年二月四日

ZY、HZ二先生惠鑑：

一月二十八日接奉丁偉志兄囑女公子攜德國後寄來兩位惠贈請重慶治印名家曾元超先生以雞血石精治「舍身外，守身內」印章一方。捧持手中，感念兩位久居異國，心懷故土，當國中時人或興奮於物質閃爍，熱衷於追逐名利之際，緬懷歷史，寄望未來；自北美遠途勗勉，情意深重。元超先生治印，布局、經營，俱見苦心，刀法古拙精美，今日已不多見。如此厚贈，僕受之有愧，唯以兩位大義情意自責自勉耳。

僕幼承庭訓，受教忠厚為人。稍長，讀《四書》、《曾文正公家書》，始窺修身之道。雖歷經世事，不敢或隳。感國事之不易，昔年在中國社科院任職時，嘗集裴頠《崇有論》及孔老句「志毋盈求，事毋過用；和而不同，為而不爭」，書壁自勉，唯冀文革動亂之後，舉國休養生息，發展經濟，重振文化，繼承民族優秀傳統，學習世界先進成就。臥薪嚐膽，貴在全國一心；尤寄望於年輕一代，意氣風發，胸懷祖國，放眼世界。第歷史曲折，非始料所及；狂瀾既倒之際，捫心自問，個人出處，當如何而仰不愧於民族先賢、俯不怍於歷史後人？直道而行，必有崎嶇；志有所取，必有所捨。守死善道，其他利鈍得失可以不顧也。雖然，不敢曰得，十二年來，唯以「不避風霜，不忘內省，不離天籟，不失童心」，時刻自責自勵。僕學淺才疏，況自知年已老邁，數風流人物，還看今朝。十二年來，唯結集學友，勉力翻譯馮友蘭先生畢生力作七卷本《中國哲學史新編》（尚須幾年）；此外，譯《歐洲思想史》（由香港中文大學出版社出版），現譯《歐洲文化史》（預期今夏完成），擬再譯歐洲哲學思想史方面著作幾種。一息尚存，無待揚鞭自奮蹄。求為中國進入世界，充實文化學術，充一鋪路碎石足矣。知關錦注，謹陳左右。

展望世界，雖「全球化」浪聲甚高，似尚處戰國時代，前途曲折尚多；民族國運，端賴好自為之。近讀哥倫比亞大學副校長雅克・巴松著《由黎明至衰微》，縱觀文藝復興迄今五百年西方文化興衰，知西方有心學者亦為自身文化前景而憂心忡忡也。兩位先生學問、事業俱有所成，又復遠見卓識，其有以教我。

書不一一，專此敬致衷心謝忱，並頌
健康安樂，美意延年

趙復三　再拜
二〇〇一年二月四日於魯文

元超先生刻印贈詩，肝膽相照，沒齒弗忘，便中煩請代謝。

讀二月四日信，感觸萬千。但千萬別把我當作什麼「家」，我是被迫而去想的，否則我就什麼都不敢說了。我們都不是自己選擇要到世上來的，從出生之後，就一天天朝死行進，只不過人不去想它。奧古斯丁《懺悔錄》十一章裡寫：「有人問我，時間是什麼？他不問時，我自覺很清楚；被他一問，才發覺我並不明白。」對生死問題，大概人人也都是這樣；這也沒什麼不好，就像身上一個部位痛，沒有必要硬去總觸動它一樣。只要覺得生活過得充實、有意義就很好了。一到三世紀的基督徒，因為從耶穌起，就不斷受羅馬帝國迫害，不得不面對死的命運，從中倒悟出一點生的道理來：從世界到自己，體會都只有歸之於上帝的愛（因此，Victor Hugo在《悲慘的世界》裡寫：「To live is to love.」）。但神學家會強調，《新約聖經》的希臘原文裡，關於「愛」，有「聖愛」（agape）和「情欲之愛」（eros）兩個不同的字，認為基督徒要體會和實踐的是「聖愛」。我體會，所謂「聖愛」，就是不求回報、不圖個人利益，甘願付出自己一切的一種關切之情；母親對兒女的「愛」，庶幾近之。人覺得自己生活得有意義，大概需要三件事：一是有人愛（基督徒便指向神對世人之愛是永不衰殘的，佛的「大慈悲」是否也是這意思？）；二是自己有一種除個人利益之外的dedication；三是覺得自己還在學習，心靈還在生長。這三樣大概是生命裡缺一不可的。《約翰福音》裡，耶穌所講的「我來是叫人得生命」，大概就是這個意思吧；基督教講的「福音」，大概也是指此而言。但是，人過中年以後，和死亡打交道的機會漸漸多了，不愛想的「死」，也擠到人面前，不得不想了。這時的感受和讀哲學家談論生死的文章論述不同，因為它不是頭腦的事情，而是心靈裡切膚的感受。佛家講「禪定慧」，我體會，首先是對生死問題的思考。你說到李叔同先生的歌，那時他還未出家，卻已經在思考這問題了。由此使我想起陳慧劍寫《弘一大師傳》中說到，他在日本時和雪子相愛，雪子知道李叔同先生在天津有妻子，卻一心願意跟叔同先生回中國。叔同先生和雪子有段對話：

叔同問雪子：「你什麼時候出去的？」雪子回答：「你說——我出去了？我沒有出去，也沒有回來過。我不去不來。」（我體會，她覺得只要和叔同先生始終在一起，便沒有去和來的問題。）叔同說：「怪話！你還會打禪機！」雪子問：「什麼禪機？」叔同回答：「不來，便是不生；不去，便是不死。不去不來，便是不生不死。不生不死，便了脫生死，入無生死地。這豈不就是『禪機』？」

這裡所說的「禪機」我也不懂，只朦朧覺得生死是一個奧祕，用言語（即理性）是講不清楚的，但從音樂中有一點感受。莫札特寫〈安魂曲〉時，自知死期已近，從他的〈安魂曲〉裡能感受到的是他意識到死已臨近時，迸發出對生命的熱烈的愛的擁抱，那是他以自己生命中最後的最強音喊出來的。但我現在正聽的是勃拉姆斯（編按：台灣譯名為布拉姆斯）的〈德國安魂曲〉，這是勃拉姆斯自母親去世後醞釀了幾年，又因年長的恩人、摯友舒曼投萊茵河自盡（是不是因為他發現心愛的妻子Clara和勃拉姆斯之間共同都在克制的相戀之情？這只是我的猜測）而寫的。這是對人生各種經歷的痛苦沉思，而渴望跨過死亡之河，進入永遠的寧靜安息。勃拉姆斯沒有喊，但卻令人記起保羅在《羅馬人書》八章二十六節所說：「我們實在不曉得當怎樣禱告，只有聖靈用比語言更深的嘆息替我們禱告。」勃拉姆斯用音符表達的是自己不知怎麼表達，而心靈裡感受到上蒼為眾生的哀憐嘆息。還有一個觸動我的〈安魂曲〉是法國Gabriel Faure寫的。那彷彿是想像人死後，靈魂愉快地飛升，進入神的永恆國度的歡樂。Faure沒有看見最後的審判，只感到靈魂離開塵世種種折磨後的歡樂——「此曲只應天上有」（Gustav Mahler在他的一首交響樂裡寫了一段孩子想像中的天國，也是寫一種心靈的歡樂）。新年之前，電視裡播放Faure的學生，Daniel Barenboim彈奏巴哈的鋼琴曲。Barenboim是我認為現在活著的最好管弦樂隊指揮，在嚴謹中又有他的浪漫熱情（和德國已故的Karajan，用一種德國人的嚴肅來解釋樂曲不同）；他的妻子Jacqueline Dupr'e是一位難得的大提琴家，是當代最好的大提琴家Rostopovitch的學生，而Rostopovitch承認，她的才能在自己之上，可惜英年早逝。Barenboim現在也已老了，滿頭銀髮，聽他沉醉在彈巴哈的鋼琴曲中時，不禁想到希臘神話中的Orpheus，到陰間世界去尋找死去的愛人，以他的琴聲打動了閻王Pluto的心，應許他帶著愛人返回塵世，條件是在跨越死亡之河前，他不能看愛人一眼。Orpheus答應了，但是他的愛人不知道這個條件，一路哭，怪他這麼冷漠無情，連看都不看他一眼，像這樣，即便和他一起回到人間，又有什麼意思！在跨越死亡之河的最後一刻，他忍不住回頭，望了愛人一眼。就在那一剎那，愛人化為一縷青煙，永遠消逝了。Orpheus只能孤零地重返人間，彈起他的豎琴，在人間孤獨地漫遊。我想，這幾位音樂家，都像是在生死之間探索過，體驗過；但這種探索只能在心靈中感受，卻是無法言說的。嘗讀釋迦牟尼對弟子講到最精義時，連說兩聲：「不可說！不可說！」我從自己教過幾年書的心情曾納悶，不講，弟子怎能明白呢？應當越是精義處，越要反覆講才是啊！後來稍稍體會一點，人心最深處、世事最深處，都是奧祕，那都是不可說，只能自己悟的。悟了，還是要返回到佛說的「大慈悲」，回到人世來。是不是這樣呢？我也不知道。

記得曾經問季羡林先生，他把印度的《Mahabharata》（編按：《摩訶婆羅多》）和《Ramayana》（編按：《羅摩衍那》）兩大部史詩譯成中文，他哪裡來的時間呢？季先生說，他（那時）每晨四點到八點，用來從事兩部史詩的翻譯，八點去學校辦公室，支應副校長的工作。前些時候，見季先生題《陳寅恪詩存》，下署「弟子季羡林敬題」。我彷彿看見當年陳先生在王國維先生棺前下跪，現在季先生也在陳先生棺前下跪了。這是老人的「無言之心」啊！

復三　二〇〇一年二月十日

接「二月三十日」日信，心裡納悶，二月三十日！找日曆，還是只有二十八天啊！可是我不笑你，現在笑自己的事就太多了。前兩天在灶旁水池子洗碗碟之類，洗完關水龍頭，怎麼擰緊，水還是流，再擰已擰不動。我想，糟糕！水龍頭的螺絲扣「頹」了，這樣一夜流水，怎麼得了！找出老虎鉗、榔頭來修，還是沒用。水越來越涼。無奈之中，試擰冷水龍頭，一擰，水就停了！我這裡是冷熱兩個水龍頭，從一個水管出水。我以為自己開的是熱水龍頭，其實開的是冷水龍頭！才幾分鐘，怎麼就忘得一乾二淨了呢？兩星期前，一位經濟學老教授約我星期四中午一起吃午飯。我趕緊用紅筆寫在日曆上，生怕忘了。星期四中午，自己吃飯；來個電話，教授問我，飯約已過了二十分鐘，還未見我到。我才想起來有這麼回事，趕緊放下飯碗，披上大衣，騎車趕去。電腦上打英文或阿拉伯數字要按鈕，我經常忘。幸好這「貴人」總坐在家裡，如果出去，豈不誤事鬧大笑話！現在是想起這些，就笑自己一陣。佛家修行「八正道」的第八項「日精進」，是說修道人，要在修行上每天進步。我則在忘性上「日精進」。也幸好已經準備了今年九月間進養老院，所以忘性怎麼「精進」也由它去。大體說，我還未到「提筆忘字」的程度，讀過的東西，腦子裡也放得下；唯獨生活裡的事，忘得特別快！你有什麼先進經驗？JF來信說，二〇〇五年在京相聚，大概是想給我提提精神的意思。我心說，我的奶奶！不用說再五年不知自己什麼樣，現在往德國去兩、三天，就夠我累的。從這裡看，倒很佩服朱傳渠的精神頭。我想，我不如他。因此，只能捨掉可有可無的東西，留下精力做想做的事。前天寫了四句，迎七五自壽：

油鹽糖醋敢沾邊？浮生未了怪墨緣；

提腕握管行顛跚，所樂何事已忘言。

我想，到我們這年紀，做點自己有興趣的事，不求多，大概有利於心平氣和、家庭和睦、身體健康。

說到「炒股」和「買彩票」熱，以前在Oklahoma聽台灣學生說，他們在台灣就炒股票。在這裡，大概是「後現代」社會，什麼也引不起「熱」來。這和多元社會，輿論裡對任何事的不同意見，都反映出來，大概有關係。在全能政府體制下，社會現象是政策引導的結果。就像你說，發彩票不能過分宣揚。民政部負責人可以說「不宜發表」，說明這股「熱」是煽起來的。但，他有什麼資格控制輿論？中國什麼事都容易「一窩蜂」，也是體制的必然後果；事情難辦也就在此。體制以內，都統一在「唯上」，公然反對辯證法，實行「一言堂」。工農兵學商常習慣聽話，輿論只能做點「十三經注疏」，至多學學當年《大公報》小罵大幫忙，連這也不能多。體制以外，沒有力量，也沒有渠道。知識界是「毛」，端誰的飯碗只能服誰的管，無論經濟地位或其他方面，都不如從前。外國的做法可以被封殺為「分化」、「顛覆」，涉及體制，只能聽權力頂峰。最後死水一潭，便成腐爛的臭水，前途只怕成了「窩裡爛」。從前的孩子叫「狗子」，據說取個賤名，孩子容易長大。現在稱人民為國家主人，也許不如取個賤點的名字，倒容易懂事長大。蛇年是否提醒人要學蛇？這是一個人的胡思亂想，不敢張揚。只心祝人人蛇年大吉大利。

復三　二〇〇一年二月十一日

【美慧，收到信，知道你精神很好，很安心。】——這一行字是趙師手寫。以下全文電打。

七十五歲是個適當的「坎」，對從學校大門走出來，開始生活後五十五年裡的自己算個總帳。今後的日子還要別開生面，創出新意；但不影響現在數算一下自己的歲月，彷彿向歷史交一份初步的人生考卷。前不久，讀Isaiah Berlin評論自己一生時，他體會到：生活看似有條理，而這條理只是在人生活過了之後，才貌似真實地存在。人的生活本無預見的條理，其條理是在人的生活歷程中形成的；這話引起我的反覆思索，覺得對個人來說，確實如此：個人生活歷程中並沒有一個「預定」。只有當人甘願一切「率由舊章」時，他的生命才出現一種以「規律」面貌出現的「宿命論」。對整個歷史進程，能否也這樣說呢？似乎也有這種成分，但又不能太絕對化；歷史中的必然性和偶然性的互相滲透，大概等於是把個人生活中的偶然與必然，乘以OXO（無限），得出的只能是OXO，或者如中國古代哲人所稱的「大一」。對歷史這個無限，過分熱衷去條理化，大概是人渴望自己「萬能」，又迷信「純理性主義」後的一種不大容易擺脫的愚蠢。這是一點閒話，表過不提。

看自己這五十五年，可以依稀看出三大段：一九四六至一九六四，在基督教會工作十八年。一九六四至一九八九，在中國社會科學院工作二十五年。一九八九至二〇〇一，在海外漂泊十二年，這一段還在繼續下去。別人看我，會感到這三大段之間，跳躍非常大；我則覺得三大段之間，彷彿一環扣一環地，被一些思想串在一起。這些思想也是在生活歷程中漸漸明確的。為此，要先從具體的生活進程裡找出一點意義來。

在基督教會十八年，正是中國社會大變動最尖銳的時期，我參與了這全過程中的兩件事：⑴使基督教從一個洋教轉變為中國基督教，具體說就是推進中國基督教會的自立、自養、自傳運動，然後，獨立的中國教會再回到世界基督教中去；⑵學習佛教中國化的歷史經驗，促進中國基督教與中國社會的接觸和互相適應，具體說就是，促進基督教從逃避現實轉變為理解並參與現實社會生活，同時促進廣大社會，特別是學術界瞭解宗教，瞭解基督教。這是千萬人做的，我只是參與了。

在中國社會科學院二十五年，我參與了幾項工作：⑴推進宗教研究，具體說包括：為宗教研究建立一個理論基礎，準備一點工具書和資料，培養起最初的一個小隊伍，大家一起對宗教的經典、理論、歷史和具體信仰生活四方面進行一點初步的探索，走出一條研究的路來，促進全國學術界重視宗教研究。⑵推進中國社會科學院從教條思想、封閉的組織形式裡進行改革和開放，樹立「科學研究無禁區」的原則，打破思想禁錮，面向全國、全世界。⑶推進中國學術界對外學術交流，為中國人多瞭解一點世界、世界多瞭解一點中國，為中國人在思想上進入世界，起一點鋪路的作用。

在海外漂泊十二年，基本是在社科院二十五年的繼續；只是條件變了，要重新建立安心立命之所。其中包括兩方面問題：對過去的中國和自身認真反思，以及明確今後的生活道路。總方針是「淡出」，在生活中，「不避風霜，不忘內省，不離天籟，不失童心」是原則。具體說來，「出處」、「操守」是生活中要堅持的，但這還是只知其一，還有思想和學術上繼續探索前進的問題，它是出處操守的一部分。少年時期學寫字，無所成，但體會到一點，人生好像是在恭敬寫毛筆字，或如鄭板橋所體會的：寫字畫竹是一回事。「胸中之竹，並不是眼中之竹也。……手中之竹，又不是胸中之竹也。總之，意在筆先者，定則也；趣在法外者，化機也。獨畫云乎哉？」板橋說，從「眼中」（所見客觀世界）到「胸中」（歸納提煉出的基本認識和相應方針）到「手中」（實踐），既有「意在筆先」的「定則」，又有「趣在法外」的「化機」。具體到我十二年：

(1)經常想到的是堅持「出處」、「操守」的問題。環境變了，沒有安定生活的情況下，什麼是要堅持的？什麼是要調整的？其中並無成法，卻又缺一不可。

(2)身處各種「不利條件」中，能不能從中看出新的化機，把不利條件變成有利條件，進行新的探索呢？具體說就是充分應用身在西方的機會，探索西方文化發展的道路，和中國文化發展道路進行比較，找出其中對中國有用的地方。這是我所體會，一個半世紀中西文化交流的意義和發展道路，自己一生就在其中了。

(3)除此之外，當前時代又遇到一個特殊問題就是：技術科學與人文科學的發展不平衡和脫節。舊時人文科學的文學、藝術、哲學、歷史各部門間，只注重它們之間的區別，忽略它們之間的聯繫。探索溝通的道路，從這個觀點和方法論出發，為文化學術研究開創出新生面。我想，這是陳寅恪先生留下關於學術研究道路的一個重要啟示。自己學力不夠，但朝這方向哪怕只能走半步，也是要走的。這都是出處、操守激勵自己的地方。

自己想想，一生三大段，沒有投機，多少可以安心了。到七十五歲，需要把身體健康提到第一位來。我的體會是：

(1)生活和思想環境的變化，推動人思想，人的精神生命活躍起來，從而肉體生命也活躍起來了。只是這條養生經驗有點唯心；如果囿於唯心、唯物，只好否定實踐經驗。

(2)二十世紀人類經歷的國際戰爭、國內戰爭（包括中國的文革和實行政治砍頭的政治措施）、破壞資源、破壞自然生態環境、政治專制、社會不平等、不合理的農業、畜牧業生產方式帶來的畜類瘟疫、不合理的社會生活方式帶來的愛滋病等新的致命疾病，看來，二十一世紀裡，還會繼續下去。科學家提出「可持續增長」，真正實現恐也不是短期內的事。關心是自然的，憂心是無濟於事的；凡事關心而不憂心，在這一點上，自覺今年比去年略有進步。

(3)另一方面還體會，個人也有一個「生命良性循環」問題，其中要求三個對話：一是和大自然對話，二是與親友社會的對話，三是與自己心靈的對話（包括繼續成長）。保持這三個對話，是生命良性循環的首要問題。安排好這三點，肉體上建立各功能系統的良性循環才有基礎。就養生來說，精神是基礎，肉體是上層建築。這個經驗也有點唯心的味道，卻是真實的。由於想到了這些，所以覺得生日過得很好。「四體力耕不敢閒，長道漫浩隨墨緣；提腕握管行顚躝，所樂何事已忘言。」就是這麼來的。覺得還不夠樂觀主義，這是今後要努力的地方。

復三　二〇〇一年三月十八日

Y兄如晤：

多謝惠贈的《總編輯斷想》，您說當「老總」第一條件是要個「書迷」。我不是老總，也舉雙手贊成；又體會您說這話之不易，還勾起了書跟著我而我的遭遇對不起書，令人感嘆內疚又懷念的一段段往事。想起十多歲時在北京老東安市場露天舊書攤，飄著雪花，在舊書攤間流連，一站半天，凍得發抖，翻書頁都困難，書攤老板因雪天有人和他作伴不以只看書不買的窮學生為忤。又想起抗戰勝利後，在東安市場專賣外文舊書的中原書店，咬牙買一套日本出版八開本的《世界美術全集》；到文革初期還未被關時，又忍痛賣給收購舊報紙小販。賣書像賣自己的孩子：七分錢一斤，還要把硬封皮扯掉才上秤。看小販扯那硬封皮時，只覺得像是生拉掉自己的胳臂。文革之後，重收拾舊書山河；八九之後，又忍痛扔下。前不久，一位在北大任客座的美國朋友寫信說，我的書在中國書店出售，北大有一些老朋友們前去買下，她也去買了幾本。我回信說，書是為人用的；只要買主愛書，這些書就算得其所了。「人亡弓，人得之，何必楚也。」在美六年，又收拾舊書山河，專找罕見古典舊書。離美來歐，再次和大部分書忍痛訣別。在魯文四年，又兩次重演揮淚道別的故事。我想，書會恨我無情，不願再和我打交道，而我卻只能無言以淚相對。想胡繩老能把書都捐贈襄樊圖書館，是多麼幸福寬慰。

《斷想》中的插圖，不知是誰畫的？竟把老總的心理、困境都勾勒出來了！這些插圖令人想起豐子愷先生《緣緣堂隨筆》中的插畫。豐先生的畫給讀者以淡遠的情趣，已經幾十年來未見這樣有情的筆觸了。但豐先生的畫有時還要借助於一點外物。《斷想》中的插圖卻像當代西方文學，著力於心理描寫，如非大家，是畫不出來的。《斷想》的文字和這些插圖，相得益彰，難能可貴。我幾乎覺得是您自己畫的，才能這樣入木三分！

您已經向讀者「古德拜」了，為您保存視力，恐是必要的（因此，這信也用大字）。我是後生小子，但審時度勢，也知道應學古印度人，七十五歲後，入深山（古印度人是入雪山）不出了。

關山遙隔，不知幾時能再相聚。仰望蒼天，低頭請故人受我一拜。

復三　二〇〇一年六月二十八日

感謝的話

寫作是一種既高貴又奢侈，也是一種淒涼的嗜好，一旦堅持一往情深，日夜從之。長年累月面對茫茫大白螢幕，十指時而輕點時而輕按，有如小孩握緊石子，揮臂向著大海，一粒又一粒地拋出，漂蕩的水紋是縷縷情絲，織就生命不滅的憧憬。流水永遠不知不覺，帶走歲月，吞噬豪情。這就是寫作、閉門造車者的淒涼。事物總有兩面，其間的快樂也非局外人知曉。

一日，許建立老師問我：「你的書寫得怎麼樣了？」他自願提說要為我聯繫出版事宜。陳永興院長我尚無緣會面，知他要事纏身，經他多方聯繫，鼎力相助，拙作才得出版。蕭欣義教授耄耋之齡，身體雖有些不便，為我作序。

兩位年青朋友，Mr. Gary Hsu、Mr. Alexandros K.在電腦操作上的協助，以及出版社參與的同仁諸君，在此由衷地一併致謝。

又：書中錯誤難免，敬請讀者海涵。

Do人物86　PG2958

花落春猶在
——懷念趙復三教授

作　　者／呂　慧
責任編輯／石書豪、尹懷君
圖文排版／陳彥妏
封面設計／王嵩賀

出版策劃／獨立作家
發 行 人／宋政坤
法律顧問／毛國樑　律師
製作發行／秀威資訊科技股份有限公司
地址：114 台北市內湖區瑞光路76巷65號1樓
電話：+886-2-2796-3638　傳真：+886-2-2796-1377
服務信箱：service@showwe.com.tw
展售門市／國家書店【松江門市】
地址：104 台北市中山區松江路209號1樓
電話：+886-2-2518-0207　傳真：+886-2-2518-0778
網路訂購／秀威網路書店：https://store.showwe.tw
國家網路書店：https://www.govbooks.com.tw

出版日期／2023年10月　BOD一版　**定價**／460元

|獨立|作家|
Independent Author

寫自己的故事，唱自己的歌

讀者回函卡

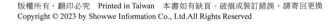

花落春猶在：懷念趙復三教授 / 呂慧編著. --
一版. -- 臺北市：獨立作家, 2023.10
面；　公分. -- (Do人物；86)
BOD版
ISBN 978-626-97273-5-3(平裝)

1.CST: 趙復三　2.CST: 傳記

782.887　　112012372

國家圖書館出版品預行編目